国家社科基金项目（11BMZ044）

# 青海藏区
# 普惠金融发展
# 与农牧民增收问题研究

刘尚荣◎著

Study on the Inclusive Finance Development and Income Improvement of Farmers and Herdsmen in the Tibetan Autonomous Area of Qinghai Province

中国经济出版社
CHINA ECONOMIC PUBLISHING HOUSE
·北 京·

**图书在版编目（CIP）数据**

青海藏区普惠金融发展与农牧民增收问题研究/刘尚荣著．
北京：中国经济出版社，2017.12
ISBN 978－7－5136－4961－2
Ⅰ.①青… Ⅱ.①刘… Ⅲ.①藏族—民族地区—地方金融事业—经济发展—研究—青海
②藏族—民族地区—农民收入—收入增长—研究—青海
③藏族—民族地区—牧民—收入增长—研究—青海
Ⅳ.①F832.744 ②F323.8

**中国版本图书馆 CIP 数据核字（2017）第 273527 号**

责任编辑 葛 晶
责任印制 马小宾
封面设计 任燕飞装帧设计工作室

**出版发行** 中国经济出版社
**印 刷 者** 北京九州迅驰传媒文化有限公司
**经 销 者** 各地新华书店
**开 本** 710mm×1000mm 1/16
**印 张** 13.5
**字 数** 214 千字
**版 次** 2017 年 12 月第 1 版
**印 次** 2017 年 12 月第 1 次
**定 价** 54.00 元
**广告经营许可证** 京西工商广字第 8179 号

**中国经济出版社** **网址** www.economyph.com **社址** 北京市西城区百万庄北街 3 号 **邮编** 100037
本版图书如存在印装质量问题，请与本社发行中心联系调换（联系电话：010－68330607）

---

# 目　录

Contents

# 第一部分

# 引言

青海是除西藏以外全国最大的藏族聚居区，全国10个藏族自治州中有6个在青海，分别是海北、海南、黄南、玉树、果洛5个藏族自治州和海西蒙古族藏族自治州，下辖30个县（市）和3个行委，面积为69.7万平方千米，占全省面积的96.6%；加上其他藏族散居区面积，藏区面积占全省面积的98%，占全国10个藏族自治州面积的58%。据2011年青海省第六次人口普查统计，全省藏族人口为137.50万，占全省总人口的24.44%，约占全国藏族总人口的1/5。青海藏区地处青藏高原，是长江、黄河、澜沧江、黑河的发源地及水源涵养区，被誉为“江河源头”“中华水塔”，是我国重要的高原生态屏障，生态地位极其重要。特殊的自然条件和生态地位，决定了稳步促进农牧民增收，改善群众生活条件，加快青海藏区经济社会发展，对于促进整个青海藏区的和谐稳定，实现国家全面、协调、可持续发展具有重要意义。

## 一、研究背景

农业是国民经济的基础，农牧民生活水平的提高和生活质量的改善，是实现和谐社会的重要保障。农牧民增收问题是“三农”问题的核心，是全面建设小康社会的关键。2004年以来，中共中央、国务院就增加农民收入和提高农业综合生产能力连续下发了11个中央1号文件，为促进农牧业发展、增加农牧民收入提供了政策保障。在相关政策指导下，农业和农村形势的好转大大超出了人们的预期，农牧民收入的增长出现了可喜的局面。“十一五”以来，青海高度重视和支持农牧业经济的发展，加大对农牧业生产的投入力度，使农牧业生产得到较快发展，农牧民收入和生活水平不断提高。但是，不容忽视的是，长期以来，受经济发展水平低、自然条件差等多方面因素的制约，青海藏区是全国农牧民经济收入最少、生活水平最低的地区之一。青海藏区依然存在城乡收入差距较大，贫困人口较多的现实问题。据2014年统计数据显示，玉树州、果洛州和黄南州农牧民人均纯收入分别为4638元、4827元和5654元，比全国平均水平10489元分别低5851元、5662元和4835元。2014年，青海城镇居民人均收入22307元，农牧民人均收入7282.7元，① 只占城镇居民收入的32.65%。青海藏区地处高原，自然条件恶劣，农牧业生产经营活动面临较大的不确定性，加之交通不便、信息不畅等问题，农牧民收入增长的难度较大，致使农牧区贫困农牧民占比较大，贫困程度较深。截至2014年末，青海省约有60多万贫困人口②尚未彻底解决温饱问题，地方政府扶贫攻坚的任务非常艰巨。从现阶段农牧民收入来源情况看，农牧民收入主要来源于家庭经营收入和工资性收入。20世纪90年代，随着农牧业先进生产技术的运用、国家对西部民族地区的支持力度不断加大、农牧民观念转变引发的打工潮等因素影响，农牧民家庭经营收入和工资性收入增长较快，对解决温饱问题及少数农牧民提前实现低水平的小康生活发挥了重要作用。但进入21世纪以后，随着产业结构的调整、农产品供求状况及价格等发生较大变化，农牧区传统的农产品由于产业链条较短，缺乏深加工，仍然停留在粗放经营阶段，在日趋激烈的市场竞争中处于被动的地位，依靠传统的家庭种植业和养殖业增收不仅困难重重，而且收入极不稳定。与此同时，随着第二、三产业，新技术、新工艺、新手段的广泛运用，对外出打工者的综合素质要求越来越高，尤其是文化程度、专业技能等方面的要求，限制了一部分农牧民外出打工计划的实施，工资性收入的增加同样面临很多困难。单纯从事牧业生产的情况更为复杂，一方面，随着生态环境的恶化，草场退化现象日益突出，草地生产能力明显下降，导致畜牧业生产实际收入呈下降趋势；另一方面，国家启动诸如三江源、青海湖领域、祁连山、柴达木地区湟水河领域等生态保护建设工程等，随着一系列生态环境保护措施的实施，导致搬迁出来的牧民生活成本增加，众多农牧民处于增支减收的

---

① 青海省统计局.2014年青海省经济运行情况［J］.青海统计，2015（1）.

② 孙睿.青海2014年减少贫困人口超20万人［DB/OL］.中国新闻网，2015-1-20.

困境中，也进一步加大了城乡之间的收入差距。

党的十七大报告明确指出，“以促进农民增收为核心，发展乡镇企业，壮大县域经济，多渠道转移农民就业，提高扶贫开发水平。解决好农业、农村、农民问题，事关全面建设小康社会大局，必须始终作为全党工作的重中之重。”因此，关注农牧民的增收问题，努力构建农牧民增收的长效机制势在必行。分析和研究当前青海藏区农牧民收入增长变化的特征，剖析其影响和制约要素，以便采取有效的政策手段和措施，是实现农牧业增产、农牧民增收和新农村、新牧区建设的关键，对于促进青海藏区经济社会发展、构建和谐社会具有十分重要的意义。而农牧民收入的增加，需要进一步加大对农牧业生产的支持力度，加快农牧业产业结构转型，促进农牧区劳动力转移，丰富农牧民增收渠道，实现青海藏区经济社会健康发展，所有这些都直接或间接依赖于农村金融的发展和支持。如何通过金融手段支持贫困地区的农牧民增收是学界和政府部门高度关注的问题，也是本课题研究的主要内容。

改革开放以来，农村金融体制改革在政府主导和支持下，围绕农村金融发展更好地支持“三农”这一中心而展开，走过了一条不平凡的发展道路。在支持农村经济体制改革、农业生产发展、农村商品流通体系建设、乡镇企业发展、新农村新牧区建设以及信贷扶贫方面做出了重要贡献。同时，农村金融体系自身也取得了长足的进步，农村金融服务覆盖面不断扩大，农牧民金融服务可得率有所提升。

一是农村金融组织体系不断完善，有效地提升了服务覆盖面和渗透率。一方面，随着农村金融体制改革的不断深入，逐步形成了由银行业金融机构、非银行业金融机构和其他微型金融组织共同组成的多层次、广覆盖、适度竞争的农村金融服务体系，多种类型的金融机构功能互补、相互协作、共同发展，增强了农村金融服务的便利性和可得性。2003 年以来，农村金融机构（包括农村信用社、农村商业银行和农村合作银行）通过深化改革、转化机制，支持“三农”的能力不断增强，涉农贷款和农户贷款分别占全部贷款的 1/3 和近七成，[①] 充分体现了农村金融机构服务“三农”

① 中国人民银行农村金融服务研究小组．中国农村金融服务的现状和发展方向［J］．清华金融评论，2015（7）．

的主力军作用。“三农金融事业部”改革对农业银行在完善治理机制、健全财务核算、加强风险管控等方面赋予了一定的独立自主权，试点县支行的业务量及利润额占全行县支行业务量及利润额的比例从40%提升至80%左右，[①] 有效改善了农业银行的农村金融服务水平。农业发展银行的政策性职能得到了进一步的强化，充分发挥了在农村金融服务体系中的主体和骨干作用。邮政储蓄银行借助服务网络遍及城乡的优势，不断强化面向基层及偏远地区的金融服务。另一方面，在国家政策的扶持下，农村金融市场准入门槛放宽，新型农村金融机构快速发展，以小额贷款公司、村镇银行和农民资金互助合作社为主力的新型农村金融机构的兴起，极大地弥补了农村金融服务体系的不足，在一定程度上解决了农村金融机构服务网点少、金融服务不到位、竞争力不强等比较突出的问题。

二是加快创新农村金融产品和金融服务方式。近年来，涉农金融机构结合农村经济社会发展对金融服务的需求，针对农村居民抵押物缺乏的实际，积极探索扩大抵押物担保范围，借鉴国际小微贷款管理技术，稳步扩大小额信用贷款和联保贷款的辐射面。其尝试为农牧民发放集体林权抵押贷款、大型农机具抵押贷款等新型信贷产品，开发出“信贷＋保险”产品、中小企业集合票据、涉农企业直接债务融资工具等一系列金融创新产品，有效地支持了农牧业生产经营活动，取得了良好的经济效益和社会效益。特别是随着互联网技术的推广和普及，互联网金融发展迅猛，手机银行、移动支付、众筹等互联网金融业态快速涌现，大大降低了金融服务的门槛，提升了农牧区普惠金融服务的水平。

三是农业保险稳步发展，其覆盖面不断扩大、风险保障能力日益增强。农业保险从最初的5个试点省（自治区、直辖市）逐渐扩大到全国，目前已建立农业保险乡（镇）级服务站2.3万个，村级服务点28万个，覆盖了全国48%的行政村，协保员近40万人。[②] 农作物保险、主要畜产品保险、重要蔬菜品种保险和森林保险等关系国计民生和国家粮食安全的保险品种获得了重点发展。与此同时，农房、农机具、设施农业、渔业、制

① 中国人民银行农村金融服务研究小组．中国农村金融服务的现状和发展方向［J］．清华金融评论，2015（7）．

② 中国人民银行农村金融服务研究小组．中国农村金融服务的现状和发展方向［J］．清华金融评论，2015（7）．

种保险等业务逐步推广到更广阔的区域，彰显了保险的“保驾护航”功能。

四是政府加大了对农村金融基础设施的建设力度，有效改善了农村金融的生态环境。人民银行通过提供灵活多样的接入方式，支持农村信用合作社等农村金融机构加入人民银行支付清算系统，目前接入的农村合作金融机构和村镇银行网点数已达 4 万多个。① 大力实施普惠金融服务，积极协调各银行业金融机构不断延伸基层金融服务触角，丰富服务方式，扩大普惠金融服务覆盖面。商业银行为农民工开展银行卡特色服务、银行卡助农取款服务，为农民提供家门口式的基础金融服务，实现了金融服务乡镇一级全覆盖，有效发挥了金融促进民生改善、增进社会福祉的作用。目前，农村地区人均持卡量已超过 1 张，助农取款服务点达 92 万个。②

五是农村信用体系逐步完善，农村信用环境明显改善。为适应农村金融发展对信用环境的要求，按照“政府主导、人行推动、多方参与、共同发展”的思路，由人民银行牵头，地方政府、相关部门及金融机构参与共同推动农村信用体系建设。建立健全小微企业和农户信用信息资料，完善信息征集体系，通过对小微企业开展信用评价和在乡村开展“信用户”“信用村”和“信用乡（镇）”评定工作，切实加大农村信用体系的创建力度，增强农牧民的诚信意识，为“三农”发展提供良好的信用生态环境。出台优惠政策，引导涉农金融机构加大对守信农户的信贷支持，并简化贷款手续、降低贷款利率上浮幅度，合理引导信贷资金流向，支持有信用、有效益的中小微企业和农户发展。

但是，从农村经济社会发展的现实来看，农村金融仍然是我国金融发展中的薄弱环节，农村金融资源配置和发展存在许多的困难和问题。

一是农村金融服务主体缺位现象严重。1997 年，中央金融工作会议确定“各国有商业银行收缩县及县以下机构，发展中小金融机构，支持地方经济发展”的基本策略后，工、农、中、建四大国有商业银行纷纷收缩县及县以下的分支机构。仅 1998 年至 2002 年初，四大国有商业银行共撤并

① 中国人民银行农村金融服务研究小组．中国农村金融服务的现状和发展方向［J］．清华金融评论，2015（7）．

② 中国人民银行农村金融服务研究小组．中国农村金融服务的现状和发展方向［J］．清华金融评论，2015（7）．

3.1万个县及县以下的机构。[①] 与此同时，为规避金融风险，对民间融资行为进行控制，停办了农村合作基金会等。正规金融机构不断退出农村金融市场，堵塞了农村本就狭窄的信贷资金供给渠道，造成农村信贷资金供给出现较大的缺口，压抑了农牧区的信贷资金需求，制约了农牧业增效和农牧民增收的进程。[②]

二是农村信贷资金供给严重不足。据测算，目前，我国“三农”发展的贷款需求，每年约在1.2万亿~1.5万亿元，而农业实际贷款每年只有0.2万亿元，仅占全国贷款余额的5%左右，中小微贷款占全国贷款余额的6%左右。

三是农村金融体系竞争力明显不足。由于农业银行陆续减少了在农村的营业网点，农发行业务领域收窄，新型农村金融机构数量少且贷款规模小，使得大量农村合作金融机构成为农户贷款的主要提供者，农村信用合作社客观上充当了支持“三农”主力军的角色，但实际上很多信用社却难以承担支持“三农”发展的重任。

四是农村金融服务和产品创新能力不强。随着农村经济社会发展水平和市场化程度的稳步提升，中小微企业、新型农村经营主体和农牧民对金融服务的需求趋于多元化。但是大多数金融机构创新不足，传统金融服务方式和手段仍然占据主导地位，金融业务模式依然以传统的存、贷、汇为主，没有考虑不同地区农牧民的生产方式、生产周期及消费习惯等特殊因素，缺少金融服务创新的思路和办法，金融服务单一、针对性不强、不能完全满足农业生产和农民增收的需要。

五是农业保险发展滞后。农业作为经济发展的基础产业，对整体经济发展水平的提高至关重要。农业保险作为支持农业发展的三大支柱之一，在促进农业发展、实现农民增收和维护农村社会稳定等方面发挥着不可替代的作用。但是，目前农业保险的整体水平依然不高，农业保险的发展仍然停留在初级阶段，通过农业保险对农业生产提供风险保障的机制并不完备。

农牧业发展需要金融服务体系的支持，而金融业目前存在的诸如金融

---

① 中国人民银行农村金融服务研究小组．中国农村金融服务的现状和发展方向［J］．清华金融评论，2015（7）．

② 刘尚荣，史春喜．和谐社会视角下农村普惠金融发展思考——以青海农牧区为例［J］．技术经济与管理研究，2012（8）．

制度安排与农村现代化建设、信贷资源配置与农村经济可持续发展、资金外流严重与农村资金需求激增、金融服务的缺失与农村金融需求多样性、资金安全运行原则与金融生态环境欠佳的不协调等，导致的农村金融边缘化问题，严重阻碍了农业、农村经济的发展和农牧民收入的增长。这些问题，归根结底，都是我国长期以来城乡金融二元化的结果。长此以往，农村金融对“三农”支持乏力，就会成为农村经济发展的“瓶颈”，成为社会主义新农村新牧区建设的重要掣肘因素。因此，要有效解决“三农”问题，就必须高度重视和深刻认识农村普惠金融发展问题，这在现阶段具有十分重要的理论和实践价值。

2004 年以来，政府鼓励深化农村金融改革，进行农村金融制度创新，力求建立一个完善的农村金融体系。所谓“完善的农村金融体系”就是指可以满足或适应农村多层次、多领域、多方面的金融需求，通过金融手段促进农村经济又好又快地发展，发展普惠金融正是完善该体系的一个重要内容。在中国，普惠金融更多是指，为贫困人口、低收入人群及小微企业提供的金融服务。在经济欠发达地区，也应以普惠金融体系的理念，贯彻这一基本要求和目标。只有这样，才能真正解决农民融资难问题，促进农牧业和农村经济的发展，为建设社会主义新农村新牧区和构建和谐社会营造良好的金融环境。尤其是自然条件恶劣、经济基础薄弱的青海藏区，建立普惠金融服务体系显得尤为重要。本课题基于青海藏区经济社会发展的现实需要，以普惠金融发展对农牧民收入增长的影响为背景，探讨普惠金融在农牧民收入增长中所起的作用、出现的问题及解决对策，探寻适合青海藏区发展普惠金融的基本路径。

## 二、研究目的和意义

### （一）研究目的

农村金融发展理论的相关研究成果表明，由于农民的特殊性和农业的脆弱性，使得农村金融发展相对滞后。一方面，农民特别是低收入的贫困群体基本没有储蓄能力，资金短缺是农村所面临的主要问题，农业生产经营活动、农民收入增长和改善生活质量均需要借助外部市场融资；另一方面，由于农业产业所固有的收入不稳定、投资周期长、回报率低等特性，使得农民也很难成为以追求利润增长为目标的商业性金融机构的服务对象。因此，在农民融资问题方面，存在农村金融市场失灵现象。

如何促进农牧民增收，是“三农”问题的重中之重。改革开放以来，为促进农牧民增收，政府相继推出了一系列的改革举措，以此助推农牧民增收目标的实现，具体包括加大培育和完善农村要素市场的力度、促进农牧区劳动力转移、推动农牧业生产的持续稳定发展。而这些措施的实施都直接或间接依赖于农村金融的发展。农村金融作为现代农村经济社会发展的核心，在促进农牧民增收和农村经济社会发展中起着不可替代的重要作用，但现阶段不健全的农村金融体系和缺失的农村金融制度，已严重制约了农村经济社会可持续发展的进程，也不能满足全面构建和谐社会的要求。建设普惠型的农村金融服务体系，为广大农牧民提供有效、全方位、多层次的金融服务，拓宽农牧业生产和农牧民增收的融资渠道，是全面推进和谐社会进程的重要保障。

普惠金融是以贫困及低收入人口为目标客户，向他们提供贷款、储蓄和其他基本的金融服务，帮助他们脱贫致富，是构建和谐社会的助推器。青海藏区作为欠发达的偏远地区，市场化进程的迟缓和金融需求的特殊性，使普惠金融的不可或缺性更加突出。目前青海藏区农村金融发展滞后，农牧民特别是贫困农牧户和小微企业难以获得正常的金融服务，导致地区差距不断扩大。为此，需要积极探索青海藏区农牧区普惠金融的发展路径，不断增强金融对农牧区贫困及低收入人群的服务功能，努力改善低收入群体的经济状况，提高农牧民的生活质量和消费水平，实现农牧区的和谐发展。

### （二）研究意义

青海省是西部欠发达省份之一，自然环境较差，经济基础薄弱，经济总量小，贫穷落后，内部差异大是基本省情。区位条件差、自然环境恶劣、发展基础薄弱、人口素质较低、市场发育程度低下、收入水平偏低、贫困面大、贫困人口较多，由此给青海藏区甚至全国藏区的政治稳定和社会安宁带来了严重的负面影响。与此同时，青海藏区也存在着明显的金融约束现象，农牧区的经济发展缺乏足够的金融资源配置，农牧户和农牧区的中小、小微企业仍然普遍受到不同程度的信贷约束，金融供给难以满足其特殊的、多元化的金融需求，金融机构对农牧区信贷资金投放不足的现象并未得到根本性改变，金融供给与需求之间仍然存在较大的缺口。国际成熟经验和发展实践表明，摆脱这一困境的关键是建立一种惠及所有人，包括贫困群体的完善的金融体系，普惠金融服务体系的建设与发展正契合了这样的要求，这也使得该课题的研究具有重要的理论意义和实践意义。

**1. 理论意义**

第一，欠发达民族地区的普惠金融发展与农牧民增收问题研究极大地丰富了农村金融发展理论。普惠金融是一个能有效地为社会所有阶层和群体提供服务的金融体系。在过去的30多年里，作为传统正规金融体系的有益补充，普惠金融不仅帮助贫困家庭获得金融服务，而且支持了无法从正规金融体系中获得必要金融服务的小微企业的发展。目前，世界上数以亿计的人口都能够享受到普惠金融服务。随着普惠金融体系的发展与完善，现行的农村金融服务体系也越来越暴露出自身的缺陷和不足。因此，探讨和研究进一步完善我国农村金融体系的途径，充分发挥金融在促进农牧民收入增长过程中的作用就显得非常必要与迫切。本课题以青海藏区为个案，深入分析和探讨欠发达的民族地区如何通过完善普惠性的农村金融服务体系促进“三农”的发展，实现农牧民收入持续、稳定的增长，实现民族地区的和谐与稳定。探索普惠性的农村金融发展路径，可以极大地丰富农村金融理论的研究内容，并为完善农村金融服务体系，推动社会主义新农村新牧区建设发挥重要的理论指导作用。

第二，为政府解决“三农”问题提供理论依据和政策指导。“三农”问题的核心是农牧民收入问题，农牧民增收困难，已经成为现阶段农业农村发展中最突出的问题。农牧民收入长期上不去，不仅影响到农牧民收入水平的提高，而且影响到粮食生产和农畜产品供给；不仅制约农村经济发展，而且制约整个国民经济增长；不仅关系农村社会进步，而且关系到全面建设小康社会目标的实现。[①] 国家实施扩大内需特别是消费需求的战略，最大潜力在农村消费市场，关键在于农民收入水平的提高、农民消费能力的增强。因此，增加农民收入是我国城乡一体化发展、转变经济发展方式的根本任务（程国强等，2012）。金融发展对经济有重要的影响作用，这是理论界比较一致的看法。农业产业的发展、农村经济的增长和农民收入

① 中共中央关于推进农村改革发展若干重大问题的决定辅导读本编写组．中共中央关于推进农村改革发展若干重大问题的决定辅导读本［M］．北京：人民出版社，2008.

的提高都离不开农村金融发展的支持（谢平，2001）。但是，目前我国农村金融服务体系整体上不能满足“三农”发展的要求（杜晓山，2006；吴晓灵，2006；苏宁，2006）。在农村资金约束比较明显分化的前提下，农民缺乏生产函数中最重要的要素——资本，从而收入的增长受到了极大的约束，并面临着技术、人力资本等一系列的约束（钱水土，2011）。影响农民增收的因素很多，其中一个重要原因是农民就业、创业和扩大再生产得不到必要的金融支持（国务院农村综合改革工作小组办公室，2011）。因此，本课题通过研究欠发达地区普惠金融支持农牧民增收的途径，寻求进一步完善农牧民收入增长的普惠金融发展机制，从而为政府解决“三农”问题提供理论依据和决策参考。

**2. 实践意义**

第一，进一步强化金融对青海藏区贫困及低收入人群的服务功能。青海藏区贫困面大、贫困程度深，且呈现整体性、民族性特点，是全国贫困比例最高、贫困程度最深、脱贫难度最大的地区之一。[①] 但是，由于金融资源的趋利性，农村金融发展在农牧区面临诸多障碍，发展水平低、市场主体单一、效率低等影响了金融的资源配置、资金融通等功能的发挥，金融尚不能有效地满足服务“三农三牧”的需要，在很大程度上制约了农牧业生产和农户增收。实证分析也表明农村金融在20世纪90年代以来，未能很好地支持农民增收，其在农户增收中处于一种极其低效的状态（许崇正等，2005）。为此，我们应当以普惠金融体系的前沿理念进行农村金融改革和发展，承担起金融业的社会责任，建立起完整全面的金融体系（杜晓山，2007）。青海藏区作为一个极端贫困的地区，必须通过建立普惠性的金融体系，才能使被排斥于传统金融服务之外的大规模的弱势群体享受到正常的金融服务，满足贫困和低收入群体的金融需求，以此提高和改善他们的生活质量。

第二，有利于形成贫困地区普惠金融支持农牧民增收的长效机制。当前贫困地区金融服务功能弱化，金融供给难以满足其特殊的金融需求（王安军等，2007）。农村、农业和农民问题是直接关系社会和谐和城镇化建

① 张宏岩．青海省藏族地区经济与社会协调发展研究［M］．北京：中央民族大学出版社，2010.

设的重大问题，而能否建立农牧民收入稳定增长的机制是解决农村、农业和农民问题的关键。影响农牧民收入增长的因素很多，如区域经济发展水平和质量、产业结构、国家政策、市场发育程度、农牧民自身素质等，但从长远看，金融因素的影响作用将会越来越显著。研究也发现，在经济越发达的地区，农村金融的收入效应越显著（钱水土等，2010）。青海藏区贫困人口多，生态环境脆弱，自然资源匮乏，抵御自然灾害的能力弱，生产生活条件较差，使得金融支持农牧民收入增长的基础较为脆弱，发展长期陷入“低生产率—低收入—金融生态环境恶化—金融投入不足—低生产率”的恶性循环。为此，我们以青海藏区为例，探索、研究贫困地区金融促进农牧民收入稳定增长的机制、模式和路径，进一步提高农村金融服务效率，促进金融支持农牧民收入增长。

第三，有利于推动农村金融体制改革进程。积极探索青海藏区普惠金融发展路径，进一步制定和完善支农、惠农、助农的金融政策，健全多元化的农村金融体系，创新农村金融机构，增加农牧区金融机构网点，扩大金融服务覆盖面，通过持续稳定地向偏远地区及贫困人口提供多种金融服务，推动民族地区农村金融体系及青海藏区的进步与发展。经过30多年的改革开放，农村面貌发生了巨大的变化，经济全面进入了城乡二元结构逐步消除、城乡经济社会发展一体化新格局稳步形成的重要历史时期，国家扶贫开发的重点由“输血型”转向“造血型”，由单纯解决贫困人口温饱转向深层次、多渠道脱贫的发展思路，实现贫困人口收入增加、发展能力增强、走向富裕。农村特别是贫困地区对金融服务的需求大幅增加。但农村金融发展滞后，已成为贫困地区发展的重要制约因素（黄承伟等，2009）。因此，青海藏区通过金融改革建立普惠性金融服务体系是完善农牧区金融服务体系的必然要求。

## 三、研究范围的界定

本课题主要研究青海藏区普惠金融发展与农牧民增收问题。青海藏区作为经济欠发达的多民族地区，经济发展水平较低，农牧业生产和农牧民生活条件较差，农牧民增收的基础较为脆弱。在促进农牧业发展和农牧民收入增长的过程中，必须借助金融的力量实现脱贫致富，实现农牧民收入的稳定增长。

青海省是全国仅次于西藏的最大的藏族聚居区，藏区面积占全省面积的98%左右。藏族人口主要分布在海北、海南、黄南、玉树、果洛5个藏族自治州和海西蒙古族藏族自治州，另外，海东河湟地区也有少量的藏族人口，藏族人口分布很广。因此，本课题研究的青海藏区并非仅指六个藏族自治州，而是广义范围的青海藏区。

## 四、研究思路与研究方法

本课题研究思路是以金融发展理论和普惠金融理论为基础。首先是国内外文献综述与述评；其次对青海藏区经济发展与农牧民收入增长的关系进行全面分析，运用实证分析方法对青海藏区金融发展与农牧民收入增长的关系进行分析，据此分析青海藏区制约农牧民收入增长的金融因素，并根据青海藏区金融发展的现实，借鉴国外经验分析青海藏区普惠金融发展的客观基础；最后提出构建符合青海藏区实际的普惠金融体系、普惠金融支持农牧民增收的对策建议及保障措施。

本课题采用规范分析、实证研究以及个案调查的研究方法，对青海藏区经济发展与农牧民收入的增长状况、普惠金融发展的客观基础、普惠金融体系的构建、普惠金融促进农牧民增收的对策建议等，采用规范分析的方法；对青海藏区金融发展与农牧民增收的关系、农牧民收入增长缓慢的金融因素采用实证研究的方法；同时采用个案调查法，选择海北州、海南州以及黄南州和海西州部分县域为个案调查的对象，对部分农牧户、企业及金融机构进行实地调查，分析农牧民收入增长的情况及特点，总结青海藏区农村金融支持农村经济及农牧民增收方面所存在的问题，为普惠农村金融体系的构建提供可供借鉴的依据。

## 五、创新之处

本课题以青海藏区经济社会和农村金融发展为背景，深入分析农村金融服务对“三农三牧”及农牧民收入增长的支持效应，提出了通过增强农村金融的普惠性，通过完善普惠农村金融服务体系来促进农牧业生产和农牧民增收。其创新之处主要体现在三个方面：

第一，研究视角的创新。以青海藏区为例，把普惠金融与农牧民增收联系在一起，通过对农村金融体系的改革与不断完善，真正使金融惠及农牧民群体，为农牧民增收提供良好的金融服务。

第二，研究内容的创新。本课题突出青海藏区经济发展及农牧民增收对普惠金融的需求。具体来说，课题运用相关的观点与资料，在研究内容上的创新主要体现在以下几个方面：①在全面概括青海藏区农牧民收入基本状况的基础上，分别从不同时期、不同地域、不同群体、不同产业的角度分析了农牧民增收的状况、特点及问题；②通过实地调研，对青海藏区的农村金融需求和金融供给状况进行了翔实的分析，凝练出了农村金融需求的特征，同时对金融供给状况也进行了定性和定量分析，得出金融供给无法满足现实的金融需求的结论；③根据青海藏区金融需求的特点，提出了普惠金融供给者多样化和金融需求多层次的观点；④结合青海藏区的实际情况，提出了针对性较强的普惠金融支持农牧民增收的对策建议；⑤提出要从政府、市场及服务对象三个层面为普惠金融促进农牧民增收提供保障措施。

第三，研究方法的创新。本课题采用实地访谈与问卷调查相结合、实证分析与规范分析相结合、一般研究与个案研究相结合的研究方法。以金融发展和普惠金融理论作为研究基础，在深入调查研究的基础上，利用制作图标和计量模型，对青海藏区金融发展与农牧民增收的关系、青海藏区农牧民收入增长缓慢的金融因素进行了创新性研究。

## 六、调研情况说明

为确保课题研究达到预期的研究目的，课题采用个案调查法，选择海北州和海南州为重点调研区域，同时也兼顾了海西州和黄南州的部分县域。调研对象涉及省、州两级金融办、人民银行、银监局、农牧厅（局）及统计局等政府部门，海南州、海北州和海西州所属的县域农业银行、农信社、邮储银行及保险公司等金融机构，还包括农牧户及小微企业。为确保调研的质量，根据问卷设计的指标进行了预调研，在修订和完善问卷的基础上，随后又开展了正式调研。通过访谈和问卷填写，形成了676份有效问卷，为课题研究奠定了坚实的基础。

# 第二部分

# 国内外研究综述

## 一、国外相关研究述评

### （一）关于资本匮乏与贫困问题的研究

资本在一个国家或地区的经济发展过程中起着至关重要的作用。早期的发展经济理论特别关注匮乏与贫困之间的必然联系，他们认为，发展中国家贫困的基本原因在于经济增长缓慢和人均收入水平低下。而导致经济增长缓慢和人均收入水平低下的原因是资本严重短缺和投资明显不足，因此解决资本形成问题是发展中国家摆脱贫困的先决条件。

#### 1. 纳克斯的“贫困恶性循环”理论

“贫困恶性循环”包括供给和需求两个方面：在供给方面，一国由于经济发展滞后，人均收入少，这意味着人们将要把收入中的大部分用于满足基本的生活消费，而用于储蓄的就很少，从而导致储蓄规模较小，造成资本形成不足。低储蓄造成投资匮乏，生产规模难以扩大，产出低下，收入水平难以提升，形成了一个“低收入—低资本形成—低收入”的恶性循环；在需求方面，发展中国家的低收入水平意味着商品购买力和消费能力低下，从而导致投资引诱不足，进而又会造成资本积累受限，资本供给不足，难以实施扩大再生产、提高生产效率，低生产率带来低产出、低就业和低收入，如此一来，也形成了“低收入—低资本形成—低收入”的恶性循环。该理论说明，资本不足是产生“贫困恶性循环”的根源，解决资本积累问题是发展中国家实现经济发展和摆脱贫困的先决条件。对广大的发展中国家来说，在个人储蓄能力明显不足的情况下，金融支持通常被认为是实现资本积累的重要方式。

2. 纳尔逊的“低水平均衡陷阱理论”

“低水平均衡陷阱”理论的主要观点是，过快的人口增长速度是阻碍发展中国家人均收入快速增长的“陷阱”，必须通过扩大投资规模，使投资规模和产出水平超过人口增长速度，才能实现社会人均收入的大幅度提升和经济的全面增长。“低水平均衡陷阱”是由过低的人均收入造成的。若要冲出这个陷阱，人均收入就必须大幅度、迅速地增加，使得新增投资所带来的收入和产出增长持续地快于人口的增长。该理论从多方面探讨了发展中国家和地区经济发展滞后的根本原因，阐释了经济增长的障碍在于稀缺的资本，强调了摆脱“低水平均衡陷阱”的决定因素是资本积累。对于农村金融发展而言，只有通过金融深化，加快推进农村金融改革进程，畅通资本积累的渠道。作为储蓄仅仅提供了资本形成的源泉，而完善的金融体制和健全的金融机构才能有效实现储蓄向投资的转化，从而形成促进经济发展的资本积累。

3. 莱宾斯坦的“临界最小努力”理论

“临界最小努力”理论认为发展中国家要冲破低收入与贫困之间的恶性循环，应根据其人口多且增长速度快的特点，通过持续的、大规模的投资促进国民收入的快速增长，并超越人口的增长速度，从而促使人均收入水平得以明显提高，这个投资率水平即“临界最小努力”。没有这个最小努力就很难使发展中国家的经济发展摆脱贫穷落后的困境。该理论特别强调了资本积累与形成对推动经济增长的重要性，这对于认识发展中国家的经济现状及反贫困战略的实施都具有重要的启发意义。

4. 缪尔达尔的“循环积累因果关系”理论

“循环积累因果关系”理论认为，在经济欠发达的国家和地区，过低的收入水平，导致公众生活水平低下，劳动者难以享受到基本的公共福利，造成人口质量下降，劳动者综合素质不高，就业困难。素质不高的劳动者导致劳动生产效率低下；过低的劳动生产率致使产出增长停滞或下降。最终，低产出导致低收入，低收入又进一步加剧了社会贫困，使发展中国家经常陷入低收入与贫困的累积性循环困境之中。由此可见，过低的收入水平是导致发展中国家贫困的重要原因之一。而产生低收入的原因又是多方面的，如受社会、经济、政治和制度等因素的影响，其中一个重要原因是资本稀缺，资本形成不足，以及收入分配制度的不平等。为此，该理论强调通过对权力、土地、教育等制度方面的一系列改革，力求实现收入平等，全面增加贫困群体的消费，以提高投资引诱，同时扩大储蓄以促进资本形成，大幅度提高生产率和产出水平，切实提高发展中国家的人均收入水平。

以上几种观点代表了第二次世界大战以后五六十年代西方发展经济学家对资本形成在经济发展中的作用的基本看法。在他们看来，发展中国家一般自然资源并不短缺，劳动力也比较充裕，资本资源是最稀缺的。因此，促进或限制经济增长的最主要因素在于资本形成的效率，物质资本的形成实际上被认为是经济发展的必要而且充分的条件。当然，早期发展经济学中的“唯资本论”把资本形成看作是经济发展的决定性因素，就有片面性和绝对性的理论倾向。

20 世纪 50 年代以来，以发达国家为考察对象的实证研究对这一认识形成了质疑。阿伯拉莫维茨（Abramovitz）、索洛（Solou）、丹尼森（Denson）、库兹涅茨（Kuznets）等学者的测算结果表明，发达国家经济增长主要是依靠技术进步而不是依赖于资本形成，技术进步对经济增长的贡献超过了单纯的资本形成。20 世纪 80 年代以后，资本形成的技术进步内涵逐渐被人们认识。索洛等人明确提出，只有实现技术进步与资本形成的有机结合，才能促进经济快速增长，且经济增长的质量明显提升。因此，如果重新认识资本形成对技术进步的意义，就会发现，即使在发达国家，资本形成对经济增长的重要性仍然无可替代。

### （二）农村金融发展理论

农村金融作为整个金融体系的重要组成部分，其发展对支持和推动农村经济社会发展具有非常重要的意义。农村金融发展是一个世界性的难题，不同国家和地区的学者为此进行了大量的理论和实践探索，形成了一些具有代表性的理论观点和政策主张，主要包括农业信贷补贴理论（农业融资理论）、农村金融市场理论和不完全竞争市场理论三种不同的理论流派。

#### 1. 农业信贷补贴理论

农业信贷补贴理论是 20 世纪 80 年代以前处于主导地位的农村金融理论。该理论认为，农村居民特别是低收入的贫困群体，没有资金积累能力，农村经济发展面临的是严重的资金短缺问题。因此，为解决农业生产发展所面临的资金不足问题，有必要依赖农村外部环境，向农村注入政策性资金，并通过组建专门的非营利性金融机构来进行资金的配置，为需要资金的农民提供信贷支持，促进农业健康发展，缓解农村贫困现象。同时，该理论还主张，为缩小农业与其他产业之间的结构性收入差距，对农业应提供较低的优惠利率。此外，要引入政府主导的补贴性信贷，以此取代高利贷，让农民获得“合理”利率的贷款。农业信贷补贴理论着眼于农业的特殊性及金融市场的外部性造成市场失灵，强调政府的支持和干预。这一理论对各国农村金融实践产生了深刻的影响。但是，总体来看效果不佳。由于政府所有的农村金融机构缺乏经营管理自主权以及操作程序不健全，导致财务业绩和社会效益都不甚理想，大部分的贴息贷款项目都没有实现覆盖贫困群体和可持续发展的双重目标（Adams、Graham 和 Pischke，1984；Devereux 和 Fishe，1993；Impavido，1998；Morduch，2000；等等），农村依然缺乏完善的、可持续发展的农村金融体系和金融机构。这是因为农业信贷补贴理论存在固有的缺陷，使得很多国家根据该理论的实践陷入困境。很多贴息贷款项目的拖欠率都非常高，还贷率远低于 50%（Braverman 和 Guasch，1992；Armendariz de Aghion 和 Morduch，2005；Morduch，1999）。

2. 农村金融市场理论

20 世纪 80 年代以后，强调市场力量的农村金融市场理论逐步取代了农业信贷补贴理论。农村金融市场论的理论前提与农业信贷补贴完全相反。农村金融市场理论主张对传统金融市场论进行改革，强调的政策主张主要有：动员储蓄、实行市场利率、鼓励非正规金融发展等。农村金融市场理论为农村金融改革和发展提出了新的思路。但是，农村金融市场化在理论和实践中也存在一些未能彻底解决的问题。如利率市场化能否满足农户特别是贫困的小农户的贷款需求，融资的高成本和缺少抵押品，仍然会对农户贷款产生不利的影响，还需要借助政府的力量来弥补市场的缺陷。

3. 不完全竞争市场理论

20 世纪 90 年代以来，人们逐渐认识到市场机制并不是万能的，信息不完全、搭便车、道德风险、逆向选择等与信息有关的外部性和激励问题导致了金融市场失灵。不完全竞争市场理论强调发展中国家的金融市场不是一个完全竞争的市场，尤其是贷款方（金融机构）对借款人的情况根本无法充分掌握（不完全信息），如果完全依靠市场机制就可能无法培育出社会所需要的金融市场。为弥补市场的失灵和缺陷，有必要采取一些非市场化的手段和办法，政府的适当介入应成为市场的有益补充。同时也强调：借款人的组织化等非市场要素对解决农村金融问题是至关重要的。不完全竞争市场理论为政府介入农村金融市场提供了理论基础，同时也为金融产品和服务方式的创新提供了有力的支持。

### （三）普惠金融理论

#### 1. 对小额信贷的研究

关于小额信贷，国际社会普遍认为是一种成功的扶贫方式，是一种关注中低收入群体发展的信贷手段。20 世纪 70 年代初，现代小额信贷在孟加拉国、巴西及其他一些国家开始出现。早期小额信贷的组织形式有孟加拉国的乡村银行（Grameen Bank）、拉美的行动国际（ACCION International）和印度的自我就业妇女协会银行（SEWA）。20 世纪 80 年代，小额信贷获得了进一步发展，小额贷款项目在不断改进和创新。实践表明，运作良好的扶贫项目显示了穷人特别是妇女的还款意愿要比那些富裕并从商业银行贷款的人更好；同时，贫困人口也有能力承担小额信贷机构的信贷利率。从 20 世纪 90 年代开始，全球范围内小额信贷的发展出现了重大变化，逐步从单一的发放“小额贷款”向为低收入客户提供全面金融服务的“微型金融”过渡。微型金融所体现的金融服务包括信贷、储蓄、保险和汇款结算等，呈现出多元化的金融服务发展态势。国际学术界把小额信贷分为福利型和制度型两种，前者着重强调小额信贷的扶贫目标和宗旨，后者不仅强调小额信贷的福利性，还更多强调自身发展的可持续性。

Robert Peck Christen、Tinmothy R. lyman 和 Richard Rosenberg（2006）在《小额信贷规则与监督指导原则》一文中对小额信贷的性质、作用和监管都做了详细的描述，肯定了小额信贷在扶贫方面的作用，并提出对不同类别的（非政府组织小额信贷机构和正规金融机构）小额信贷组织应对待和监管。

在小额信贷组织发展研究上，联合国把 2005 年确定为小额信贷年。一方面强调金融体系要为包括穷人和微型企业在内的所有人服务；另一方面要把小额信贷融入国家金融体系当中去，作为其中的一部分，并在法律制度和融资渠道上给予较宽松的发展空间。在该目标基础上，小额信贷发展经历了服务对象多元化、机构和服务内容多元化、信贷管理方式多样化、机构商业化和规模扩大化等几个趋势。

对于小额信贷“正规化”问题的研究，Nimal A. Fernando（2003）的研究认为，从事小额信贷业务的非政府组织（NGO）向正规金融机构转变的目的是为了确保机构的可持续发展，实现业务扩展获取盈利。Victoria White 和 Anita Campion（2001）系统地分析了 NGO 小额信贷组织的转变问题。他们通过对亚洲、非洲和拉丁美洲地区已经或正在转变的 NGO 小额信贷组织的考察，研究了 NGO 小额信贷组织转变为正规金融机构的动机：一是为了使更多的人获得小额信贷服务；二是减少对捐赠的依赖。

**2. 对微型金融的研究**

所谓微型金融是指为贫困人口提供一系列包括借贷、储蓄、保险以及转账在内的金融服务，它是对小额信贷的进一步扩展。

国外学者主要从三方面研究微型金融。在利率方面：Fernando（2006）详细解释了微型金融信贷的利率高于一般商业银行贷款利率是由微型金融信贷业务的自身特点决定的；Aghion 和 Morduch（2000）通过提高还款率的机制设计来研究微型金融可持续发展的可行性；Helms 和 Reille（2004）分析了利率管制对微型信贷的影响，研究在较低利率条件下提高微型金融服务效率的政策措施。在成效方面：Morduch（1999）和 Ghatak（1999，2000）认为，小组贷款之所以有显著的效果，是由于乡村经济体中的亲密关系和社会约束性，可以成为解决借款方向贷款方转嫁风险问题的一大法宝。墨达克提出并经过多方证实微型金融能有效地提高借贷者的收入。在可持续性方面：以 Yaron、Christen、Vogel 等为代表的学者认为，主要通过对微型金融项目财务状况的分析来判断其是否达到操作可持续性或经济可持续性，并从收入和成本两个角度分析实现财务可持续的途径。

**3. 对普惠金融及普惠金融体系的研究**

金融在发展进程中起着核心的作用。在坚实的经验证据的支持下，一些发展研究工作者越来越确信，高效率、运作良好的金融体系有利于资金转移到那些高生产率的项目中去，并能有效分散风险，从而有利于带动经济增长，增加投资机会，改善收入分配和减轻贫困（Adhion，Howitt 和 Mayer-Foulkes，2005）。

在 Galorand Zeira（1993）的模型中认为，对于穷人而言，由于金融市场的缺陷与不完善，尽管对于教育的投资边际生产率很高，但他们也没有能力投资于教育。在 Banerjee 和 Newman（1993）的模型中则强调，在初始禀赋状态下，个人职业的选择是有限的。Demirgüç – Kunt 和 Levine（2007）指出，人们能否成为企业家或是打工者，对于职业的选择是很重要的，这同时又决定了他们可以承受风险的能力，对经济增长和收入分配都有长远影响。因此，这些模型充分表明，金融准入机制的缺乏是导致收入不平等和贫困陷阱的重要原因，进而阻碍了经济的增长。大量的研究文献，如 Aghion 和 Bohon（1997）；Aghion、Caroli 和 Gareia – Penalosa（1999）都表明，如果金融市场的缺陷不加以改善，缺乏一个良好的循环机制，那么就长远而言，实施长远的再分配政策是有必要的。Aghion 和 Bohon（1997）的研究指出，一个更有效和持续的发展方式应该是直接有利于解决金融市场的不完善，而没有产生不良的效应。① 综上所述，在经济社会发展的进程中，为改善民众生活和提高收入水平，政府应该采取积极有效的措施，不断完善金融市场体系和金融运行机制，努力增加民众的就业机会和自身发展平台。因此，对于现代发展理论而言，其都强调不断深化金融领域的改革，推动金融发展，而从构建和谐社会的角度来看，金融发展的核心应该是包容性发展。同时，金融市场的完善还应与收入分配政策结合起来，以实现社会的稳定和均衡发展，从而有利于金融体系服务经济社会发展和改善民生功能的发挥。

普惠金融体系是联合国系统在宣传 2005 年“国际小额信贷年”时第一次明确提出的一个概念。其作为 2005 年国际小额信贷年的重要成果之一，目的在于构建一个全民平等地享受现代金融服务的普惠金融服务体系，尤其是要把贫困及低收入人群也纳入到金融服务体系中，借助金融的力量减轻贫困程度乃至实现脱贫致富，最大限度地发挥金融在改善贫困人口生活质量方面的潜能。

世界银行扶贫协商小组（CGPA）在《建设普惠型金融体系—捐赠小额信贷实践指导方针》（2004）中提出，普惠性金融体系的核心是让所有的人特别是弱势群体享有平等的金融权利，让金融服务惠及所有贫困阶层，同时也指出小额信贷是提供给贫困及低收入群体的金融服务，是扶贫的重要工具。亚洲开发银行（ADB）在“为穷人提供的金融——微型金融

① 李通禄，郑长德．普惠金融理论文献研究［J］．武汉金融，2010（8）．

发展战略”（2000）中指出，在一定时期内持续性地向贫困人口提供多种金融服务，能够推动金融系统及全社会的进步。联合国开发计划署（UNDP）在“推动建设普惠金融方面发展”（2006）中指出，建立普惠金融体系有助于提高人们，特别是那些贫困人口的生活水平。对于那些低收入家庭来说，一笔小额贷款、一个储蓄账户或者一份保险都能给他们的生活带来巨大改变。美洲开发银行（IDB）在“微型发展战略”（1997）中指出，在与贫困做斗争的过程中，金融可以发挥巨大的作用，其经济影响和社会影响是深远的。

为推动普惠金融体系的建设，联合国于2006年出版了《建设普惠金融体系》一书，俗称“蓝皮书”。该书是联合国在2005年组织相关专家，通过在线调查、专家深入访谈、组织研讨会等形式的基础上编撰而成的，旨在为世界各国的政府部门提供制定普惠金融发展的政策、策略和路径。该书明确提出普惠金融体系是以小额信贷为核心，同时涉及微观、中观和宏观三个层面的促进农村金融发展的新方法和新对策。强调应把未来具有良好可持续发展潜力的小额信贷纳入到正规金融体系中，从而把那些长期被排斥于传统金融服务和整体经济增长轨道之外的农村低收入人口和贫困群体纳入农村金融服务范围，使他们也能分享到经济增长所带来的福利改善。

**4. 对金融发展与农民收入增长的研究**

国外对金融发展与农民收入增长的研究，是部分学者在关注金融发展与经济增长的关系时所涉及的一个研究领域，鲜有农村金融发展与农民收入增长关系的直接研究。

Greenwood 和 Javanovic（1990）建立动态模型研究金融发展与收入分配的关系，论证了“门坎效应”存在时，金融发展和收入差距的关系呈倒U型，即金融发展在初期既会促进经济增长又会扩大收入差距，随着收入的增长，金融发展将逐步缩小收入差距，存在所谓的“库兹涅茨效应”。

Bencivengahe 和 Smith（1992）等人通过建立内生增长模型的方式分析了金融体系的基本功能对经济增长的不同影响，规范化地讨论了经济增长、金融发展与收入分配三者之间的关系。

Calor 和 Zeira（1993）、Banerjee 和 Newman（1993）的分析认为，由于金融资源配置不合理，利用金融中介的成本会比较昂贵。穷人无法支付这一成本而无法得到金融支持，而富人则会更加方便地通过金融渠道获得资金，在取得信贷方面的不平等待遇会导致二元经济结构，从而扩大了城乡居民收入差距。

Townsend 和 Ueda（2003）建立了统一的动态模型，揭示了金融深化对收入分配的影响及其动态演化路径，表明金融发展与收入差距的关系存在“库兹涅茨效应”。

Clark、Xu 和 Zou（2003）用全球数据对金融发展和收入差距关系进行的最新研究，得出了经济结构会影响金融发展对收入分配的作用的结论，即如果金融发展能促使劳动力更容易地进入现代产业部门，那么随现代产业部门比重的上升，收入差距会拉大。其结果是现代产业部门比重高、金融发展程度高的经济中，收入差距较不具备“两高”的经济要大，他们称之为金融发展的“扩展库兹涅茨效应”。

## 二、国内相关研究述评

### （一）关于农村金融发展的研究

#### 1. 农村金融发展问题研究

农村金融作为农村经济社会发展中最为重要的资金支持手段和资本要素配置制度，在农村经济社会发展中起着至关重要的作用。不少学者从不同视角对农村金融发展进行了深刻的分析。宋宏谋（2003）通过对我国农村金融发展现状的实证分析和农村金融需求分析，详细探讨了我国农村金融存在的问题，如农村金融风险问题：从农户、农村和县域三个层面详细研究了农村资金外流问题，并提出了今后农村金融发展的总体思路。王双正（2008）从“三农”问题入手，提出农业现代化应当与农村金融实现良性互动。从农村商业性金融、合作性金融和政策性金融三个方面分析了制约农村金融发展的原因，并提出未来发展模式选择。陈春生（2010）从金融工具相对规模、金融市场结构和金融功能等方面对农村金融发展状况做出分析。其认为农村金融发展状况具有四个特点：第一，农村货币化程度总体上呈不断加深趋势，但地区间仍存在较大的差距；第二，中国农村的金融相关率呈波动状态，但其下降幅度高于上升幅度，这说明农村在金融资产的应用方面处于萎缩状态；第三，农村信贷市场已属于极高寡占性，而农村信用社在农村金融发展中基本处于垄断地位；第四，农村金融的储蓄资金受地区经济发展水平限制运用功能微弱，资金外流现象较为严重，并且与城市的差距不断拉大。

2. 农村金融体系问题的研究

何广文等（2005）的研究指出，虽然经过多年农村金融改革与发展，中国农村已具备了较完善的农村金融组织体系，形成了以商业金融（中国农业银行）、合作金融（农村信用社）、政策性金融（中国农业发展银行）三位一体、分工合作的正规农村金融组织构架。但是，还存在农村正规金融供给不足与资金外流并存的现象。王晓（2005）认为，商业银行对农村、农业、农民的“无为”直接减少了农村金融资本供给，这是导致农村金融体系不完善的最主要原因。王家传（2005）认为，农村金融资源配置进程中的非农化趋势，进一步加剧了农村信贷资金的短缺，而非农化趋势的日益加剧，使得农村资金不仅得不到反哺，反而流出农村的现象日益突出。计承江（2008）指出，农村金融体系建设不到位，部分涉农金融机构由于历史包袱沉重，削弱了其自身的支农实力；国有商业银行县域网点大量收缩或撤并，致使信贷权限上收，导致县域金融服务严重缺位。徐忠（2009）等提出，随着国有商业银行逐渐放弃农村金融市场以及国家对农村合作基金会的清理和整顿，农村信用社成为支持“三农”的主力军和农村金融市场的垄断者。在以农村信用社为主体的单一农村金融供给模式下，很难满足农村多元化的金融需求。卢亚娟（2009）认为，我国农村正规金融体系主要由农业银行、农业发展银行、农村信用社和邮政储蓄银行构成，对“三农”的金融服务有所改善，但仍然存在许多问题，农民融资还较困难，农村金融机构多元化金融供给严重不足，缺少有效的竞争，造成效率低下、服务不到位的情况，这在中西部欠发达地区尤为突出。

3. 农村金融改革问题的研究

关于农村金融体制改革问题，林毅夫（2003）提出缺乏完善而有效的金融机构是阻碍农民收入稳定增长的主要原因之一。因此，他提出通过促进农村中小金融机构的发展来解决农村金融供给不足和社会经济发展问题。谢平（2001）、马晓河（2003）、何广文（2003）等都认为，实现农村金融机构多元化，允许农村金融机构之间的相互竞争，是解决当前农村金融供求失衡问题的关键。蔡则翔等（2004）建议政府取消对民间资本进入金融业的限制，允许民间资本投资农村金融业，兴办各种类型的农村民间金融组织，给予农村民间金融组织合法经营地位。首先允许其在一定的范围内开展金融活动，按照市场标准和要求，有步骤地培育民间金融组织，提供良好的发展平台，给予一定的发展空间。刘锡良等（2006）认为，农村金融体系构建的最终目标是通过以工补农，多予少取，促进农村资金回流，满足多层次资金需求，提高经济效益来实现城乡统筹和社会主义新农村建设。为此，应采取积极有效的措施，努力构建一个包括商业性金融、合作性金融、政策性金融和民间金融在内的多层次适度竞争的农村金融体系。

### （二）关于农村金融发展与农民收入增长关系研究

国内学者对农村金融发展与农民收入增长问题的研究，更多是从金融发展与经济增长的关系中进行探讨和分析的。

章奇等（2004）首次对中国各省以银行信贷占 GDP 的比重所衡量的金融发展水平和城乡收入差距之间的关系进行了实证分析，认为金融发展显著拉大了城乡收入差距，并且金融发展的这种负面作用主要体现在 20 世纪 90 年代。

陆铭、陈钊（2004）基于省级面板数据的研究表明，城市化对降低城乡收入差距有显著的作用，而金融发展水平作为模型中的控制变量对城乡收入差距的影响并不显著。

郑小华（2004）认为我国农民收入增长缓慢已成为影响宏观经济运行的主要制约因素。在对现行农村金融体制与农民收入增长之间的关系以及农村金融体制对农民增收的影响的基础上，结合我国农村金融发展的实际，提出了如何通过进一步完善农村金融体制而增加农民收入的基本思路。

姚耀军（2005）采用协整分析方法，考察金融发展、城市化与城乡收入差距间是否存在一种长期均衡关系。利用 1978—2002 年数据建模，得出如下结论：一是从长期来看，金融发展规模、金融发展效率、城镇化水平与城乡收入差距之间有很强的相关性。具体表现为，金融发展规模与城乡收入差距呈正相关，金融发展效率与城乡收入差距呈负相关，城镇化水平与城乡收入差距呈负相关；二是就短期而言，在 5% 显著水平上中国金融发展规模与城乡收入差距具有双向 Granger 因果关系；在 6% 显著水平上中国金融发展效率与城乡收入差距具有双向 Granger 因果关系；在 1% 显著水平上城镇化是城乡收入差距的 Granger 原因。

王丹、张懿（2006）基于金融发展与经济增长理论，应用 ECM 误差修正模型实证检验了 1991—2005 年安徽省农村金融发展与农业经济增长之间的联动关系。实证结果表明，农村金融发展引致农业经济增长变动，金融发展是农业经济增长的重要因素。

龙海明、柳沙岭和李花（2007）对湖南省金融发展与经济增长关系进行实证检验，分析结果表明二者之间存在长期的均衡关系，具体表现为农村金融供给对经济增长具有强势推动作用。得出的结论是：要实现湖南省农村经济的可持续健康发展，关键在于要构建湖南省农村金融与经济增长相互促进的运行机制。

周小兵、李秉龙（2003）通过统计分析和计量分析方法就中国农业信贷对农业产出的绩效进行了实证分析。分析结果表明，农业信贷支持对农业生产效益具有非常明显的促进作用，银行信贷支持对农业生产要素投入、农业生产效益和农民收入增长均具有积极效应。

刘福毅等（2004）研究了农村严重的金融抑制是导致资金外流的主要原因，进而造成农村经济要素投入不足，农民收入水平无法实现快速提升。

许崇正等（2005）从影响农民收入增长的若干关键因素入手，利用普通最小二乘法进行实证检验。结果表明，农村金融发展对农民收入增长曾经起到一定的作用，但总的来讲农村金融发展对农民增收不利。

安翔（2005）通过研究发现，在农村经济和农民收入增长的过程中，金融发展对其具有显著的促进作用。他同时指出，农民收入增长说明农村经济发展势头良好，为农民增收提供了保障；反过来也可以说农村经济实现可持续增长意味着农民收入增长，二者是相辅相成的关系。

王虎、范从来（2006）运用 1980—2004 年的数据实证研究了金融发展与农民收入之间的相关性关系。分析结果表明，金融发展对农民收入增长有正向的促进作用，但其影响作用却是非常复杂的。

李树生（2006）通过相关的研究和分析，认为目前我国现阶段的农村金融改革滞后，农村金融市场所实施的利率上浮政策由于加大了农民的融资成本，推动农村经济增长效果甚微，而低利率货币政策对促进农村经济增长、增加农民收入更为有效。

刘旦（2007）运用1978—2004年的统计数据，对中国农村金融发展效率与农民收入增长之间的关系进行了实证研究。结果显示，农村金融发展效率对农民收入增长具有显著的负效应。

杨雯（2007）在对金融发展与经济增长、收入增长之间的关系进行全面梳理的基础上，采用实证研究方法，借助Granger因果关系模型，构建我国的农村金融发展与农民收入增长关系的模型。最终结论是，农村金融发展与农民收入增长之间存在显著的相关关系，呈现复杂的、双向的因果关系。

杨伟（2007）收集整理了历年的统计数据，通过农村信贷投入与农民收入增长关系的实证研究，结果发现农村信贷投入在促进农民收入的增长方面的确起过很突出的作用，但对农民增收的贡献度却在逐年下降，原因主要是农村传统生产模式制约和农村金融体系效率低下。因此，农村金融体系迫切需要进行制度创新。

杨小玲（2009）基于农民收入来源结构的基础上，全面分析了改革开放以来我国农村金融发展对农民收入增长的影响程度，实证分析结果表明：农村金融发展与农民收入构成中的家庭经营纯收入之间呈负相关关系，且二者之间不存在Granger因果关系；而农村金融发展结构会促使农民工资性收入水平的提高，农村金融发展效率高低是农民工资性收入增加的Granger原因。

谭燕芝（2009）运用1978—2007年数据，通过运用协整分析、Granger因果分析、误差修正模型的分析、脉冲响应函数分析等，得到相关的结论和观点，即以农村金融相关比率衡量的农村金融发展与用人均纯收入表示的农民收入之间存在一种长期稳定的均衡关系。

张颖慧（2009）在对农村金融发展对农民收入增长的影响问题进行分析的基础上，站在农村金融发展的视角，结合农民收入的现实状况，从1978—2004年实际数据出发，对农村金融发展水平与农民收入增长的关系进行了实证研究。

方金兵、张兵、曹阳（2009）采用带有控制变量的向量误差修正模型（VECM）和Granger因果检验方法，对农村金融发展与农民收入增长之间的相关关系和因果关系进行了重新检验。结果表明，在长期，农村金融发展的规模、结构、效率与农民收入增长、农村投资规模存在协整关系；而在短期，农民收入增长幅度与农村金融发展水平呈双向的 Granger 因果关系，而农村金融发展的结构与效率并不是农民收入增长的 Granger 原因。

娄永跃（2010）从金融的视角出发，采用计量经济和灰色关联分析相结合等研究方法，在客观探索研究农民增收的形成现状、深入剖析农民增收制度缺陷的基础上，重点对近年来农村金融发展与农民增收的内在关系以及影响农民收入阶段性因素进行了实证分析，进而有针对性地提出了确保农民收入快速增长的金融政策建议。

余新平、熊皛白、熊德平（2010）运用 1978—2008 年的相关数据，实证分析了中国农村金融发展与农民收入增长之间的关系。结果显示，农村存款、农业保险赔付与农民收入增长呈正向关系，而农村贷款、农业保险收入与农民收入增长呈负向关系；农业贷款促进农民增收存在着一定的滞后期，乡镇企业贷款不仅没有成为农民增收的重要途径，相反却在一定程度上抑制着农民收入的增长。

钱水土、周永涛（2011）运用 1986—2007 年的数据实证研究了我国农村金融发展与农民收入之间的相关性关系及影响机制。研究表明，农村金融规模、农村金融结构与农村固定资产投资完成额、农村人力资本投资和农村劳动力转移就业呈正相关的关系，但是农村金融发展效率与农村固定资产投资完成额、农村人力资本投资和农村劳动力转移就业却呈负相关关系。由此得出结论，由于各种原因造成的农村金融资源低效率配置是阻碍农民收入增长的主要因素。

国内的研究成果表明，金融发展与农村经济增长及农民收入水平提高具有正效应，对进一步探索金融支持农牧民增收具有重要的指导意义。但是，众多的研究却忽略了地域的特殊性，尤其是对经济欠发达的民族地区来说，如何通过普惠金融的发展来促进农牧民收入的增长，这方面的研究成果较少。

### （三）关于普惠金融发展的研究

自联合国在 2005 年国际小额信贷年上提出普惠金融概念以来，普惠金融受到了社会的广泛关注，众多学者致力于我国普惠金融的研究和实践，取得了相应的研究成果。2006 年 3 月，在北京亚洲小额信贷论坛上，焦瑾璞正式提出了“普惠制金融体系”的概念。他认为，普惠金融是以商业可持续的方式，为包括弱势群体在内的全体社会成员提供全功能的金融服务。普惠金融体系特别关注目前尚不能被商业银行所服务的低收入及贫困群体，认为只有能够解决这些特定目标客户金融服务的体系才是一个健全和完善的金融体系。普惠金融体系是小额信贷及微型金融的延伸和发展，同时也是一种金融公平的体现。

杜晓山（2006）认为改革与完善农村金融体系的基本目标和要求是：应建立满足农村多元化金融需求的，功能完善、分工合理、产权明晰、管理科学、监督有效、竞争适度、优势互补、可持续发展的普惠性金融服务体系。将包括偏远地区和贫困人口在内的金融服务有机地融入微观、中观和宏观三个层面的金融体系，使金融服务普遍地惠及大规模的贫困以及中低收入客户群体。

韩俊（2008）认为我国现阶段的农村金融体系与普惠金融体系还存在很大的差距，突出表现是正规金融服务在农村牧区的渗透率和覆盖面远远不能满足农户和农村中小微企业的需求，商业银行和农村信用社作为提供金融服务的主力，不可能完全有效解决服务“三农”发展的多层次金融需求问题。因此，必须着眼于农村金融体系的全局，加快构建普惠型的农村金融服务体系。

吴晓灵（2008）对普惠金融体系的深刻内涵、普惠金融体系与小额信贷的关系、普惠金融体系中创新贷款方式、构建和完善普惠金融体系进程中政府的地位与作用等问题进行了研究和探讨。其认为应该通过实施优惠的税收政策，引导县域金融机构将一定比例的新增可用资金投向涉农领域，支持农业和欠发达地区农村经济的发展。

童鑫德、许天良、杨建荣（2009）对西部地区实现普惠金融的必要性、现实条件及途径进行了分析和论述，提出实行普惠金融是促进东西部经济均衡协调发展的重要举措；可以最大限度地惠及于民，有利于社会主义新农村建设；可以最大限度地解决西部地区农村居民消费的资金需求，维护社会稳定。他们认为应将普惠金融体系的理念、理论和实践有机融入建立我国西部完整的农村金融体系的战略目标和实施行动之中。

汤敏（2010）提出了加快普惠金融发展的对策建议，认为现阶段中国推动普惠金融发展，首先应鼓励商业性金融机构提供对小企业的金融服务；其次推动小额贷款公司、村镇银行等新型金融机构的发展，以此扩大对小微企业与农户的小额贷款覆盖面；最后对那些正规金融机构难以提供服务的偏远地区、贫困地区以及贫困群体，需要有更特殊一些的公益性或准公益性的金融制度安排。

杜晓山（2010）对我国小额信贷的服务对象和原则进行了阐释，同时指出我国普惠金融体系应具有的基本特征：所有家庭和企业都能以合理价格获得所需的金融服务；拥有健全的服务机构；具备财务和机构的可持续发展能力；拥有多样化的金融服务。

焦瑾璞（2010）认为普惠金融体系是对现有金融体系缺陷所进行的弥补，进一步从广度和深度上来加强完善金融体系，同时依靠信息技术、创新发展和政策支持来鼓励金融市场向贫困和偏远地区开放，并且提供种类丰富和价格合理的金融服务产品。

综上所述，建立一个让每个人公平享受现代金融服务的普惠金融体系具有重大的历史意义。但同时也充满许多挑战和困难，因为在当前技术条件下，要实现这个远景规划还需要付出艰辛的努力，需要不断改革和创新，但是小额信贷及微型金融的成功也让人们看到了普惠金融发展的希望。

## 三、理论启示

（1）农村金融发展问题之所以成为国内外高度关注的问题，主要原因在于农村金融所对应的“三农”问题与农牧民这个特殊的群体，对农业乃至整个经济社会发展具有深远的意义。要解决农业问题，农村金融发展首先要着眼于解决农村金融发展的普惠性问题。

（2）关于影响农民收入的金融因素分析，国外更多是从金融发展与经济增长的关系中进行研究的。近年来，国内一些学者也开始从农村金融发展的角度来研究金融支持与农民收入增长之间的关系，但主要是从宏观层面展开研究，对特殊的区域及特殊的群体研究成果不多。因此，需要针对欠发达地区、民族地区的农民收入增长的金融因素进行有针对性的研究。

（3）关于普惠金融与农民收入增长问题的研究，普惠金融发展是一个涉及众多领域、部门和群体的工程，其对农业发展和农民收入的支持需要建立相应的指标体系，如政策扶持、银行信贷、保险赔付、证券融资、农民收益率等，以此衡量普惠金融在支持农业和农民增收中的成效。因此，在普惠金融发展基础上，建立相应的用以衡量普惠金融发展水平的指标体系，是今后研究中需要有所突破的一个环节。

# 第三部分

# 青海藏区经济发展与农牧民收入增长概况分析

## 一、青海藏区农牧业经济发展状况

农牧业是青海藏区经济社会发展的基础产业，是农牧民收入的重要来源，推动青海藏区农牧业发展是有效改善民生、全面建成小康社会的必然选择。“十一五”以来，青海省按照党中央、国务院的决策部署，按照“四化同步”的要求，以建设高原特色青海现代生态农牧业为方向，紧紧围绕促进农牧业增效和农牧民增收两大基本任务，坚持深化农牧区改革，调整优化农牧业产业结构，加快农牧业科技进步，大力推进产业化经营。农牧业基础设施条件明显改善，综合生产能力稳步提高，特色农畜产品规模和布局更趋合理，农牧业和农牧区经济得到全面发展，农牧业生产能力稳步提升，产业化进程明显加快，产业规模效应和聚集效应逐步显现，农牧业经济保持快速稳定发展态势。

### （一）基本情况

青海藏区地处青藏高原腹地，地势由东向西逐渐抬升，平均海拔3370米，地形复杂，山脉纵横，地域辽阔。整个地形分为祁连山地区、高原内陆盆地地区和青南高原地区三大部分。青海藏区是重要的畜产品生产基地和青稞、油菜生产基地。作为全国五大牧区之一，青海藏区拥有大量的草场，草地面积5.63亿亩，可利用草地面积4.87亿亩，占全省可利用草地面积的97%。2014年末，存栏的各类牲畜2062.4万头（只），农作物播种面积553700公顷。多年来，青海藏区充分利用“冷凉”气候特点和独特的自然地理环境，依靠科技创新通过农牧业资源保护、生态环境治理、生态农牧业及农牧区能源建设，进一步优化了区域农牧业和农村经济结构，带动了无公害农畜产品生产，改善了农牧业的生产条件和生态环境，促进了农牧业和农村经济的健康发展，推动了农牧民生活质量的提高和农村社会的进步。农牧业稳定发展，农畜产品产量大幅度提高。2014 年，第一产业增加值达到 316.18 亿元，比 1978 年增长 52.78 倍，年均增长 12.22%。

（二）发展现状

**1. 农牧业综合生产能力稳步提高**

青海藏区以现代农牧业示范区为抓手，围绕特色优势产业，突出区域特色，加快特色农牧业生产基地和产业带建设，促进优势产业向优势产区集中，初步形成了以东部农区为重点的现代农牧业生产基地、以环湖地区为重点的生态畜牧业基地、以青南牧区为重点的有机畜牧业生产基地、以柴达木盆地为重点的循环农牧业产业基地。2014 年，农牧业总产值 322.17 亿元，占全省国民经济总收入的 9.4%；粮食总产量 104.8 万吨，实现九连增；肉类产量 39.8 万吨；蔬菜总产量 160 万吨；水产品 9037 吨；禽蛋 2.93 万吨；牛奶 37.82 万吨。[①] 农牧民口粮基本实现自给，油、菜、肉、奶、蛋等主要农畜产品自给水平不断提升，农牧业经济继续保持较快增速。

**2. 农牧民人均纯收入持续快速增长**

在主要“菜篮子”产品价格持续上涨以及务工工资增加的双轮推动下，青海藏区农牧民家庭经营性收入、劳务性收入和转移性收入均保持较快增长。2014 年，青海省农牧民人均纯收入为 7282.7 元，连续九年保持 8% 以上增速，连续四年高于城乡居民可支配收入增幅。从收入构成看，家庭经营性收入和工资性收入占主导地位，第一产业仍是农牧民收入的重要来源。其中，家庭经营收入稳步增长，占总收入的比重为 41.5%，仍然是农牧民收入的最主要来源。与此同时，农牧民增收渠道不断拓宽，工资性收入快速增长，占总收入比重达 28%，比 2009 年增加 47.84 个百分点，成为农牧民增加收入的主要渠道。财产性和转移性收入快速增长，比重达

---

① 农牧业概况［DB/OL］. 青海农牧业信息网，http：//www. qhagri. gov. cn/.

到30.5%，比2009年增加305.58个百分点，成为农牧民增收的新亮点。农牧民财产积累能力显著提高，储蓄大幅增加。农牧民生活水平逐步提高，消费能力不断增强。2014年，农牧民人均消费性支出达8235元，比2009年增长153.88个百分点。恩格尔系数从2009年的38.1%下降到2014年的31.9%，下降了6.2个百分点。

3. 农牧业基础设施显著改善

随着政府对农牧业的扶持力度不断加大，农牧业基础设施建设得到进一步加强，农牧业的综合生产能力、可持续发展能力明显增强。农作物良种覆盖率达到96.2%，马铃薯脱毒技术处于全国领先水平，牦牛育种工作填补了世界牦牛育种史的空白，成功培育了大通牦牛新品种，全省已建成16家牦牛种牛场。农业生产方式已转到以机械作业为主的新阶段，农机总动力发展到440万千瓦，动力机械与配套机具配套比达到1∶1，马铃薯、牧草机械化生产取得重大突破，农作物耕种收综合机械化水平达到54.2%；主要农产品加工转化率超过50.2%。2014年，省级以上龙头企业销售收入达60.6亿元和出口创汇1.68亿美元，分别比“十一五”末增长75.7%和104.1%，龙头企业辐射带动农牧户51万户，农牧民从龙头企业中获得工资性收入达9.36亿元。

4. 农牧业产业结构更加优化

围绕青海农牧业牛羊肉、奶、毛绒、饲草料、油菜、马铃薯、蚕豆、蔬菜、果品、中藏药材等几大优势产业，大力支持特色农牧业生产基地和优势产业带建设，实施了河湟流域百万亩马铃薯、百万亩油菜、百里万棚蔬菜、百里百万肉牛羊、百里百万生猪、百里十万奶牛、百里十万亩薄皮核桃、百里十万亩大果樱桃等几个百里万亩（万头）工程。建设日光温室10.57万幢、牲畜棚圈5.03万幢、标准化规模养殖场1228家、冷水网箱22万平方米（合330亩）、农村户用沼气2.2万户。加快打造精品示范园区，全省以县为单位的现代农业示范区发展到20个，有5个示范区被认定为省级现代农业示范区，大通、互助等4个示范区被认定为国家级现代农业示范区，夯实了农牧业增产增收的基础。

5. 农牧业科技应用水平不断提升

政府通过采取多项措施，完善科技成果转化运用机制，努力提升农牧业科技水平，继续加大“1020”生态农牧业科技支撑工程实施力度，积极推动先进适用农牧业科技成果向生产第一线转移和扩散，不断提升高原特色现代农业和生态畜牧业的可持续发展。政府还创新农牧业科技推广平台，组建了11个农牧业科技创新平台，确定了177个主导品种和217项主推技术。主导品种和主推技术覆盖率达到95%以上，培育科技示范户2.1万户，建成了省级研发平台—县级推广应用平台—科技示范户的科技成果快速转化通道，农牧业科技成果转化率达到32%。在牧区，实施畜禽良种工程，引进国外高产奶牛，建设牦牛和藏羊种羊场，推广奶牛细管冻精。在农区，建立种子示范村、各类农作物种子基地，建立粮油高产示范区。在乡镇配备测土配方施肥专家系统触控一体机，推广秸秆腐熟还田技术等。一系列的技术革新和推广加快了农牧业提质增效的步伐，农牧业科技贡献率达到53%。

**6. 生态保护与建设取得显著成效**

三江源一期、青海湖流域生态综合治理、青海湖周边地区生态治理工程规划任务全面完成。工程区草地植被盖度提高11个百分点，黑土滩植被盖度提高38%，可食牧草增长9.5个百分点。落实了草原生态保护补助奖励政策，累计下达草原生态补奖资金77.88亿元，落实禁牧面积2.45亿亩、草畜平衡面积2.29亿亩，核减超载牲畜570万羊单位，受益牧户73.2万户，基本实现草畜平衡。农村环境资源整治成效显著，农作物秸秆过腹还田、腐熟还田、青贮、氨化、制造轻质建材等综合利用技术广泛应用，提高了秸秆综合利用率；政府推动、农户参与、企业实施的农田残膜回收机制逐步形成，使用、回收、再利用的循环发展模式初步建立，残膜回收率达到75%。建设了一批污水和垃圾处理项目，城镇生活污水处理率和垃圾无害化处理率分别达到35%和40%；化学需氧量和二氧化硫排放量均控制在国家许可的范围内，确保了青海藏区经济发展和生态安全相协调。

**7. 农牧业社会化服务能力不断增强**

近年来，青海省重点围绕加快推进城乡一体化发展进程，通过深化改革和不断创新现代农牧业发展机制，逐步完善了农牧业多元化、多渠道、多形式的社会化服务体系；继续加强了动植物保护、种养业良种、农产品质量安全检验检测体系、草原防火体系等设施条件建设，农牧业社会化服务体系得以完善，服务手段显著改善，综合服务能力进一步增强。建立了

“包村联户”的服务机制、“专家—农技人员—科技示范户”的技术服务模式。创新农机购置补贴发放机制，全面推行全价购机、直补到卡方式，机械化综合水平达到50%以上。重大动物疫病免疫率达到100%，上市动物产品检疫率达到100%，推进了动物标志及疫病可追溯体系建设，重大动物疫情应急处置能力显著提高。加快推进标准化进程，2014年制定了农牧业地方标准41项，加大“三品一标”认证力度，有88个产品通过“三品一标”认证，全省有效使用“三品一标”标志产品达到310个，农产品地理标志登记保护产品图片30个。全省农畜产品批发市场发展到91家。建成23个县级综合信息服务大厅和220个村级信息服务站，开通了省级“12316”农牧服务热线，农村牧区信息化服务基本实现了全覆盖。

8. **农牧业经营体制机制不断创新**

以培养新型职业农牧民、培育种养殖大户和家庭农牧场、发展农牧业专业合作社、做大做强农牧业产业化龙头企业为重点，大力培育新型农牧业经营主体，加快构建以农牧户家庭经营为基础、合作与联合为纽带、社会化服务为支撑的立体式复合现代农牧业经营体系。2014年，家庭农牧场发展到1879家，种养殖专业大户发展到878家，农牧民专业合作社达到6719个，成员达43万人，各类农牧业产业化龙头企业发展到394家，其中省级以上龙头企业发展到93家，国家级龙头企业发展到17家，新型农牧业经营主体已逐步成为现代农牧业建设的主力军。建立了教育培训、认定管理和政策扶持“三位一体”机制和生产经营型、专业技能型和专业服务型“三类协同”的新型职业农牧民培育制度体系，农牧民培训“阳光工程”成功转型为“新型职业农牧民培育工程”，共培训农村劳动力30.49万人，其中，新型职业农牧民1.8万人、绿色证书3万人。“企业+合作社+基地+新型职业农民”“新型经营主体+社会化服务+适度规模经营”，已成为发展现代农牧业的重要路径。

## 二、青海藏区农牧民收入状况

随着西部大开发战略的深入实施，青海藏区进入了一个快速发展时期，农牧业经济发生了翻天覆地的变化，农牧区基础设施建设实现重大突破，农村社会事业全面进步，农牧民收入有了较大幅度提高。特别是国家一系列惠农、支农政策的实施，使农牧民人均纯收入继续保持快速增长趋势，农牧民的经济收入水平呈现多渠道、多元化发展态势，为农牧民脱贫致富奠定了良好的基础。改革开放以来，农牧民收入持续快速增长，2009—2014 年，农牧民人均纯收入由 3346.15 元提高到 7282.7 元，增加了 3936.55 元，增长 1.18 倍，年均增长 19.61%。其中海北、海南、黄南和海西四个自治州增长速度较快，2009 年以来的增速都超过 10%，最低的年份增速也在 8% 以上，增量与速度均创历史新高，呈现增速加快的良好势头，农牧民生活水平显著提升（见图 3-1）。

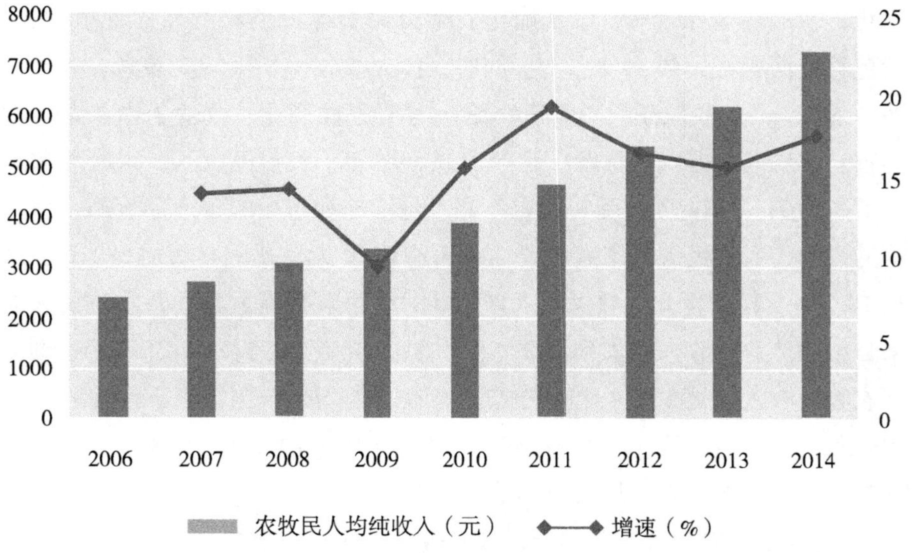


数据来源：《青海统计年鉴》（2015）

图 3-1　青海藏区农牧民收入增长速度

## （一）农牧民收入增长的总体情况

### 1. 农牧区劳务经济快速发展，务工收入大幅增长

改革开放以来，青海藏区大力促进劳务经济，积极开展农牧民职业技能培训，把提高农牧民素质、增加农牧民收入、拓宽农牧民就业渠道作为发展农牧区经济的重要任务来抓，劳务输出取得了明显成效，越来越多的农牧民开始走出田间地头，大量劳动力向第二、三产业转移，外出务工的

劳务收入已成为农牧民收入的重要渠道和增加收入的重要来源。[①] 以海北藏族自治州为例，2014 年该州务工人数不断增加，务工人员工资提高，工资性收入显著增加。农牧民人均工资性收入为 2536 元，比上年增加 322 元，增长 14.54%。工资性收入拉动人均纯收入 29.93 个百分点，比 2009 年增长 1.97 倍，年均增长 32.83%，对全部纯收入增加额的贡献度达 26.07%。

**2. 农牧业产业结构不断优化，家庭经营收入持续增加**

青海农牧区不断加大种植业结构的调整力度，种植业结构得到进一步优化，增加油菜籽、马铃薯、枸杞、啤酒大麦等特色农产品的种植面积，特色种植面积扩大到 80% 以上。同时，广大农牧民积极转变观念，大力发展“农家乐”“牧家乐”“账房宾馆”等服务性产业，改变了以往单一的放牧、种养经营方式，活跃了生产方式，增加了农牧民收入。以海北藏族自治州为例，2014 年，受特色农产品产量增加和市场农畜产品价格上涨因素的影响，农牧民人均家庭经营纯收入达 6020 元，比上年增加 582 元，增长 10.7%，拉动全州农牧民收入增幅 54.09 个百分点。其中，农牧民人均来自第一产业的收入增加到 5829 元，增加 546 元，增长 10.35%，拉动全州农牧民收入增幅 50.74 个百分点。农牧民人均来自第二、三产业收入为 308 元，增加 145 元，增长 88.96%，比 2009 年增长 1.68 倍，年均增长 28%，对全部纯收入增加额的贡献度达 13.47%。

**3. 强农惠农力度不断加大，政策性收入明显增加**

近年来，青海省先后出台了多项财政支农政策，政策性因素对农牧民增收发挥了积极作用。通过规范农牧民征地补贴，取消农业税，实施粮食直补、良种补贴、农机购置补贴、退耕还林还草补贴等一系列惠农政策，使农牧民在减轻负担的基础上得到了更多实惠，使农牧民收入中来自转移性和财产性纯收入明显增加。以海北藏族自治州为例，2014 年以来国家各项惠农政策力度加大和专业合作社规模的不断提高，土地草场流转加快。全州农牧区人均转移和财产性收入达 1170 元，比上年增加 171 元，增长 17.12%，拉动全州农牧民收入增幅 15.89 个百分点。同时，坚持“小财

① 刘晓平．青海藏区农村劳动力迁移动因的托达罗模型分析［J］．青海大学学报（自然科学版），2011（2）．

政、大民生”的发展思路，经过不懈的努力，基本建成覆盖全省农牧区的“农村低保”“新型农村合作医疗和大病救治”的社会保障体系，对逐步提高农牧民收入，建设社会主义新农村新牧区起到了积极的推动作用。

**4. 农牧民增收从单一走向多元，贫困人口显著减少**

自2011年以来，国家对青海藏区累计投入约46.45亿元，主要用于改善农牧民生产生活条件、组织生产生活技能培训等，以改变藏区农牧民单一的收入方式。根据藏区的自然地理条件，共投入2.1亿元资金重点扶持12个贫困村种植中藏药材6万亩，初步建成了中国重要的绿色药材种植基地；投入扶贫资金7.5亿元，建成标准化畜棚16.17万座，面积达174万平方米，年育肥牛羊200万头，人均可增收1000元以上；贫困农户还可以通过股份合作形式参与经营生态畜牧业，年人均分红可达1200元以上。[①] 同时，围绕生态畜牧业实施了扶贫产业化饲草种植项目，共种植高产饲草10.8万亩，并在有条件的地区引导大型农机，提高了机械化作业程度。实施该项目的贫困居民年均增收在1500元以上，个别通过基地务工的居民户均增收可达万元以上。在相关政策扶持下，农牧民从事牧业生产、种植中藏药材、外出务工、加工手工艺品等生产经营活动，收入来源呈现多样化的发展趋势，改变了原来单一的增收方式。农牧民人均收入实现年均呈两位数增长，高于全省平均增速，贫困人口显著减少，累计减少17.74万贫困人口，约2/3的贫困农牧民摆脱了“贫困的帽子”，生活质量有了明显的改善。

### （二）农牧民收入增长的特点

**1. 高原现代特色农牧业成为农牧民增收的“蓄水池”**

长期以来，青海藏区把农牧业作为主导产业，农牧民收入的主要来源靠传统的种植业和养殖业。随着近年来农牧业产业结构的深层次调整，依托青藏高原独特的气候条件和丰富的动植物资源，农牧区舍饲半舍饲养殖、牛羊育肥贩运和特色种养业快速发展。以畜牧业产业示范园、设施农业科技示范园和农牧民专业合作社为龙头的农畜产品加工、包装、销售的链条逐步延伸，农产品的附加值不断提升，同时由于农畜产品市场价格提高等利好因素，使农牧民来自农牧业生产经营的收入增加较快。农牧民人

---

① 王东．青海藏区超17万人脱贫［DB/OL］．中国新闻网．

均来自种、养殖业的收入达到农牧民总收入的一半以上。

### 2. 体现优势资源的工业经济成为促进农牧民增收的“增压阀”

近年来，青海藏区加大了资源优势向经济优势转化的力度，利用优势资源建设工业集中发展区。海西州柴达木循环经济试验区的“一区四园”建设，已有青海碱业、青海金瑞矿业、青海金锋实业有限公司、海西化建、蒙西联碱业、青海庆华煤业等企业入驻园区；海北州先后引进了奥凯矿冶、中瑞碳化硅、天盛光伏线切材料等12家工业企业；海南州推进沿黄水电工业带、清洁能源新兴产业发展区、三江源后续产业发展区、鄂拉山有色金属工业园区、贵德旅游商品加工业发展区建设，统筹推进工业产业发展。工业发展为地区经济发展增添了新活力，特别是为农牧民提供了部分就业岗位，吸纳了农牧区的剩余劳动力，进一步拓宽了农牧民增收的空间，有力地带动了农牧民工资性收入增长。

### 3. 快速推进的城镇化建设成为促进农牧民增收的“引流渠”

随着城镇化建设进程的进一步推进，异地扶贫搬迁、整村搬迁等项目稳步实施。乡村小集镇建设初具规模，城镇载体功能不断完善，兴商置业的投资环境不断改善，极大地调动了农牧民群众发展第二、三产业的积极性。农（牧）家乐、特色养殖等庭院经济迅速发展，从事旅游、餐饮、接待等服务行业的人员逐年增加，群众致富的热情空前高涨。与此同时，不断加大农牧区劳动力迁移就业力度，通过提供就业信息、搭建劳动力迁移平台等方式，为富余劳动力提供商贸、餐饮、电子产品和服装加工等就业岗位，对增加农牧民收入起到了重要作用。

### 4. 政府出台的惠农支农政策成为促进农牧民增收的“活水源”

在中央加大对青海藏区支持力度的大环境下，各级地方政府严格落实国家及省、州各项惠民利民政策。新型农村合作医疗、农村基本养老保险等社会保障制度不断完善；农牧区危房改造、游牧民定居工程等民生项目按计划实施；扶贫帮困、残疾人和孤寡老人救助等保障措施相继落实；草原生态补贴、良种补贴、小麦种植补贴和家电下乡补贴及时发放到户；土地征用补偿收入和租金收入大幅增加，土地承包经营转让收入等都有不同程度的增长。农牧民的转移性收入和财产性收入不断增加，各项惠农政策的实施为农牧区的发展注入了新活力。

## 三、青海藏区不同时期的农牧民增收状况

### （一）“十五”时期农牧民收入增长情况

“十五”期间，青海地方政府加大对农牧区和农牧业产业结构调整力度，扩大特色产业的种养规模，产业结构和经济结构日趋合理。牛羊育肥贩运、羔羊出售等特色产业的兴起以及劳务输出力度的进一步加大，大幅提高了农牧业生产效益，农牧民收入扭转了多年持续下滑的不利局面，呈现出稳步上升的态势。抽样调查显示，2000—2005 年，农牧民人均纯收入由 1490.49 元增加到 2165.11 元，五年间累计增加 674.62 元，增长 45.26%，年均递增 7.75%，比“九五”时期平均递增 7.68%，增速提高了 0.07 个百分点。

农牧民外出打工收入成为支撑农牧民收入增长的主要力量。这得益于农村牧区实施的“阳光工程”，各地区加大了对农牧民的技能培训力度，切实加强了对劳务输出的组织和管理，陆续出台了多项清理拖欠农民工工资的政策措施，使农牧民务工工资基本实现了足额及时兑现，农牧民工资性收入比重有所提高。2005 年，农牧民工资性收入人均为 561.27 元，比 2000 年增长 79.72 元，年均递增 12.44%，占全年纯收入的 25.92%。[①]

第一产业收入水平持续增加。2005 年，农牧民从第一产业得到的收入人均为 1209.12 元，比 2000 年增长 28.51%，年均递增 5.14%，占全年纯收入的比重为 55.85%。

第二、三产业收入稳步提高。西部大开发战略的实施，促使农牧区基础设施建设力度加大，结构调整优化，使得农牧民收入稳步增加。2005 年，农牧民第二、三产业收入人均为 219.38 元，比 2000 年增长 22.63%，年均递增 4.16%。

转移和财产性收入大幅增长。“十五”期间，通过退耕还林（草）工程的实施和农牧民征用土地补贴收入增加。2005 年，农牧民转移和财产性收入人均为 175.30 元，比 2000 年增长 2 倍，年均递增 24.54%，占全年纯收入的比重为 8.1%。[②]

在“十五”期间，经过各方的共同努力，实现了农牧民收入快速增长

① 卢海.“十五”期间青海农牧民收入递增 7.75%［J］. 青海日报，2006-03-14.

② 卢海.“十五”期间青海农牧民收入递增 7.75%［J］. 青海日报，2006-03-14.

的目标，增长速度明显快于“九五”时期。但是农牧民增收依然存在许多问题，青海农牧区农牧业生产条件落后，交通、水利等基础设施建设滞后，抵御灾害的能力依然较为脆弱，农牧区生产发展水平低下的局面并未得到彻底的改变，城乡居民收入差距不断扩大，促进农牧民收入持续稳定增长的长效机制尚未形成，农牧民增收难度较大。主要存在以下突出问题：

1. **农牧民收入与城镇居民收入差距不断扩大**

“十五”期间，农牧民人均纯收入年均增长 7.75%，与“九五”时期相比，年均增速虽然提高了 0.07 个百分点，但与同期城镇居民收入年均增长 9.28% 相比低 1.53 个百分点。在城乡居民收入总体水平提高的同时，城乡居民之间的收入差距继续扩大，2000 年城乡居民收入的比值为 3.47∶1（以农村居民为 1，下同），2001 年扩大到 3.63∶1，2002 年缩小到 3.62∶1，2003 年扩大为 3.7∶1，2004 年又缩小到 3.65∶1，2005 年再次扩大到 3.72∶1，五年间扩大了 25 个百分点，其差距成为改革开放以来最大的时期。从收入水平的绝对额差距看，2000 年城乡居民收入水平的绝对差距为 3679.47 元，到 2005 年差距扩大到 5892.74 元，年均拉大 442.65 元。[①] 城乡居民收入差距不断扩大，究其原因主要是青海农牧区交通、水利等基础设施落后，农牧业生产方式相对落后，农牧业生产还未完全摆脱“靠天吃饭”的困境，农牧民收入总体呈现基数小、水平低的特点，持续增收的基础极不稳固。

2. **非农收入对农牧民增收的贡献微薄**

“十五”期间，农牧民来源于第二、三产业的纯收入徘徊不前，五年间仅增加了 40.45 元，年均增长只有 4.16%，增速比“九五”时期下降 1.27 个百分点，占纯收入的比重也只有 10% 左右，远低于农业收入（农业收入占纯收入的比重在 50% 左右），其对纯收入的增长贡献非常微薄，在个别年份其收入甚至下降。农牧民从事第二、三产业经营活动获得的收入较少，主要受地域资源限制和市场发育缓慢的影响，农村牧区个体私营企业规模小、产出少、效益低，个体私营经济发展存在着许多不稳定因素和面临着诸多困难。农牧民收入结构中，农牧业生产经营收入比重过大，而非农收入比重偏低，收入结构的失衡状况决定了农牧民收入丰年增收、

① 李绛雪．“十五”时期青海农牧民收入稳定增长［J］．青海统计，2006（4）

灾年减收的客观现实，这也是青海藏区农牧民收入与全国和东部发达省份差距不断扩大的主要原因之一。

**3. 农业生产资料价格上涨削弱了农牧民增收效果**

“十五”期间，由于农业生产资料价格增长过快，直接抑制了农牧民收入的增加，在很大程度上抵消了支农惠农政策给农牧民带来的实惠。这一点在2005年表现得尤为突出。2005年，农牧民购买生产资料价格上涨6.5%，其中：化肥价格上涨13.07%，农用薄膜价格上涨35.73%，交通运输邮电业燃料价格上涨34.13%。当年农牧民购买农业生产资料支出比上年增长21.47%，远高于家庭经营收入和纯收入增速。[①] 生产资料价格的快速上涨，直接导致农牧业生产成本增加，经营收入减少，农牧业产出效益下滑，在很大程度上削弱了农牧民增收的效果。

### （二）“十一五”时期农牧民收入增长情况

“十一五”期间，青海省认真贯彻落实中央1号文件和中央农村工作会议精神，制定和实施了一系列更直接、更有效的支农惠农政策，农牧民收入快速增长。据抽样调查资料显示，2010年青海农牧民纯收入为3862.68元，比2005年增长78.41%，年均递增12.3%，比“十五”时期年均递增速度高4.6个百分点。

农牧民收入快速增长，收入结构发生明显变化。非农收入成为农牧民增收不可缺少的重要组成部分。2010年农牧民外出务工收入人均为892.22元，比2005年增长1.33倍，年均增长18.47%，比重占纯收入的23.10%，比2005年提高5.44个百分点。“十一五”期间，农牧民外出务工收入对纯收入增加额的贡献率达15.92%。[②]

政策性措施对农牧民增收减负发挥了积极效用。“十一五”期间，政府先后出台了多项财政强农惠农政策。首先，规范农牧民征地补贴，实施粮食直补、退耕还林还草补贴等一系列惠农政策，农牧民群众的生产积极性空前高涨，农牧民在减轻负担的基础上得到了更多实惠，使得其收入中来自转移性和财产性纯收入明显增加。2010年，农牧民来自转移性和财产性纯收入人均为575.71元，比2005年增长2.28倍，年均增长26.84%，

① 李绛雪．“十五”时期青海农牧民收入稳定增长［J］．青海统计，2006（4）．
② 刘红梅．从数据看青海居民生活新面貌［J］．柴达木开发研究，2011（8）．

比重占纯收入的14.90%，比2005年提高6.80个百分点。[①] 其次，坚持财政支出的“民生发展方向”，加大以改善民生为重点的社会建设投入力度，全面提高农牧区低保、社会救助、最低工资等标准，不断增加新农合人均筹资标准，并制定了高龄老人生活补贴政策。这些社会保障制度的实施对逐步提高农牧民收入，减轻农牧民负担起到了推动作用。

家庭生产经营收入仍是农牧民收入的主要来源。2010年，农牧民纯收入中超过一半的收入来自家庭经营收入，人均达1991.71元，比2005年增长39.43%，年均增长6.87%，比重占纯收入的51.56%，比2005年下降14.42个百分点。农牧业依然是收入增长的主要产业，2010年全省人均农牧业收入为1670.09元，同比增长39.69%，年均增长6.91%，比重占家庭经营收入的83.85%，同比提高0.16个百分点。[②]“十一五”期间，青海农牧区经济运行形势良好，农牧民收入水平呈现快速增长态势，城乡居民收入差距逐步缩小。但与全国农村居民平均收入水平相比，整体收入水平相对较低。存在的问题主要表现在以下方面：

**1. 农资价格和农业生产成本逐年上升，限制了农牧民增收**

“十一五”期间，虽然农畜产品市场价格不断提高，但是种子、化肥、农用地膜等农业生产资料价格也在连年上涨，导致农牧民生产性投入逐年加大，生产成本提高，农牧民纯收入持续增长受到了很大影响。国家虽然通过粮食直补、农资综合补贴等各种惠农补贴来提高广大农牧民的收入，但从调研反映出的情况看，这些补贴带给农牧民的实惠尚不足以弥补因成本提高对农牧民造成的损失。以海南藏族自治州为例，从2006年到2010年，化肥、籽种和农膜等生产资料的上涨幅度分别达55.2%、30.3%和33.3%，在一定程度上限制了农牧民增收。

**2. 农牧业经营结构不合理、收入来源单一，阻碍了农牧民收入的增长**

农牧民收入增长与收入构成密切相关，而收入构成又受制于生产经营结构。“十一五”期间，虽然通过相应措施对农牧业经营结构进行了大力调整，农牧民的收入结构趋于合理化，但却没有从根本上改变以种养殖业为主的生产经营格局，农牧民收入中占主体地位的仍然是种植业和畜牧业

① 刘红梅．从数据看青海居民生活新面貌［J］．柴达木开发研究，2011－08－25.
② 刘红梅．从数据看青海居民生活新面貌［J］．柴达木开发研究，2011－08－25.

的收入，传统的种养殖业收入占到农牧民收入的一半。第二、三产业发展依然缓慢，特别是第二产业处于分散、小规模、小作坊的低级状态，农牧民增收渠道狭窄。种植业内部结构调整空间小，徘徊在“稳粮扩油”的二元小圈子和产量的增减之中，优势农畜产品规模小，制约了特色种养殖业的发展，农牧业增产不增收的问题还未能得到根本解决。

**3. 城镇化水平不高，农牧民整体素质偏低，就业不充分制约了农牧民收入的增长**

农牧民是农牧业和农村牧区经济社会发展的主体，农牧民综合素质的高低，是农牧民收入增长的潜在因素和关键。目前，城镇化水平不高，劳务输出门路不宽，农牧民素质偏低直接影响到了农牧民收入的增长。一是城镇化水平较低，为农牧民提供的就业岗位较少。二是农牧民平均受教育年限短，接受教育程度基本处于初中阶段。2010 年，人口普查数据显示，农村牧区劳动力中，小学及以下文化程度占 27.08%，初中文化占 54.4%，高中及以上文化仅占 18.52%。广大农牧民接受先进理念和学习先进技术的能力较弱，农牧业科学技术的推广普及应用率较低，先进的种养技术尚未有效普及。三是大多数农牧民没有系统接受职业技能培训，缺乏“一技之长”，只能从事一些简单的体力劳动。四是市场竞争意识淡薄，缺乏对市场商品供求、价格变化的灵敏反应，使农牧业生产经营面临很大的市场约束和风险隐患。可见，农牧民自身素质对收入增长有很大的制约作用。

**4. 农牧业产业化程度较低，对农牧民收入持续增长的推动力不强**

“十一五”期间，青海农牧业产业化处于起步阶段，整体水平不高，对农牧民收入的持续快速增长的推动力不强。其主要表现在：一是从事农畜产品加工的大型龙头企业数量少，与农牧民联系不紧密，辐射带动作用不大、能力不强，尤其是缺少本地“土生土长”的大型龙头企业。二是农牧民中介组织发展缓慢，没有发挥出纽带、桥梁和带动作用。三是对农牧民引导不足。由于农牧民的土地基本是“单打独斗”的小规模经营，对市场信息的掌握和分析能力弱，缺乏正规组织引导，农牧民在生产经营中存在着很大的盲目性和趋同性，极易造成产品积压、价格下跌而利益受损。四是龙头企业的优势产品不突出，农畜产品存在“有品无牌、有优无势”，规模较小，竞争力不强，品牌效益差，形不成本地知名品牌，对地方经济的拉动潜力不大。

### （三）“十二五”以来农牧民收入增长情况

“十二五”以来，青海农牧业生产继续保持稳定增长，粮油生产稳中有升，畜牧业健康发展，农牧民收入持续增长。农畜产品质量安全水平明显提高，农牧业生产连续八年实现增产增收。得益于农产品产量增、价格好，强农惠农政策力度大、含金量高，农牧民家庭经营收入、工资性收入、转移性收入多轮驱动，农牧民人均纯收入由 2011 年的 4608.47 元提高到了 2014 年的 7282.7 元。从收入构成的总体情况来看，家庭经营性收入和工资性收入占主导地位，第一产业仍是农牧民收入的重要来源。其中，工资性收入为 2041 元，占总收入的 28%；家庭经营性收入为 3021 元，占总收入的 41.5%；财产性收入为 288 元，占总收入的 4%；转移性收入为 1932 元，占总收入的 26.5%。

农牧民人均现金收入快速提高。随着城镇化进程加快和非农产业蓬勃兴起，农牧区自给自足的经济状况及以农为主的单一生产结构得到根本性的改变，突出表现是现金纯收入占比攀升，实物纯收入占比下降，农牧民收入货币化程度提高。抽样调查资料显示，2014 年农牧民人均现金纯收入为 8226 元（未扣除生产费用），其中工资性收入占 24.76%；现金纯收入占农牧民人均纯收入的比重上升到 90.91%，比 2009 年提高了 10.55 个百分点。农牧民现金收入呈现以下几个特点：一是工资性收入稳步增长。农牧民外出务工人数继续增加，特别是技能人员增加，劳务输出人员工资增长，人均工资性收入 2041 元，比 2009 年增长 51.19%。二是农牧业现金收入增长较快。由于牲畜周转加快，出栏牲畜增加、农畜产品价格高位运行，人均农牧业现金收入为 2570.33 元，比 2009 年增长 50.21%。三是财产性收入增长加快。随着农牧区专业合作社规模扩大、高效畜牧业程度的不断提高，土地草场流转加快，农牧民在集体中获得的红利逐步增多，人均来自财产性收入为 288 元，比 2009 年增长 240.2%。四是转移性收入增幅较高。随着国家农资补贴标准提高，人均来自转移性现金收入为 1112.67 元，比 2009 年增长 180.34%。

2011 年以来，青海省高度重视农牧业经济发展，持续加大对农牧业的支持和投入力度，使农牧民收入稳定增长，农牧民生活水平不断提高。农牧民收入增长较快的主要原因：一是农畜产品价格全面涨幅较大，所有农畜产品价格均有不同程度的增长。二是工资性收入增长较快。三是政策性收入落实较好。随着农业和农村发展进入新阶段，农牧民增收的内部条件和外部环境都发生了很大变化，尤其是国家工业化、城镇化总体进程加快，农牧区劳动力在城镇和第二、三产业就业数量增加，非农收入占农牧民收入的比重不断上升，成为推动农牧民收入增长的主要力量。农牧民收入来源呈现多渠道、多元化的发展态势，为农牧民脱贫致富奠定了良好的基础。但是与全国平均水平相比，农牧民收入与全国的差距拉大，城乡间、区域间差距明显。“十五”末，青海省农牧民人均纯收入与全国平均水平相差1090元，“十一五”末扩大到1937元，2014年扩大到3200多元，呈现整体收入水平较低、差距越来越大的趋势；与城镇居民的差距达11000多元。2014年，海西州农牧民人均纯收入达10294元，而玉树州农牧民人均纯收入仅为4638元，两地相差5656元，区域差距明显。农牧民收入增长主要存在以下问题：

**1. 收入来源渠道较单一、结构不合理**

“十二五”以来，青海农牧区在政策支持和生产增长推动下，农牧民家庭收入有了较大幅度的增长，但收入结构仍然不够合理，影响农牧民整体收入水平。从事农业生产的种植业收入依然是农民的基本收入来源，工资性收入尤其是外出打工收入成为农民收入的主体；牧民主要依靠畜牧业生产实现的放牧收入为主。随着交通条件的逐步改善和旅游产业的快速发展，以餐饮、旅游和房屋出租为主的经营性收入和财产性收入不同程度上拓宽了牧民的收入来源。

**2. 价格信号对市场调节的导向作用不明显**

农牧区由于市场发育程度较低，一方面，由于缺乏完善的市场价格信息体系，市场供需信息和农牧民种植牧养意愿不对称；另一方面，农牧民传统的种植牧养习惯，不能主动针对市场供求状况变化，对种植牧养结构进行调整，导致农畜产品相对过剩或紧缺，出现低价外流或高价采购的现象，造成农畜产品市场价格波动幅度较大，直接影响农牧民收入。

**3. 农民增收受农资价格上涨影响，农牧业收入差距较大**

种植业由于农用资料价格、原材料、人工工资、运输费用等成本上涨，抵消了农民收入的增加，弱化了中央各项财税惠农政策的效应，制约了农民收入的增加，同时，畜牧产品市场价格大幅上涨，普遍高于农产品，“质价不符”“价低伤农”，逐渐拉大了农业与牧业收入的差距。

## 四、青海藏区不同地域的农牧民增收状况

一个地区农牧民收入水平的高低，是当地经济发展状况的反映。青海藏区区域间经济发展不平衡，与之相对应，农牧民人均纯收入区域性差异比较明显。2001 年以来，随着国家惠农政策的深入贯彻落实，农牧民的增收渠道呈现多元化的态势。农牧民在参与建筑工程建设、小城镇服务业、旅游业、餐饮业、乡镇企业等多种经营活动中实现了收入增加。从整体情况来看，2014 年，青海藏区六州农牧民人均纯收入由“十五”初期的 1520 元增加到 2014 年的 7068.58 元，比 2001 年增加了 5548.58 元，增长 365.04%，年均增长 28.08%。但由于发展基础和发展水平的差异，藏区六州农牧民人均收入水平存在明显的差异。从地区看，海西州农牧民人均收入是玉树州人均收入的 2.22 倍（见表 3-1）。

表 3-1　青海省藏区六州 2001 年至 2014 年农牧民人均收入　　单位：元

| 年份（年） | 2001 | 2002 | 2003 | 2004 | 2005 | 2006 | 2007 | 2008 | 2009 | 2010 | 2011 | 2012 | 2013 | 2014 |
|---|---|---|---|---|---|---|---|---|---|---|---|---|---|---|
| 海西州 | 2051 | 2190 | 2338 | 2120 | 2303 | 2587 | 3059 | 3725 | 4544 | 5434 | 6574 | 7916 | 9183 | 10294 |
| 海北州 | 1478 | 1581 | 1705 | 1849 | 2084 | 2269 | 2698 | 3386 | 4023 | 4813 | 6150 | 7436 | 8650 | 9726 |
| 海南州 | 1748 | 1916 | 2084 | 2258 | 2442 | 2640 | 2904 | 3216 | 3822 | 4490 | 5237 | 6128 | 7120 | 8050 |
| 黄南州 | 1348 | 1434 | 1538 | 1659 | 1807 | 2003 | 2188 | 2369 | 2633 | 3032 | 3649 | 4299 | 4991 | 5654 |
| 玉树州 | 1336 | 1399 | 1496 | 1662 | 1794 | 1923 | 2047 | 2176 | 2335 | 3663 | 2657 | 3493 | 4090 | 4638 |
| 果洛州 | 1491 | 1952 | 1697 | 1808 | 1917 | 2039 | 2162 | 2291 | 2430 | 2629 | 2694 | 3705 | 4261 | 4827 |

数据来源：《青海省统计年鉴》（2000—2015 年）

### （一）青海藏区不同地域的农牧民收入增长状况

#### 1. 工业基础较为雄厚地区

海西藏族蒙古自治州由于第二产业所占比重较高，工业基础较为雄厚。作为青海藏区中经济发展最好的地区，从“十五”到“十一五”十年期间农牧民人均收入从 2051 元增长到 5434 元，增长了 164.94%，实现了经济翻番。“十二五”以来，农牧民人均收入依然保持了快速增长的态势，2014 年，海西州农牧民人均纯收入达 10294 元，总量高出全省平均水平 3011.3 元，位全省第一。从收入的构成来看，经济发展最快的地区农牧民纯收入来源主要依赖于家庭经营纯收入，其次为工资性收入。农牧民注重

的依然是家庭经营的发展，但大部分农牧民不再以出卖自身劳动力获得收入，而更多地倾向于自主经营，如开办超市、经营餐饮、从事运输等，从而使得农牧民的收入增长速度快、幅度大。因此，在这样一个小城镇建设相对滞后、工业生产不发达、农牧民外出就业技能缺乏、就业门路窄的现实情况下，忽视家庭经营能力必然得不偿失。必须通过优势政策、技能培训等进一步提升农牧户家庭经营能力，使增收在农内、农外两条腿走路，双轨运行，必然走得更稳更快。

**2. 纯农区、半农半牧区、纯牧区**

青海藏区的大部分地区属于纯农区、半农半牧区、纯牧区，自然条件恶劣，农牧业生产条件较差。农业区大多地势起伏大，山地多、平地少，土壤瘠薄，植被稀疏，一年只能生产一季，且春旱出现频率在 50% 以上；牧业区大部分海拔在 3000 米以上，其中 54% 的地区海拔在 4000 米以上，草场退化严重，牧草生长期每年只有 2—3 个月。农牧区的生态容量相对较小，抗干扰能力和自我调节能力弱，给农牧业生产带来很多困难和风险，增收能力较弱。气候干旱、热量条件较差，春季降雨量少、降水分布不均等，气候及地质灾害较多，造成生态贫困并导致物产丰裕度低，使农牧业增产的空间狭窄，成为制约农牧民收入增长的主要因素。这些地区农牧民的纯收入主要是农牧民从事养殖、种植业方面的收入，大部分靠天吃饭，农牧民的纯收入较低。以黄南藏族自治州为例，农牧民总收入中第一产业收入占主体地位，农牧民收入水平的提高主要依赖农牧业生产。近年来，黄南州农牧民收入虽然持续增长，但与全国和全省平均水平相比，差距进一步拉大。2005 年，黄南州农牧民人均纯收入与全国（3255 元）的差距为 1448 元；与全省（2166 元）的差距为 359 元。到 2014 年，黄南州农牧民人均纯收入与全国（10489 元）的差距扩大到 4835 元，与全省（7283 元）的差距扩大到 1629 元。农牧业收入增长后劲不足，与此同时由于第二产业发展基本处于停滞状态，农牧民来自非农收入的比重不断下降。

**3. 城郊型农区**

青海在推动农牧区发展进程中，坚持强农惠农增收入，不断推进城乡统筹发展的理念，逐步发展城郊型、休闲型农业，为农牧民增收开辟了新的来源。以海西州格尔木市为例，近年来，格尔木市利用自身优势，不断提升农业产业规模和发展水平，积极发展城郊型、都市型、设施型、休闲型农业，在扩大无公害蔬菜种植面积的同时，努力实现四季生产，提高果品蔬菜的自给能力。继续壮大“一村一品”，积极开展特色农产品产地认证，提高紫皮大蒜、莴笋、马铃薯等特色农产品的品牌优势。扩大枸杞标准化种植规模，继续落实新增枸杞种植补贴政策，做好枸杞种植技术培训、统防统治、采摘用工等全过程服务，形成“公司+基地+农户”经营模式，全面提高枸杞产业经济效益。格尔木市农牧民人均收入从2002年的2491元增加到2014年的12800元，年均增长14%以上，实现农牧民人均收入十二连增。

### （二）青海藏区不同地域农牧民收入增长特点

#### 1. 农牧民纯收入不同地域的差距进一步扩大

“十五”初期，青海藏区农牧民收入的地域性差异并不是特别明显，当时收入水平最高的海西州农牧民人均纯收入为2051元，收入水平最低的玉树州农牧民人均纯收入是1336元，两地相差715元。到2005年，不同地域的农牧民收入差距虽然存在，但差距维持在500—600元。到2010年，两地农牧民收入差距已经扩大到了1771元。而到了2014年，收入差距已经扩大到了5656元，差距呈现进一步扩大的趋势。

#### 2. 农牧民收入增长的地域性差距与特定的产业结构直接相关

区域特定的产业结构对农牧民收入的增长也会产生较大的影响作用。从实际情况来看，农牧民收入的增长与当地产业结构密切相关。海西州农牧民收入增长相对较快的一个重要原因，就在于第二、三产业占海西州生产总值占比较高，农牧民工资性收入的增长幅度明显高于其他地区。2014年，海西州的第一、二、三产业结构比为4.64：76.43：18.93，第二、三产业占比高达95%以上，资源开发项目、基础设施建设项目和第三产业的用工需求量较大。农牧民通过专业技能培训，大量向工业企业和城镇第三产业转移，农牧民人均工资性收入突破2000元，占纯收入的比重达23%以上。而黄南、玉树、果洛等自治州的农牧民从外部获得的工资性收入较少，只能依赖家庭经营收入，这些地区的家庭经营收入在农牧民纯收入中的比重超过50%。虽然近年来除海西州以外的其他地区农牧民的工资性收入有所提高，但是在整个纯收入中的比重依然较低。如黄南州2014年的第一、二、三产业结构为29.19：36.05：34.76，第一产业占比较高，农牧民人均工资性收入为1092.96元，占纯收入的比重为19.33%。

### 3. 农牧业特色经济发展滞后是不同地域农牧民收入差距所在

从不同地域来看，农牧民家庭经营收入水平呈现较大的差距，一个重要原因就是农民第一产业持续增收的基础薄弱，缺乏强有力的特色经济作支撑。因此，发展农村特色经济，做精做细特色产业已刻不容缓，是缩小地域经济发展差距的根本途径，也是实现农牧民增收的重要途径。以海西蒙古藏族自治州为例，为实现农牧业提质增效，在发展特色优势产业上下工夫，充分利用柴达木盆地地域品牌和气候冷凉的自然资源禀赋，立足独特的农牧业资源和高原无污染的生态环境，积极发展优质、高效、循环农牧业，重点培育柴达木枸杞、柴达木福牛两个百亿原产体系为核心的优势产业，特色产业强势崛起，成为农牧民增收致富的支柱产业。2014 年，海西州农牧民人均纯收入突破万元大关，位居全省第一，在全国 30 个民族自治州中排名第二，在很大程度上得益于海西州特色产业的持续快速发展。而黄南、玉树、果洛三个藏族自治州特色产业发展较为缓慢，农牧民增收依然依托传统种养产业，致使农牧民收入水平偏低。

## 五、青海藏区不同群体的农牧民增收状况

### （一）不同群体农牧民增收的基本状况

从抽样调查的结果来看，青海农牧区高收入户比重增加，低收入户比重减少。2011 年，农牧民纯收入 2000 元以下的低收入户比重为 18.7%，比 2005 年降低 59.6%；2000—3500 元的中收入户比重达 24.2%，比 2005 年提高 8.5%；3500 元以上的高收入户占全部调查户的比重达 57.1%，比 2005 年提高 51.1%（见表 3-2），由此可见青海省农牧民收入在逐年提高。

**表 3-2　2005—2011 年青海农牧民不同收入占比情况①**

| 年份（年） | 2005 | 2006 | 2007 | 2008 | 2009 | 2010 | 2011 |
|---|---|---|---|---|---|---|---|
| 2000 元以下占比（%） | 54.7 | 51.6 | 39.2 | 29.3 | 25.4 | 21.6 | 18.7 |
| 2000—2500 元占比（%） | 14.3 | 13 | 12.8 | 12 | 12.2 | 8.2 | 8.2 |
| 2500—3000 元占比（%） | 9.5 | 12.5 | 10.7 | 13.2 | 10.8 | 10 | 8.2 |
| 3000—3500 元占比（%） | 7.5 | 6.5 | 10.7 | 11.1 | 8.8 | 8.7 | 7.8 |

① 2011 年以后统计数据不显示农村居民按纯收入分组的情况

续表

| 年份（年） | 2005 | 2006 | 2007 | 2008 | 2009 | 2010 | 2011 |
|---|---|---|---|---|---|---|---|
| 3500—4000 元占比（%） | 5 | 4.2 | 8.3 | 9.1 | 10.3 | 7.3 | 9.5 |
| 4000—4500 元占比（%） | 2.8 | 3.8 | 5.3 | 6.3 | 6.4 | 6.7 | 6 |
| 4500—5000 元占比（%） | 1.5 | 1.2 | 1.8 | 4.8 | 6.4 | 7.8 | 3.8 |
| 5000 元以上占比（%） | 4.7 | 7.2 | 11.2 | 14.2 | 19.7 | 29.7 | 37.8 |

数据来源：《青海省统计年鉴》（2000—2012）

从总的发展趋势来看，尽管农牧民人均纯收入总体上一直在提高，但自 2009 年以来，其改善状况明显放缓，个别地区低收入农户反而出现了局部恶化的状况（如遭受严重自然灾害的青南地区）。人均纯收入在 5000 元以上农户所占比重，在全部调查户中的比重近年来增长较快，2011 年达到了 37.8%，比 2005 年提高了 33.1 个百分点。但是，2000—3500 元的农户所占比重下降缓慢，有时甚至出现反复；2005 年以来由于农牧业增产增效，农牧民才普遍增收，2000 元以下的农户所占比重大幅下降。正是由于中低收入农户对农牧业增产增效增收的依赖程度更高，才使得农牧业生产状况对农牧民增收影响更大。每当农牧业生产遇到严重自然灾害及其他不利因素时，农牧民的增收难度就会加大，中低收入农户的收入就会下降。近年来，尽管青海农牧区贫困户有所减少，较低收入农户的数量及其在农村住户中所占份额也有所减少，但是较低收入农户在农村中所占比重仍然相对较大，低于全国农民平均收入水平的农户数量约占一半左右。

在青海农牧区中，低于平均水平的农户人均纯收入主要依赖农牧业生产。从农牧民收入构成看，家庭经营性收入依然占主导地位，第一产业仍是农牧民收入的重要来源，比重始终保持在 80% 以上。通过对海北州海晏县的西海镇、金滩乡以及刚察县的沙柳河镇的农牧户的调查发现，当地中低收入农牧户人均纯收入来源于农牧业的份额高达 50% 以上，而高收入农牧户这一份额只有 25% 左右。受农牧业比较效益相对较低和中低收入者面向市场扩大农牧业生产规模障碍相对较多等因素影响，农牧区中低收入者的收入增长更加不稳定且增速缓慢，尤其是低收入农牧户进入市场困难，自给性农牧业生产比重高。2013 年，所调查农牧区高收入户的收入中，现金收入占 80% 以上，而低收入户这一比重不足 50%。这反映出农牧区中不同群体农牧户的收入差异主要是由非农收入差异形成的。

## （二）不同群体农牧民纯收入增长特点

### 1. 农牧民贫富差距逐渐扩大

随着农牧民收入不断增加，农牧民之间的贫富差距也在逐渐扩大。从反映贫富差距的基尼系数看，1990—1999 年农牧民基尼系数基本在 0.2～0.3，收入分配比较平均；2000 年以后逐步扩大；2002 年甚至超过警戒线（0.4），之后三年略有回落；2005 年以后又呈连年上升趋势。农牧民基尼系数始终处于相对合理区间（0.3～0.4）的较高区域，收入分配差距不断扩大。① 从农村内部来看，收入分配不均衡的问题日趋突出，贫富两极分化不断加重，富裕户与贫困户并存。按照农户人均收入水平进行五等份分组（每组各占总户数的 20%），不同收入组农户收入均保持增长，但高收入的农户收入增长较快，低收入的农户收入增长较慢甚至减收，而且农民收入出现了向高收入农户集中的倾向，形成了“穷者越穷，富者越富”的趋势。从收入水平差距看，农牧民最低收入组与最高收入组的人均纯收入差距从 2000 年的 2831 元扩大到 2011 年的 6875 元，平均每年拉大差距 337 元。这一时期农牧民收入已略显两极分化的趋势，说明农牧民的收入分配不利于农牧区低收入群体。2012 年以来，农牧民内部不同群体的收入分配差距依然持续扩大，不同群体的收入增长存在差异。高收入户保持高速增长，而低收入户的增长相对较慢。农牧民之间收入的差距及其带来生活质量和财产的差异，对农牧民生活态度的影响更大。收入水平相对较低的农牧民对分配现状更为不满，对农村社会治安和农村稳定产生的影响更大。

### 2. 工资性收入是农牧民间收入差距的主要根源

随着青海藏区经济社会的全面发展，工资性收入对于农牧民收入的重要性日益提高。收入水平越高的农牧户，工资性收入水平越高，在人均纯收入中的比重也越高。2005 以来，高收入户工资性收入是低收入户的平均绝对水平的十几倍，且高收入户工资性收入在农牧民人均纯收入中所占比重明显高于低收入户。收入越高的农村住户，工资性收入发挥的作用越大，而家庭经营收入的贡献则相对下降。根据国外或一些发达地区的实践，随着经济发展和农户收入水平的进一步提高，工资性收入在农牧民增

① 赵淑清，陈健．近年来青海农牧民收入水平差异分析［J］．青海统计，2010（10）．

收中发挥的作用愈发重要。

## 六、青海藏区不同产业的农牧民增收状况

农牧民收入的产业来源可以划分为农业收入和非农业收入。随着农牧民收入来源的多元化，非农业收入的比重总体趋于上升。但是农业收入在农牧民家庭收入中的地位仍然具有举足轻重的地位，这一地位在青海农牧区显得尤为突出。尽管农业收入总体上对农牧民收入增长的贡献呈现下降趋势，但农业收入对农牧民收入增长仍具有一定的决定性作用。

### （一）不同产业的农牧民增收状况

#### 1. 农业收入

对青海藏区而言，主要由种植业和畜牧业构成的农业收入一直是农牧民收入的主要来源。2005—2014 年，农牧民年家庭经营收入中第一产业收入比重始终保持在 80% 以上，第一产业仍是农牧民收入的重要来源。对于中低收入农户来说，农业收入的意义更大。

自从我国推行了以家庭经营为主的家庭联产承包制以后，农牧民的农业收入基本来源于家庭经营。家庭经营纯收入分为农业、林业、牧业和渔业四部分，其中家庭经营纯收入主要来源于种植业和牧业。种植业和牧业收入在家庭经营纯收入中所占比重最高，两项合计一般年份都在 80% 以上。林业和渔业收入两项所占比重较低，多数年份在 0.5% 左右。2005 年以来，农业收入占农牧民纯收入的份额不断下降，种植业收入较牧业降幅较为缓慢，说明设施农业成效显著，牧业收入下降趋势反映了生态畜牧业发展初级阶段的表征。

#### 2. 非农业收入

非农产业收入主要包括工资性收入和家庭经营中第二、三产业收入，其中绝大部分是工资性收入。由于工资性收入持续增加，农牧民收入中工资性收入的份额总体上不断上升。2014 年，农牧民工资性收入为 2041 元，占总收入的 28%。非农产业发展快速，非农业收入逐年增加，对农牧民收入增长做出了重要贡献。

外出务工是 1997 年以来农牧民收入的主要增长源。国家通过连续几年实施积极的财政政策和稳健的货币政策，基础设施建设规模的扩大有效增加了农牧民外出务工的机会。近年来，青海省各级政府为扩大农牧民就业

和促进收入增长，把劳务输出作为一项重要措施来抓，采取“阳光工程”等多种形式，多方位、多渠道拓宽农牧民外出务工的门路，鼓励农牧民走出家门，大力培育劳务输出市场，拓宽农牧民就业渠道，使农牧民外出务工收入不断增长。统计局监测调查显示，2013 年末，被调查的 1140 户农民工家庭中，拥有从业劳动力人数比 2012 年增长 40.1%。外出务工人员以从事建筑业、住宿和餐饮业、制造业为主，从事建筑业的人员占全部外出从业人员的 47.9%，住宿和餐饮业占 17.6%，制造业占 4.7%。外出务工劳动力月均收入 3298 元，比 2012 年增长 42.6%，外出务工带来了较好的收入。①

农牧业产业化龙头企业对农牧民收入提高发挥了重要作用。青海省把农畜产品初级产品深加工作为推进农牧业产业化经营的重要举措，进行重点扶持发展，龙头企业有了一定的规模和效益，在促进农畜产品流通，保障农牧业增效、农牧民增收方面发挥了重要作用。地毯、毛纺织业、牛羊肉加工业、青稞酿酒业、马铃薯淀粉业及菜籽油加工业等已成为农牧业产业化的主导行业。2014 年，省级以上龙头企业实现销售收入 60 亿余元，辐射带动农牧户 51 万余户，农畜产品加工率达 40.1%，从事产业化经营的农户占全省总户的55%以上，农户增收总额达 8.9 多元，户均增收 1400 多元。

第三产业发展带动农牧民增收。随着新农村新牧区建设进程不断加快，县域经济发展提速，农村创业环境改善。同时，各级政府大力扶持农村发展服务产业，鼓励农牧民自主创业，有效带动农牧民服务性收入增加。2014 年，第三产业服务性收入占农牧民收入的比重提升至 9.78%，比 2005 年增加了 1.76 个百分点。

### （二）青海藏区不同产业农牧民纯收入增长特点

#### 1. 农牧民收入产业结构不尽合理

青海藏区独特的自然环境，农牧业的发展先天优越于其他产业，农牧业依然发挥着巨大的作用。农牧民纯收入中大部分来源于种植业和畜牧业。农牧民收入产业结构不合理，第一产业收入依然是收入的主要来源。

① 卢海．青海去年外出务工劳动力月均收入 3298 元增长 42.6%［J］．青海日报，2014－02－24.

由于农牧民收入主要来源仍然过分依赖第一产业，农产品的产量和价格成为制约农牧民收入增长的最重要因素。一旦出现自然灾害、市场变化、产品不对路等境况，容易对农牧民增收造成很大的负面影响。

2. **低层次的农牧业龙头企业制约了农牧民增收**

现阶段，青海农牧业龙头企业数量少、规模小，特别是全省藏区33个县市中，除一些水电和矿产企业外，有50%的县市无一家形成规模的农牧业产业化企业。尤其是在以畜牧业为主的黄南州、果洛州、玉树州地区的16个县中，目前仅有三家农畜产品加工企业在农发行的支持下逐步形成了规模。农牧业产业化企业主要集中在农副产品加工、资源性产业等劳动密集型领域，以初级加工、粗放生产方式为主，工艺设备陈旧，管理理念、模式与市场脱节，产供销体系建设进展缓慢，① 也在一定程度上制约了农牧民收入的增长。

3. **农畜产品市场化和城镇化水平较低**

青海省乡镇企业发展规模小、数量少，农畜产品加工落后，农产品运销体系建设远不能满足农牧业市场化的需求，农牧民受益的产业链条短，只能靠从事农牧业生产和出售初级产品获取少量的收入。同时，由于城镇化水平较低，也制约了农牧区第二、三产业的发展，致使农畜产品的市场化程度较低，最终影响了农牧民收入的增加。

## 七、小结与建议

通过上述分析，基本可以认为：保持农牧民收入快速增长的难度将越来越大。“十五”以来，青海藏区农牧民人均纯收入已连续九年保持8%以上的增长速度。因为“十五”以前收入基数较低，所以在政策及相关措施的扶持下，农牧民人均收入增速较快。但是，随着青海藏区农牧民人均收入基数的加大，尤其曾是收入增长源的因素受到的制约因素越来越多，很难发挥以往的作用，如外出打工收入、家庭经营收入等。因此，保持农牧民人均纯收入较快增长的机会将会减少。但是为了全面实现青海藏区的和谐稳定与快速发展，必须通过一系列的特殊政策（包括金融支持），逐步

① 常家升．农业政策性金融机构支农成效思考——以青海省为例［J］．青海金融，2014（3）．

建立农牧民增收的长效机制。

（1）加大政策扶持力度。从发达国家的经验来看，都会把农民增收作为重要的政策目标之一，政策对农民收入的贡献率一般都在 60% 以上。2004 年以来，政府已连续多年把农民增收作为经济工作的重中之重。随着国家综合实力的增强，通过政策扶持实现农民增收应成为重要的手段之一。因此，未来加大政策扶持力度对农民增收依然会起到重要作用。

（2）重视农牧业生产经营收入。青海藏区在农牧业生产经营收入依然占据主导地位的情况下，必须通过推广先进的种养技术，增加农牧产品的附加值，进一步提高农牧产品的市场竞争力，以价格支持措施促进农民增收。

（3）关注农牧区中低收入群体的增收问题。分析发现，农牧区中低收入群体增收缓慢，且与高收入户的差距不断扩大。因此，关注中低收入群体的增收问题比关注整个农牧区农牧民的增收问题更具有现实意义。因此，可通过专门的培训工程，为中低收入者提供培训机会和务工信息，增加他们的工资性收入。新农村新牧区建设措施应更多地向低收入群体倾斜，通过金融扶贫以尽快摆脱贫困面貌。

# 第四部分

# 青海藏区金融发展与农牧民增收的实证分析

在现代市场经济环境中，农牧业发展、产业结构调整和农牧民增收离不开资本的有效支持。根据西方经济学的生产函数理论：在其他条件不变的情况下，资本的增加会带来产出的增加。因此，农村金融资本增加会导致农牧民人均拥有资本量增加，从而引起农牧业产出的增加和农牧民收入的增长。但在农村金融抑制突出和农村金融市场发育残缺的情况下，农村金融资本作为农民的稀缺生产要素资源，将直接导致农民生产性资本投入能力下降，进而造成农业产出和农民收入下降。从这种意义上说，农村金融资本是影响农牧民收入增长的重要因素之一。本课题以青海海北藏族自治州为例，利用1990—2014年的相关数据，借助有关模型，分析青海藏区农村金融发展水平与农牧民收入之间的长期均衡稳定关系。

## 一、青海藏区农牧业贷款、农业GDP与农牧民收入关系分析

近年来，国内外学者研究了农业信贷资金对农民收入增长的影响问题。如Binswanger和Khandker（1995）研究发现，供给主导型的农业贷款支持导致农村非农产业和就业岗位的迅速增加，并适度提高了农民工资性收入水平。Khandker和Faruqee（2003）使用大样本调查数据对巴基斯坦农业发展银行（ADBP）发放的农业贷款效应进行研究，结果发现ADBP的贷款有效改善了农户的福利状况（如消费、产出、非土地资产等）。我国一些学者通过研究却得出了完全相反的结论。温涛和王煜宇（2005）运用1952—2002年中国农村宏观信贷数据，分析了农业贷款和农民收入之间的关系，结果发现信贷投放对农民收入的支持作用不明显。朱喜和李子奈

（2006）基于 VEC 模型分析了改革以来中国农村信贷的配置效率，结果表明在以政府为主导的信贷背景下，短期内农村信贷制约了农民收入的增长，长期内与农村经济的发展也不存在均衡关系，折射出农村金融发展滞后，缺乏稳定的农业资本形成机制。钱水土和许嘉扬（2011）运用 29 个省级地区 17 年的相关数据，深度分析了各地区农业信贷与农民收入之间的长期、短期关系。结果显示，农业信贷与农民收入的关系及影响在不同地区不尽相同，中东部地区的农业信贷对农民收入产生正面影响，且东部收入效应强于中部地区；西部地区农业信贷对农民收入呈负面效应；东部地区的长期收入效应强于中西部地区。由此可知，农业信贷资本对农民收入增长具有长期效应，持续扩大农业贷款规模是实现农民增收的一个重要途径。青海藏区经济基础薄弱，地区综合实力不强，金融发展水平低下，农牧民增收渠道狭窄，具有明显的地域性，有关青海藏区农业信贷投放与农牧民收入间的关系问题需要我们深入研究和探讨。我们利用 1990—2014 年青海海北藏族自治州的相关数据，对青海藏区农牧业贷款、农业 GDP 与农牧民收入间的关系进行实证研究，探寻农业信贷投放与农牧业经济增长、农牧民收入之间的关系。

### （一）模型设定与数据说明

#### 1. 模型设定

在借鉴我国学者相关研究成果的基础上，我们以农牧民人均纯收入作为因变量来衡量农牧民的收入水平。收入的增长主要是靠经济发展引起的，为使模型更具合理性，将第一产业增加值引入模型，作为影响农牧民收入的自变量之一；以农牧业贷款余额和商业贷款余额代表银行信贷对农牧业发展的支持，也将其作为自变量。由于商业贷款对地方第二、三产业发展的支持和促进作用，能在一定程度上有效吸纳农村剩余劳动力，进而间接影响农牧民收入的增长，因此我们也将商业贷款指标纳入模型，考察商业信贷支持农村经济发展进而对农牧民收入的影响程度。为综合分析各因素对农牧民收入的影响情况，设定如下模型：

$$LNFR_t = a_1 + \beta_1 LNGDP_t + \theta_1 LNPCA_t + \delta_1 LNCP_t + \varepsilon_{1t} \quad (1)$$

$$LNFR_t = a_2 + \beta_2 LNGDP_t + \theta_2 LNPCA_t + \delta_2 LNCP_t + AR(p) + \varepsilon_{1t} \quad (2)$$

其中，$FR$ 表示农牧民人均纯收入，$GDP$ 表示农牧业发展水平，$PCA$ 表示人均农牧业贷款余额,$CP$ 表示商业贷款余额,$AR(p)$ 是时间序列的修正模型,$p$ 代表扰动项序列存在 $p$ 阶序列相关,$t$ 代表时间,$\varepsilon$ 表示随机误差,$a$ 表示各因素影响所带来的截距项,$\beta$、$\theta$ 和 $\delta$ 表示待估参数。

2. **数据说明**

实证分析最基本的原则是数据具有可获取性和可衡量相关问题的特征。基于数据的这两种特征，我们以海北藏族自治州农牧民人均纯收入作为衡量农牧民收入的指标；以人均农牧业贷款余额（即人均农牧业贷款余额=农牧业贷款余额/农村从业人员总数）和商业贷款余额作为衡量农牧区金融支持农牧业生产的指标；农牧业 GDP 用第一产业增加值来表示，作为衡量当地农牧业经济发展水平的指标。本课题选取海北藏族自治州 1990 年至 2014 年的相关数据作为样本（见表 4-1）。

表 4-1　农牧民人均纯收入、农牧业贷款余额和第一产业增加值

| 年份（年） | 农牧民人均纯收入（单位：元/人） | 农牧业贷款余额（单位：万元） | 农村从业人员（单位：人） | 人均农牧业贷款余额（单位：元/人） | 第一产业增加值（单位：万元） | 商业贷款余额（单位：万元） |
|---|---|---|---|---|---|---|
| 1990 | 730 | 1356 | 76915 | 176. 2985 | 20193 | 6075 |
| 1991 | 763 | 1028 | 78580 | 130. 8221 | 21959 | 6331 |
| 1992 | 799 | 1157 | 80567 | 143. 6072 | 22223 | 6637 |
| 1993 | 869 | 1568 | 82110 | 190. 9633 | 28418 | 6946 |
| 1994 | 1067 | 822 | 83177 | 98. 8254 | 43449 | 5797 |
| 1995 | 1434 | 928 | 86805 | 106. 9063 | 48031 | 12509 |
| 1996 | 1600 | 532 | 95095 | 55. 94406 | 48284 | 13409 |
| 1997 | 1482 | 1057 | 96011 | 110. 0916 | 37978 | 13131 |
| 1998 | 1513 | 2883 | 97472 | 295. 7772 | 40697 | 14182 |
| 1999 | 1444 | 4026 | 108022 | 372. 7019 | 36062 | 12689 |
| 2000 | 1357 | 6192 | 108008 | 573. 2909 | 36146 | 7239 |
| 2001 | 1478 | 8410 | 108248 | 776. 9197 | 40299 | 6777 |
| 2002 | 1581 | 2242 | 110125 | 203. 5868 | 42695 | 6153 |
| 2003 | 1705 | 15769 | 114129 | 1381. 682 | 46932 | 8020 |
| 2004 | 1849 | 17317 | 110201 | 1571. 401 | 51189 | 5924 |
| 2005 | 2084 | 19505 | 114733 | 1700. 034 | 55658 | 5850 |
| 2006 | 2269 | 16745 | 119610 | 1399. 967 | 55227 | 6606 |

续表

| 年份（年） | 农牧民人均纯收入（单位：元/人） | 农牧业贷款余额（单位：万元） | 农村从业人员（单位：人） | 人均农牧业贷款余额（单位：元/人） | 第一产业增加值（单位：万元） | 商业贷款余额（单位：万元） |
|---|---|---|---|---|---|---|
| 2007 | 2698 | 16689 | 125654 | 1328. 171 | 69763 | 6903 |
| 2008 | 3386 | 20023 | 130679 | 1532. 228 | 88928 | 4581 |
| 2009 | 4023 | 27571 | 135464 | 2035. 301 | 91491 | 2580 |
| 2010 | 4813 | 78700 | 131922 | 5965. 646 | 104173 | 2463 |
| 2011 | 6150 | 97484 | 134287 | 7259. 377 | 118202 | 2152 |
| 2012 | 7436 | 114800 | 132304 | 8676. 986 | 139840 | 1580 |
| 2013 | 8650 | 148993 | 126056 | 11819. 59 | 163709 | 5051 |
| 2014 | 9726 | 152763 | 127167 | 12012. 786 | 171876 | 4490 |

数据来源：《海北统计年鉴》（2010—2014）

## （二）实证分析

由于所采用的数据均为经济变量时间序列数据，通常不平稳。为避免“伪回归”现象，在分析中采用 ADF 检验，进行单位根检验，来判断变量是否平稳。若为平稳变量，可直接进行回归分析；若为非平稳变量，则还需通过差分将其变为平稳时间序列；再通过协整分析来检验变量间是否存在长期的均衡关系。

### 1. 变量的平稳性检验

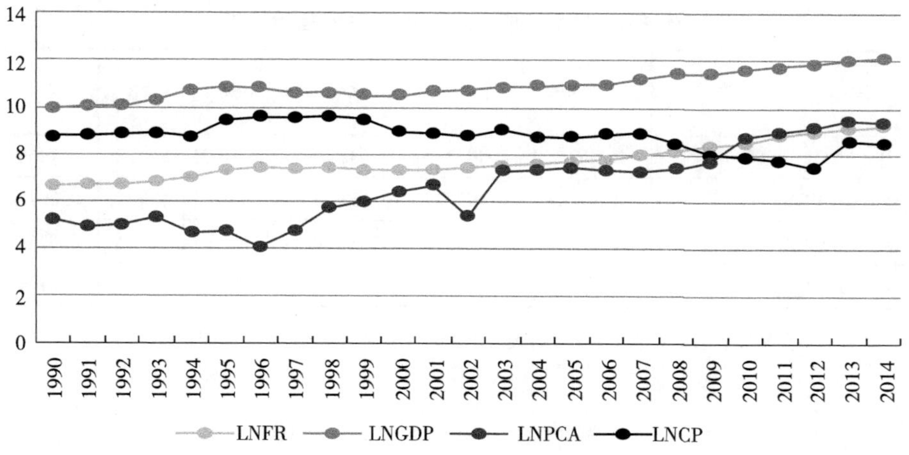


图 4-1 海北州 1990—2014 年 LNFR、LNGDP、LNCP 和 LNPCA 的变化趋势

为剔除各数据单位的影响，对各变量取对数，进行无量纲化。图 4-1 显示的是 1990—2014 年海北州农牧民人均纯收入、农牧业贷款余额、农牧业 GDP 和商业贷余额取对数后的变化趋势。由此可见，各变量的变化存在着一致性，即具有时间趋势。所以要先对变量进行单位根检验，以判断其是否平稳。下面采用 ADF 统计量对取对数后的变量进行检验，并分别在 1%、5% 和 10% 三种不同的置信水平下与相应的临界值进行比较。

**表 4-2 模型变量 ADF 检验结果**

| 变量 | 类型 (C, T, P) | ADF 检验值 | 1% | 5% | 10% | 结论 | Prob. * |
|---|---|---|---|---|---|---|---|
| LNFR | (C, T, 1) | -1. 636156 | -4. 416345 | -3. 622033 | -3. 248592 | 非平稳 | 0. 7426 |
| LNGDP | (C, T, 1) | -1. 898033 | -4. 416345 | -3. 622033 | -3. 248592 | 非平稳 | 0. 6229 |
| LNPCA | (C, T, 1) | -2. 787156 | -4. 416345 | -3. 622033 | -3. 248592 | 非平稳 | 0. 2153 |
| LNCP | (C, T, 1) | -2. 372362 | -4. 416345 | -3. 622033 | -3. 248592 | 非平稳 | 0. 3827 |

说明：表中 C 代表常数项，T 代表时间趋势，P 代表滞后阶数

根据 ADF 统计量的属性，只有当 ADF 检验结果的绝对值大于各置信水平下的绝对值时才能通过检验。从表中可以看出：LNFR、LNGDP、LNCP 和 LNPCA 均不能通过检验，为非平稳序列，即存在单位根。对这样的变量指标不能直接进行回归分析以检验它们之间的相关性，还需要运用差分方法消除序列中的非平稳现象，以使检验的结果更符合实际。

**表 4-3 模型变量一阶差分的 ADF 检验结果**

| 变量 | 类型 (C, T, P) | ADF 检验值 | 1% | 5% | 10% | 结论 | Prob. * |
|---|---|---|---|---|---|---|---|
| D (LNFR) | (C, T, 1) | -2. 696912 | -4. 440739 | -3. 632896 | -3. 254671 | 非平稳 | 0. 2468 |
| D (LNGDP) | (C, T, 1) | -2. 821406 | -4. 440739 | -3. 632896 | -3. 254671 | 非平稳 | 0. 2048 |
| D (LNPCA) | (C, T, 1) | -3. 954643 | -4. 440739 | -3. 632896 | -3. 254671 | 非平稳 | 0. 0268 |
| D (LNCP) | (C, T, 1) | -2. 797816 | -4. 440739 | -3. 632896 | -3. 254671 | 非平稳 | 0. 2124 |

说明：表中 C 代表常数项，T 代表时间趋势，P 代表滞后阶数

进行一阶差分后，发现在 1%、5% 以及 10% 的显著性水平下，D（LNFR）、D（LNGDP）和 D（LNCP）的 ADF 检验值均小于临界值，虽

然 D（LNPCA）的 ADF 检验值大于 5% 和 10% 显著性水平下的临界值，但不符合同阶单整，因此一阶差分后，时间序列仍然不平稳，必须进行二阶差分。

表 4-4　模型变量二阶差分的 ADF 检验结果

| 变量 | 类型（C，T，P） | ADF 检验值 | 1% | 5% | 10% | 结论 | Prob. * |
|---|---|---|---|---|---|---|---|
| DD（LNFR） | （C，T，1） | -4.321444 | -4.467895 | -3.644963 | -3.261452 | 平稳 | 0.0134 |
| DD（LNGDP） | （C，T，1） | -4.138501 | -4.467895 | -3.644963 | -3.261452 | 平稳 | 0.0193 |
| DD（LNPCA） | （C，T，1） | -5.670962 | -4.467895 | -3.644963 | -3.261452 | 平稳 | 0.0009 |
| DD（LNCP） | （C，T，1） | -5.371802 | -4.467895 | -3.644963 | -3.261452 | 平稳 | 0.0016 |

说明：表中 C 代表常数项，T 代表时间趋势，P 代表滞后阶数

从检查结果中可以看出，在 5% 和 10% 的显著性水平下，DD（LNFR）、DD（LNGDP）、DD（LNPCA）以及 DD（LNCP）的 ADF 检验值均大于临界值。因此，拒绝存在单位根的原假设的结论，说明 LNFR、LNGDP、LNCP 和 LNPCA 序列均含有两个单位根，是二阶单整 I（2），这样可以对其进行协整关系检验。

2. **协整检验**

由于实际应用中大多数时间序列是非平稳的，需要采用差分方法消除序列中包含的非平稳趋势，使得序列平稳化后再建立相关模型进行分析。但是序列变化后的结果却由此限制了所讨论经济问题的范围，甚至有时变换后的序列由于不具有直接的经济意义，使得按照平稳序列所建立的时间序列模型不便于解释相关的现实问题。1987 年，Engle 和 Granger 提出的协整理论及其方法，为非平稳序列的建模提供了另一种路径。协整理论的基本思路是：虽然有些经济变量的本身表现为非平稳序列，但是，它们的线性组合却有可能是平稳序列。这种平稳的线性组合被称为协整方程，且可解释变量之间存在的长期稳定的均衡关系。由上述分析可知 LNFR、LNGDP、LNCP 和 LNPCA 均为一阶单整序列，因此这些同阶单整序列可能存在协整关系，即从长期来看各变量之间可能存在均衡关系。

首先，用变量 LNGDP、LNPCA 和 LNCP 对 LNFR 进行普通最小二乘回归，结果为以下内容（见图 4-2）。

View | Proc | Object | Print | Name | Freeze | Estimate | Forecast | Stats | Resids

Dependent Variable: LNY
Method: Least Squares
Date: 06/10/16 Time: 11:33
Sample: 1990 2014
Included observations: 25

| Variable | Coefficient | Std. Error | t-Statistic | Prob. |
|---|---|---|---|---|
| C | -4.288931 | 0.860110 | -4.986489 | 0.0001 |
| LNX1 | 1.027461 | 0.070724 | 14.52768 | 0.0000 |
| LNX2 | 0.092232 | 0.029441 | 3.132741 | 0.0050 |
| LNX3 | 0.014843 | 0.056317 | 0.263570 | 0.7947 |

| | | | |
|---|---|---|---|
| R-squared | 0.981832 | Mean dependent var | 7.644024 |
| Adjusted R-squared | 0.979237 | S.D. dependent var | 0.760179 |
| S.E. of regression | 0.109538 | Akaike info criterion | -1.439438 |
| Sum squared resid | 0.251972 | Schwarz criterion | -1.244418 |
| Log likelihood | 21.99297 | Hannan-Quinn criter. | -1.385348 |
| F-statistic | 378.2919 | Durbin-Watson stat | 1.125951 |
| Prob(F-statistic) | 0.000000 | | |

图 4-2 变量 LNGDP、LNPCA 和 LNCP 对 LNFR 的回归结果

得到回归估计结果：

$$LNFR = -4.2889 + 1.027LNGDP + 0.092LNPCA - 0.0148LNCP + \varepsilon_1 \quad (3)$$

$$(-4.986) \qquad (14.528)\ (3.133) \qquad (0.264)$$

$$R^2 = 0.9818 \qquad F = 378.2913 \qquad D.W = 1.126$$

模型(3)中：当 $n = 25$，显著性水平为 $\alpha = 0.05$ 时，$t = 2.08$，则仅 $LNCP$ 的系数未通过 $t$ 检验，$R^2$ 为 0.9818，可见模型的拟合优度较好，其中海北州的第一产业增加值对农牧民收入增长起主要的解释作用。此外，当 $n = 25$，$k = 4$，取显著性水平 $\alpha = 0.05$ 时，查表得 $dL = 1.12$，$dU = 1.66$，由于 $D.W = 1.126$，介于 $DL$ 和 $DU$ 之间，因此无法确定残差序列是否存在序列相关性。

在此基础上，我们得到回归残差序列 RESID01，协整检验从检验的对象上可以分为两种：一种是基于回归系数的协整检验，如 Johansen 协整检

验；另一种是基于回归残差的协整检验，如 CRDW 检验、DF 检验和 ADF 检验。这里利用 Engle 和 Granger 于 1987 提出的协整检验方法，即对回归方程的残差序列进行 ADF 平稳性检验（见表 4-5）。

**表 4-5　回归残差序列 RESID01 的 ADF 平稳性检验结果**

| 变量 | 类型（C，T，P） | ADF 检验值 | 1% | 5% | 10% | 结论 | Prob. * |
|---|---|---|---|---|---|---|---|
| 回归残差序列 RESID01 | （N，N，1） | -3.066552 | -2.664853 | -1.955681 | -1.608793 | 平稳 | 0.0037 |

说明：表中 C 代表常数项，T 代表时间趋势，P 代表滞后阶数

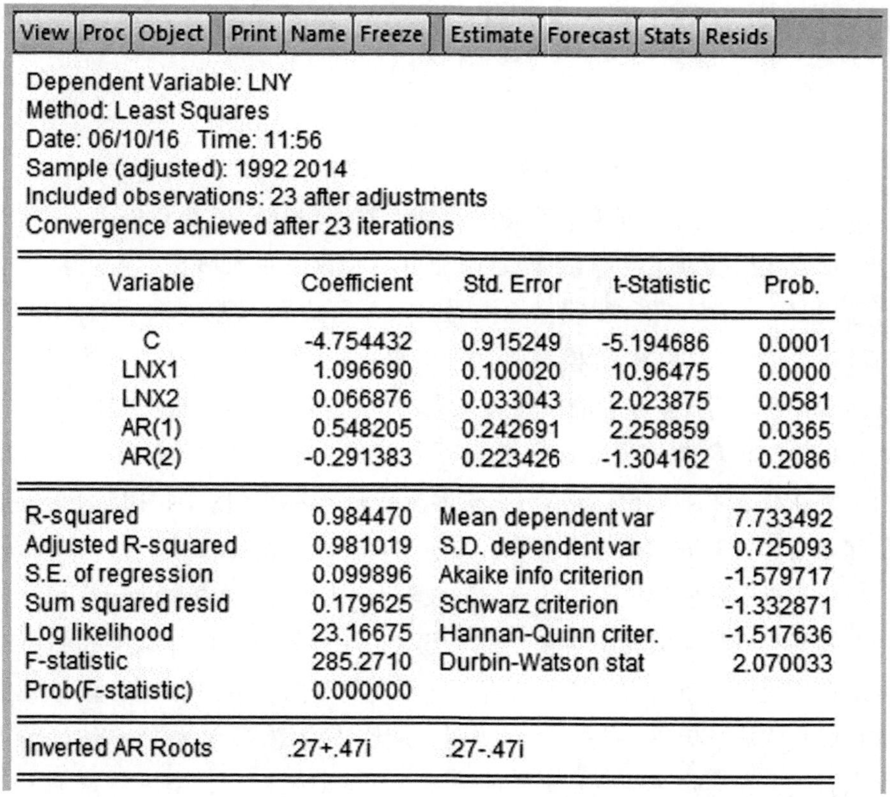

View | Proc | Object | Print | Name | Freeze | Estimate | Forecast | Stats | Resids

Dependent Variable: LNY
Method: Least Squares
Date: 06/10/16 Time: 11:56
Sample (adjusted): 1992 2014
Included observations: 23 after adjustments
Convergence achieved after 23 iterations

| Variable | Coefficient | Std. Error | t-Statistic | Prob. |
|---|---|---|---|---|
| C | -4.754432 | 0.915249 | -5.194686 | 0.0001 |
| LNX1 | 1.096690 | 0.100020 | 10.96475 | 0.0000 |
| LNX2 | 0.066876 | 0.033043 | 2.023875 | 0.0581 |
| AR(1) | 0.548205 | 0.242691 | 2.258859 | 0.0365 |
| AR(2) | -0.291383 | 0.223426 | -1.304162 | 0.2086 |

| | | | |
|---|---|---|---|
| R-squared | 0.984470 | Mean dependent var | 7.733492 |
| Adjusted R-squared | 0.981019 | S.D. dependent var | 0.725093 |
| S.E. of regression | 0.099896 | Akaike info criterion | -1.579717 |
| Sum squared resid | 0.179625 | Schwarz criterion | -1.332871 |
| Log likelihood | 23.16675 | Hannan-Quinn criter. | -1.517636 |
| F-statistic | 285.2710 | Durbin-Watson stat | 2.070033 |
| Prob(F-statistic) | 0.000000 | | |

| | | |
|---|---|---|
| Inverted AR Roots | .27+.47i | .27-.47i |

**图 4-3　修正模型回归结果**

从检验结果来看，回归方程残差序列在 1% 的显著性水平下拒绝原假

设，接受不存在单位根的结论，则 RESID01 是平稳的，所以 LNGDP、LNPCA、LNCP 和 LNFR 之间均存在协整关系。

其次，对模型（1）进行修正。

由于变量 LNCB 的系数未能通过 t 检验，将其剔除模型（1）。同时线性回归模型扰动项序列相关的存在，会导致模型估计结果的失真。因此，必须对扰动项序列的结构给予正确的描述，以期消除序列相关对模型估计结果带来的不利影响。本文利用 AR（p）模型修正扰动项的序列相关，最后得到如下估计结果：

对模型（1）进行修正得到，残差在滞后 1 阶和 2 阶存在自相关。

$$LNFR = -4.7544 + 1.0967LNGDP + 0.0669LNPCA + \varepsilon_1 \quad (4)$$

$$(-5.1947) \qquad (10.9648) \qquad (2.0239)$$

$$R^2 = 0.9845 \qquad F = 285.2706 \qquad D.W = 2.07$$

模型(4) 中:常数项和各变量的系数均通过 $t$ 检验,$R^2$ 为 0.9845,可见模型的拟合优度较好,其中第一产业增加值对农牧民收入增长起着主要的解释作用;$F$ = 285.2706,很明显地说明回归方程显著,即取对数后的 *GDP* 和 *PCA* 对 *FR* 联合影响显著。模型能通过 *D. W* 检验，说明残差不存在序列相关性。图 4-4 给出残差序列的自相关系数和偏自相关系数，虚线之间的区域是自相关中正负两倍于估计标准差所夹成的。如果自相关值在这个区域内，则在显著水平为 5% 的情形下与零没有显著区别。图 4-4 中的自相关系数和偏自相关系数都未超出虚线，说明不存在序列相关。

分析表明：农牧民人均纯收入与农牧业 GDP、人均农牧业贷款和商业贷款间均存在长期均衡关系。从原始模型（1）的回归估计结果我们可以看出，农牧业贷款对农牧业发展有一定程度的正向作用，第一产业 GDP 对农牧民收入增长起着主要的解释作用；从修正模型（4）的回归估计结果可以看出，在假定其他变量不变的情况下，取对数以后，GDP 每增加 1 万元，农牧民人均纯收入 FR 会相应增加 1.0967 元；而人均贷款余额每增加 1 元，农牧民人均纯收入 FR 会相应增加 0.0669 元，说明农牧业发展（第一产业增加值）对农牧民收入增长起着主要的解释作用，农牧业经济的发展对农牧民的收入影响较大，对农村金融发展有推动作用；同时，农牧民收入的提高可以促进农村金融的发展。此外，从表 4-5 的检验结果可以看出商业贷款与农牧民收入存在长期均衡的关系，说明从长期来看，金融机构扩大商业贷款规模满足农牧区经济社会发展的需求，可以为农牧民收入的增长提供良好的平台。但在模型（1）中，商业贷款的系数未能通过检验，说明商业贷款对农牧民的收入的间接作用还不显著，因此需进一步完善金融支持相关机制，以全面强化金融对农牧民增收的支持作用。

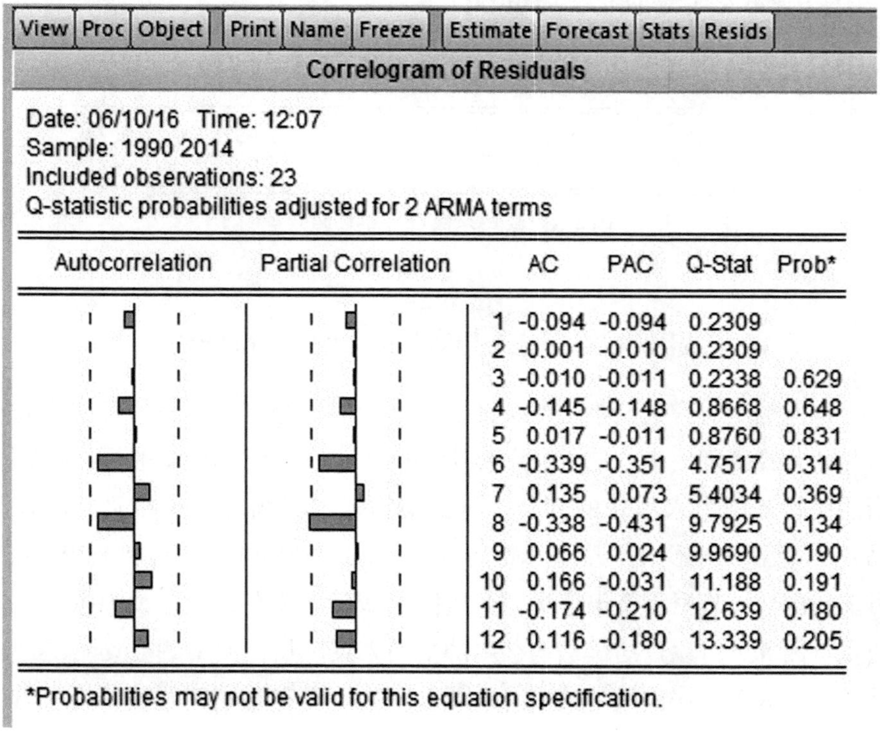

View | Proc | Object | Print | Name | Freeze | Estimate | Forecast | Stats | Resids

Correlogram of Residuals

Date: 06/10/16 Time: 12:07
Sample: 1990 2014
Included observations: 23
Q-statistic probabilities adjusted for 2 ARMA terms

| Autocorrelation | Partial Correlation | | AC | PAC | Q-Stat | Prob* |
|---|---|---|---|---|---|---|
| | | 1 | -0.094 | -0.094 | 0.2309 | |
| | | 2 | -0.001 | -0.010 | 0.2309 | |
| | | 3 | -0.010 | -0.011 | 0.2338 | 0.629 |
| | | 4 | -0.145 | -0.148 | 0.8668 | 0.648 |
| | | 5 | 0.017 | -0.011 | 0.8760 | 0.831 |
| | | 6 | -0.339 | -0.351 | 4.7517 | 0.314 |
| | | 7 | 0.135 | 0.073 | 5.4034 | 0.369 |
| | | 8 | -0.338 | -0.431 | 9.7925 | 0.134 |
| | | 9 | 0.066 | 0.024 | 9.9690 | 0.190 |
| | | 10 | 0.166 | -0.031 | 11.188 | 0.191 |
| | | 11 | -0.174 | -0.210 | 12.639 | 0.180 |
| | | 12 | 0.116 | -0.180 | 13.339 | 0.205 |

*Probabilities may not be valid for this equation specification.

图 4-4 残差序列的自相关系数和偏自相关系数

3. **格兰杰因果关系检验**

由图 4-5 可知，农业发展水平 GDP 与农牧民人均贷款余额 PCA 确实与农牧民人均纯收入存在着格兰杰因果关系，其中 GDP 比较显著，虽然 PCA 表现的不是很明显，但是格兰杰因果关系并不是传统认为的事实上的表面因果关系，只是一种基于时间序列的平稳预测。总的来说，GDP、PCA 与 FR 互为格兰杰因果关系。

View Proc Object Print Name Freeze Sample Sheet Stats Spec

Pairwise Granger Causality Tests
Date: 06/11/16 Time: 14:53
Sample: 1990 2014
Lags: 2

| Null Hypothesis: | Obs | F-Statistic | Prob. |
|---|---|---|---|
| LNGDP does not Granger Cause LNFR | 23 | 3.30541 | 0.0599 |
| LNFR does not Granger Cause LNGDP | | 2.25584 | 0.1336 |
| LNPCA does not Granger Cause LNFR | 23 | 2.70739 | 0.0938 |
| LNFR does not Granger Cause LNPCA | | 6.04282 | 0.0098 |
| LNPCA does not Granger Cause LNGDP | 23 | 2.65765 | 0.0974 |
| LNGDP does not Granger Cause LNPCA | | 3.63779 | 0.0471 |

图 4-5 格兰杰因果分析检验结果

## 二、青海藏区农牧民收入与农牧区储蓄关系分析

本课题所研究的储蓄是指居民在银行的储蓄存款。我国关于储蓄的定义与西方经济理论中的储蓄概念有所不同，西方经济理论中的居民储蓄是指居民收入中尚未消费的部分，包括实物形式（固定资产投资、库存商品）和金融资产形式（现金、银行存款、股票、债券、基金等）。但由于目前我国居民理财投资渠道单一，居民的储蓄存款在银行存款中占有较大比重。因此，可以以居民储蓄存款的变动来反映居民储蓄的变动情况，也就是说西方关于居民储蓄的理论也可以用来研究青海藏区农牧民收入与农牧区居民储蓄之间的关系。相关的收入分配理论表明，居民收入水平如果提高，在消费倾向不变的情况下，储蓄会相应增加。而农村储蓄存款的增加，一方面，可以实现储蓄所得；另一方面，有利于扩大农村信贷资金来源，增强农牧业产出效益，促进农牧民收入增长。因此，研究青海藏区农牧民收入与农牧区储蓄之间的关系，可以阐释农村金融发展与农牧民收入之间的关系。

### （一）模型构建

居民“消费—储蓄”模型是现代宏观经济学的主要议题之一。自凯恩斯以来的现代经济学开始将储蓄与收入联系起来，认为收入是储蓄的决定

因素。根据凯恩斯的绝对收入假说理论，认为居民收入与储蓄是相关的，居民储蓄直接依赖于可支配收入，居民储蓄和可支配收入的关系可以简单地表示为：S = a + bYD（其中：S代表储蓄，YD为当前的可支配收入，a为常数，b为可决系数）。一般而言，农牧民的收入一部分用于投入生产和当前生活消费，另一部分用作储蓄积累。由此，我们根据凯恩斯的绝对收入假说理论，为研究青海藏区农牧民收入与农牧区储蓄的关系，建立以下模型：

$$LNSD = \alpha + \beta LNFR + \varepsilon \qquad (1)$$

上式中，$SD$代表农牧民的储蓄存款，$FR$代表农牧民人均纯收入(这里我们用纯收入代替了可支配收入)，$\alpha$和$\beta$为待估参数，$\varepsilon$为模型的随机误差干扰项。

### （二）指标的选取与数据采集

#### 1. 指标选取

根据相关统计资料，以海北藏族自治州农牧区的农牧民储蓄存款代表储蓄量，以农牧区纯收入代表农牧民收入。因为海北州农牧民可支配收入的不可获取性，所以将农牧民人均纯收入作为衡量农牧民收入水平的指标，将储蓄存款作为衡量储蓄量的指标；其中储蓄存款为被解释变量，农牧民人均纯收入为解释变量。

#### 2. 数据采集

本部分将时间跨度确定为1990—2014年。在数据的呈现中，储蓄存款（SD）、农牧民人均纯收入（FR）的数据均来自《海北统计年鉴》。

表4-6 海北州农牧民储蓄存款余额及农牧民人均纯收入

| 年份（年） | 储蓄存款（单位：万元） | 农牧民人均纯收入（单位：元） |
|---|---|---|
| 1990 | 5639 | 730 |
| 1991 | 6898 | 763 |
| 1992 | 8586 | 799 |
| 1993 | 10075 | 869 |
| 1994 | 13036 | 1067 |
| 1995 | 15722 | 1434 |

续表

| 年份（年） | 储蓄存款（单位：万元） | 农牧民人均纯收入（单位：元） |
|---|---|---|
| 1996 | 18627 | 1600 |
| 1997 | 21424 | 1482 |
| 1998 | 26890 | 1513 |
| 1999 | 28563 | 1444 |
| 2000 | 30173 | 1357 |
| 2001 | 34770 | 1478 |
| 2002 | 40021 | 1581 |
| 2003 | 44029 | 1705 |
| 2004 | 50300 | 1849 |
| 2005 | 60332 | 2084 |
| 2006 | 68635 | 2269 |
| 2007 | 76662 | 2698 |
| 2008 | 98530 | 3386 |
| 2009 | 115653 | 4023 |
| 2010 | 145087 | 4813 |
| 2011 | 179613 | 6150 |
| 2012 | 228787 | 7436 |
| 2013 | 270162 | 8650 |
| 2014 | 300501 | 9726 |

数据来源：《海北统计年鉴》（2010—2014）

### （三）实证分析

#### 1. 变量的平稳性检验

从图 4-6 我们就可以看出 LNSD 和 LNFR 有截距和一定的趋势，于是我们先对其进行 ADF 单位根检验，以检验其平稳性。分别在 1%、5% 和 10% 的置信水平下对其进行平稳性检验，滞后期都为 1。

根据 ADF 统计量的性质，只有当 ADF 检验值的绝对值大于各置信水平的绝对值时才能通过检验，从表 4-7 可以看出，LNFR 和 LNSD 变量的 ADF 检验值的绝对值均小于各置信水平的绝对值。因此，不能通过检验，表现为非平稳。

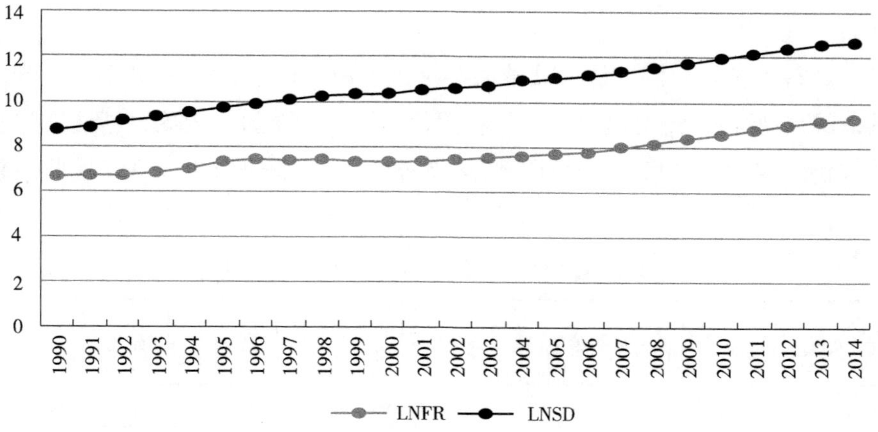


图 4-6 海北州 1990—2014 年 LNSD 和 LNFR 变化趋势图

表 4-7 模型变量的 ADF 检验结果

| 变量 | 类型 (C, T, P) | ADF 检验值 | 1% | 5% | 10% | 结论 | Prob. * |
|---|---|---|---|---|---|---|---|
| LNFR | (C, T, 1) | -1.636156 | -4.416345 | -3.622033 | -3.248592 | 非平稳 | 0.7462 |
| LNSD | (C, T, 1) | -1.744376 | -4.416345 | -3.622033 | -3.248592 | 非平稳 | 0.6980 |

说明：表中 C 代表常数项，T 代表时间趋势，P 代表滞后阶数

根据 ADF 统计量的性质，只有当 ADF 检验值的绝对值大于各置信水平的绝对值时才能通过检验，从表 4-7 可以看出，LNFR 和 LNSD 变量的 ADF 检验值的绝对值均小于各置信水平的绝对值。因此，不能通过检验，表现为非平稳。

2. **差分处理**

表 4-7 中表示两个变量在置信水平下均为非平稳系列，为了验证 LNSD 和 LNFR 间的关系，需对其进行差分处理。对变量 LNSD 和 LNFR 都取截距项和趋势项，对其进行一阶差分并且滞后期为 1 时，ADF 检验结果如下：

表 4-8 模型变量一阶差分后的 ADF 检验结果

| 变量 | 类型 (C, T, P) | ADF 检验值 | 1% | 5% | 10% | 结论 | Prob. * |
|---|---|---|---|---|---|---|---|
| D (LNFR) | (C, T, 1) | -2.696912 | -4.440739 | -3.632896 | -3.254671 | 非平稳 | 0.2468 |
| D (LNSD) | (C, T, 1) | -2.484794 | -4.440739 | -3.632896 | -3.254671 | 非平稳 | 0.3313 |

说明：表中 C 代表常数项，T 代表时间趋势，P 代表滞后阶数

进行一阶差分后，从检验结果中可以看出，D（LNFR）和 D（LNSD）的 ADF 检验值的绝对值仍然小于各置信水平的绝对值。因此，不能通过检验，仍表现为非平稳，需要进行二次差分，滞后期仍取 1，ADF 检验结果如下：

表 4-9　模型变量二阶差分后的 ADF 检验结果

| 变量 | 类型（C，T，P） | ADF 检验值 | 1% | 5% | 10% | 结论 | Prob. * |
|---|---|---|---|---|---|---|---|
| D（LNFR） | （C，T，1） | -4.321444 | -4.467895 | -3.644963 | -3.261452 | 平稳 | 0.0134 |
| D（LNSD） | （C，T，1） | -5.061886 | -4.467895 | -3.644963 | -3.261452 | 平稳 | 0.0030 |

说明：表中 C 代表常数项，T 代表时间趋势，P 代表滞后阶数

进行二阶差分后，从检验结果中可以看出，D（LNFR）和 D（LNSD）在 1%、5% 和 10% 的显著性水平下都拒绝存在单位根的原假设的结论，其中虽然在 1% 显著性水平下 D（LNFR）的 ADF 检验值略小，但误差非常小，几乎接近于 0，可以忽略不计。由此认为 LNFR、LNSD 序列均含有两个单位根，是二阶单整 I（2），这样我们就可以对其进行协整关系的检验。

3. **回归分析**

由于 LNFR 自变量和 LNSD 因变量都通过平稳性检验，因此我们可以直接利用计量经济学软件包 Eviews 8.0，通过最小二乘法对 $LNSD = \alpha + \beta LNFR + \varepsilon$ 进行回归分析，计算结果见图 4-7。

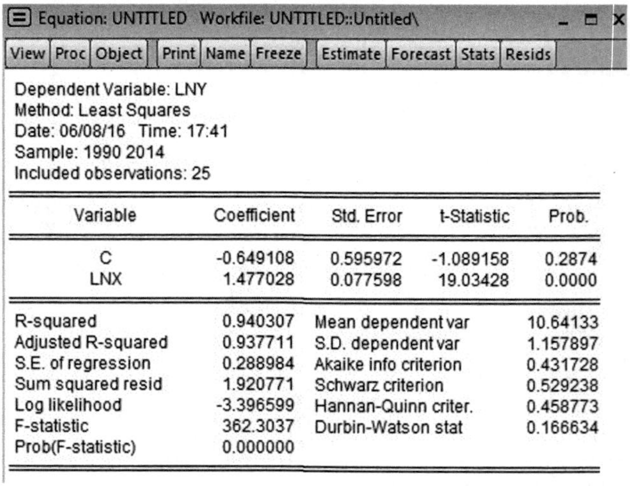
Equation: UNTITLED Workfile: UNTITLED::Untitled\

View Proc Object Print Name Freeze Estimate Forecast Stats Resids

Dependent Variable: LNY
Method: Least Squares
Date: 06/08/16 Time: 17:41
Sample: 1990 2014
Included observations: 25

| Variable | Coefficient | Std. Error | t-Statistic | Prob. |
|---|---|---|---|---|
| C | -0.649108 | 0.595972 | -1.089158 | 0.2874 |
| LNX | 1.477028 | 0.077598 | 19.03428 | 0.0000 |

| | | | |
|---|---|---|---|
| R-squared | 0.940307 | Mean dependent var | 10.64133 |
| Adjusted R-squared | 0.937711 | S.D. dependent var | 1.157897 |
| S.E. of regression | 0.288984 | Akaike info criterion | 0.431728 |
| Sum squared resid | 1.920771 | Schwarz criterion | 0.529238 |
| Log likelihood | -3.396599 | Hannan-Quinn criter. | 0.458773 |
| F-statistic | 362.3037 | Durbin-Watson stat | 0.166634 |
| Prob(F-statistic) | 0.000000 | | |

图 4-7　用最小二乘法对回归方程进行评估的结果

回归模型为：

$$LNSD = -0.649108 + 1.477028LNFR \quad (2)$$
$$(-1.089158) \qquad (19.03428)$$
$$R^2 = 0.940307 \qquad D.W = 0.166634$$

从回归模型(2)中可以知道，$R^2$ 为 0.940307，说明农牧民收入能以 94.03% 的程度解释农牧区储蓄，回归模型具有较好的拟合精度。

对回归模型的参数进行显著性检验，即检验自变量对因变量的影响程度是否显著，检验统计量为 $t$。当 $n=25$，$a=0.05$ 时，$t=2.069$，由于 $19.03428>2.069$，说明变量的系数通过 $t$ 检验，即 $LNFR$ 对 $LNSD$ 影响显著。

对回归模型自相关性检验，当 $N=25$，$k=2$，$a=0.05$ 时，$DL=1.29$，$DU=1.45$，$D.W=0.166634<DL$，说明模型存在正自相关，为了明确知道存在自相关的阶数，有必要进行偏相关系数检验，见图 4-8。

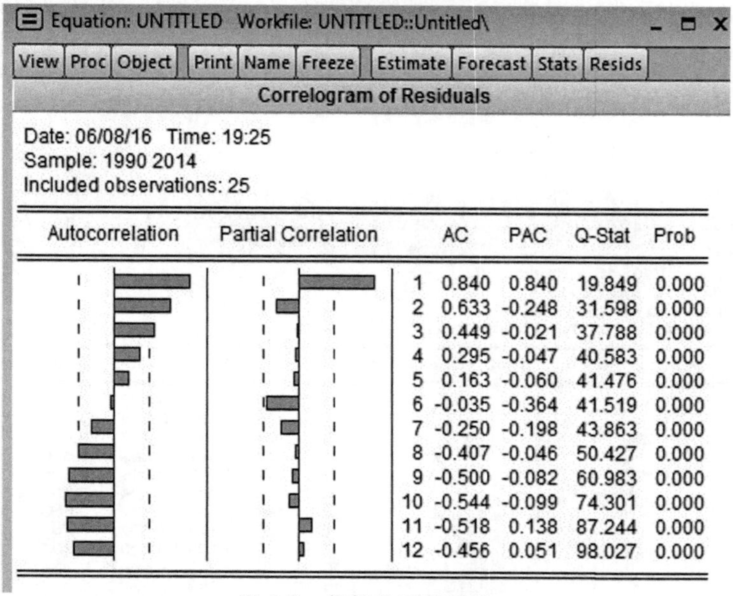


| | AC | PAC | Q-Stat | Prob |
|---|---|---|---|---|
| 1 | 0.840 | 0.840 | 19.849 | 0.000 |
| 2 | 0.633 | -0.248 | 31.598 | 0.000 |
| 3 | 0.449 | -0.021 | 37.788 | 0.000 |
| 4 | 0.295 | -0.047 | 40.583 | 0.000 |
| 5 | 0.163 | -0.060 | 41.476 | 0.000 |
| 6 | -0.035 | -0.364 | 41.519 | 0.000 |
| 7 | -0.250 | -0.198 | 43.863 | 0.000 |
| 8 | -0.407 | -0.046 | 50.427 | 0.000 |
| 9 | -0.500 | -0.082 | 60.983 | 0.000 |
| 10 | -0.544 | -0.099 | 74.301 | 0.000 |
| 11 | -0.518 | 0.138 | 87.244 | 0.000 |
| 12 | -0.456 | 0.051 | 98.027 | 0.000 |

图 4-8　偏相关系数检验

由图 4-8 可知，模型的第一期偏相关系数的直方块超出虚线部分，存在一阶正自相关，因此对模型的修正引入 AR（1），使用迭代法进行估计，结果见图 4-9。

Equation: UNTITLED Workfile: UNTITLED::Untitled\

View | Proc | Object | Print | Name | Freeze | Estimate | Forecast | Stats | Resids

Dependent Variable: LNY
Method: Least Squares
Date: 06/08/16 Time: 19:30
Sample (adjusted): 1991 2014
Included observations: 24 after adjustments
Convergence achieved after 8 iterations

| Variable | Coefficient | Std. Error | t-Statistic | Prob. |
|---|---|---|---|---|
| C | 12.03337 | 3.332183 | 3.611257 | 0.0016 |
| LNX | 0.429851 | 0.106023 | 4.054327 | 0.0006 |
| AR(1) | 0.974796 | 0.013333 | 73.10898 | 0.0000 |

| | | | |
|---|---|---|---|
| R-squared | 0.998457 | Mean dependent var | 10.72482 |
| Adjusted R-squared | 0.998310 | S.D. dependent var | 1.103249 |
| S.E. of regression | 0.045360 | Akaike info criterion | -3.231886 |
| Sum squared resid | 0.043209 | Schwarz criterion | -3.084629 |
| Log likelihood | 41.78263 | Hannan-Quinn criter. | -3.192819 |
| F-statistic | 6792.349 | Durbin-Watson stat | 2.008701 |
| Prob(F-statistic) | 0.000000 | | |

| | |
|---|---|
| Inverted AR Roots | .97 |

图 4-9 修正的模型估

由图 4-9 可见，估计过程经过迭代后收敛，$p1$ 的估计值为 0.974796，且 $t$ 检验显著，说明之前模型确实存在一阶自相关。调整后的模型 $DW = 2.008701$，此时，$DU < DW < 4 - DU$，说明模型不存在一阶自相关。再次进行偏相关系数检验（见图 4-10）。

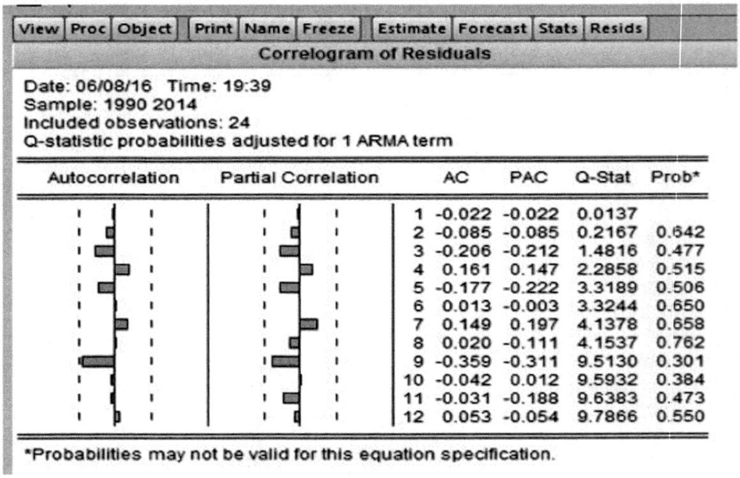


| | AC | PAC | Q-Stat | Prob* |
|---|---|---|---|---|
| 1 | -0.022 | -0.022 | 0.0137 | |
| 2 | -0.085 | -0.085 | 0.2167 | 0.642 |
| 3 | -0.206 | -0.212 | 1.4816 | 0.477 |
| 4 | 0.161 | 0.147 | 2.2858 | 0.515 |
| 5 | -0.177 | -0.222 | 3.3189 | 0.506 |
| 6 | 0.013 | -0.003 | 3.3244 | 0.650 |
| 7 | 0.149 | 0.197 | 4.1378 | 0.658 |
| 8 | 0.020 | -0.111 | 4.1537 | 0.762 |
| 9 | -0.359 | -0.311 | 9.5130 | 0.301 |
| 10 | -0.042 | 0.012 | 9.5932 | 0.384 |
| 11 | -0.031 | -0.188 | 9.6383 | 0.473 |
| 12 | 0.053 | -0.054 | 9.7866 | 0.550 |

图 4-10 修正后的模型偏相关系数检验

由图 4-10 再次可知，模型已经不存在自相关，因此正确的模型应为：

$$LNSD = 12.03337 + 0.429851LNFR \quad (3)$$

$$(3.611257) \quad (4.054327)$$

$$R^2 = 0.998457 \quad D.W = 2.008701$$

通过以上的检验,可以认为回归模拟拟合精度、模型显著性和变量显著性均良好,不存在序列相关和异方差性。以上模型显示,*LNFR* 每增加一个单位,*LNSD* 就会增加 0.429851 个单位，说明农牧民收入对储蓄的影响较大。

4. **协整检验**

由上述分析可知，LNSD 和 LNFR 取截距项和趋势项通过检验时均为二阶单整序列，这些同阶单整序列可能存在协整关系，即从长期来看各变量可能存在均衡关系。于是对 LNSD 和 LNFR 进行协整检验，并对人均农民收入与农业储蓄间的关系进行分析。这里所采用的是基于回归残差的协整检验，即单一方程的协整检验。

第一步，用最小二乘法对回归方程进行估计，得到回归结果见表 4-9。

第二步，残差序列平稳性检验，对其进行 ADF 单位根检验，检验结果见表 4-10。

**表 4-10 回归残差序列 RESID01 的 ADF 平稳性检验结果**

| 变量 | 类型（C，T，P） | ADF 检验值 | 1% | 5% | 10% | 结论 | Prob. * |
|---|---|---|---|---|---|---|---|
| 回归残差序列 RESID01 | （N，N，1） | -3.096620 | -2.692358 | -1.960171 | -1.607051 | 平稳 | 0.0037 |

说明：表中 C 代表常数项，T 代表时间趋势，P 代表滞后阶数

从检验结果来看，回归方程残差序列在 1%、5% 和 10% 的显著性水平下均拒绝原假设，接受不存在单位根的结论，则 RESID01 有 99.63% 的可能性是平稳的，所以 LNFR 和 LNSD 之间存在协整关系，即人均农牧民收入与农牧民储蓄之间存在长期均衡关系。农牧区金融机构吸收的农牧民储蓄存款很大程度上依赖于农牧民收入的增加，农牧民收入与农牧民储蓄存款存在显著的正相关关系；但同时也反映出农村金融发展相对滞后，农牧区金融服务单一，农牧民的投资、理财渠道狭窄，除了储蓄存款之外，其他金融投资理财产品由于宣传力度不够，加之客观条件的限制，致使金融

投资在农牧区进展缓慢，制约了农牧民财产性收入的增长。

## 三、青海藏区农牧民收入结构与信贷投向关系分析

改革开放以来，农村金融对促进农村经济发展和农牧民收入增长起到了积极的作用。但从青海藏区农村金融发展的总体水平来看，农村信贷资金相对于农牧民生产生活需求来说，仍然是稀缺资源，信贷供给与需求之间的矛盾依然较为突出。为深入探究青海藏区金融发展与农牧民收入增长之间的关系，我们从农牧民收入结构的角度出发，进一步分析信贷支持对农牧民收入增长的促进作用。

### （一）实证模型与数据说明

#### 1. 模型设定

农牧民收入一般分为家庭经营纯收入、工资性收入、财产性收入以及转移性收入四部分。通过梳理近年来青海海北藏族自治州农牧民收入的来源情况，可以发现家庭经营纯收入和工资性收入在农牧民收入中占比较大，两者之和占总收入的比重达 90% 左右（见图 4-11），而财产性收入和转移性收入占比则较小。由于信贷投放主要支持农牧民从事相关生产经营活动，因此，我们主要以家庭经营纯收入和工资性收入为主进行实证分析。

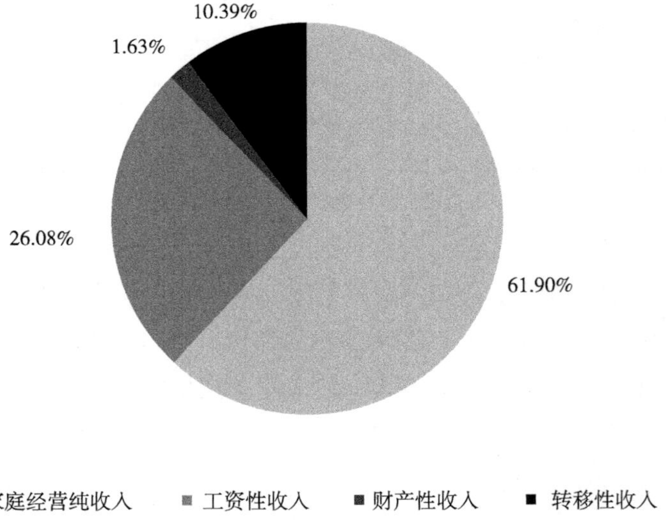


图 4-11　2014 年海北州农牧民收入结构图

为了分别考察农业信贷资金对农牧民家庭经营纯收入和工资性收入的长期效应，我们分别以农牧民家庭经营纯收入和工资性收入作为因变量，以农业信贷水平作为自变量进行协整分析，从而设定如下模型：

$$LNPCN_t = a_1 + \beta_1 LNPCA_t + \varepsilon_{1t} \quad (1)$$

$$LNPCS_t = a_2 + \beta_2 LNPCA_t + \varepsilon_{2t} \quad (2)$$

其中，*PCN* 表示人均农牧民家庭经营纯收入，*PCS* 表示人均农牧民工资性收入，*PCA* 表示人均农业信贷，$t$ 表示时间，$\varepsilon$ 表示随机误差，$a$ 表示截距项，$\beta$ 表示待估参数。

**2. 数据说明**

考虑到变量的可量化性和数据的可获得性，以人均农牧业贷款余额（即农村人均农牧业贷款余额 = 农牧业贷款余额/农村从业人员总数）作为农业信贷水平的指标；以农村居民人均家庭经营纯收入和人均工资性收入来衡量农牧民家庭经营收入水平和工资性收入水平（见表 4-11）。由于在 2001 年以前，农牧民收入未进行明确的划分，只是一个笼统的数据，因此，本部分研究的数据只能得到 2001 年以后年份的农牧民收入结构状况。

**表 4-11　农牧民人均家庭经营性纯收入、人均工资收入与人均农牧业贷款余额**

| 年份（年） | 人均家庭经营纯收入（PCN）（单位：元） | 人均工资性收入（PCS）（单位：元） | 农牧业贷款余额（单位：万元） | 农村从业人员（单位：人） | 人均农牧业贷款余额（PCA）（单位：元/人） |
|---|---|---|---|---|---|
| 2001 | 1076 | 164 | 8410 | 108248 | 776.9197 |
| 2002 | 1103 | 219 | 2242 | 110125 | 203.5868 |
| 2003 | 1270 | 276 | 15769 | 114129 | 1381.682 |
| 2004 | 1463 | 304 | 17317 | 110201 | 1571.401 |
| 2005 | 1604 | 343 | 19505 | 114733 | 1700.034 |
| 2006 | 1638 | 494 | 16745 | 119610 | 1399.967 |
| 2007 | 1927 | 568 | 16689 | 125654 | 1328.171 |
| 2008 | 2438 | 681 | 20023 | 130679 | 1532.228 |
| 2009 | 2878 | 813 | 27571 | 135464 | 2035.301 |
| 2010 | 3184 | 987 | 78700 | 131922 | 5965.646 |
| 2011 | 4138 | 1453 | 97484 | 134287 | 7259.377 |
| 2012 | 4738 | 1810 | 114800 | 132304 | 8676.986 |

续表

| 年份（年） | 人均家庭经营纯收入（PCN）（单位：元） | 人均工资性收入（PCS）（单位：元） | 农牧业贷款余额（单位：万元） | 农村从业人员（单位：人） | 人均农牧业贷款余额（PCA）（单位：元/人） |
|---|---|---|---|---|---|
| 2013 | 5438 | 2214 | 148993 | 126056 | 11819.59 |
| 2014 | 6020 | 2536 | 152763 | 127167 | 12012.786 |

数据来源：《海北统计年鉴》（2010—2014）

## （二）实证分析

### 1. 平稳性检验

首先对数据进行无量纲化，对各变量取自然对数。图 4-12 显示的是 2001—2014 年海北藏族自治州农牧业信贷、农牧民家庭经营纯收入和农牧民工资性收入水平取自然对数后的变化趋势。变化趋势存在着一致性，具有时间趋势，所以需要对变量进行单位根平稳性检验。下面采用的 ADF 统计量，对变量的本身进行 ADF 检验，分别在 1%、5% 和 10% 的置信水平下的临界值进行比较。

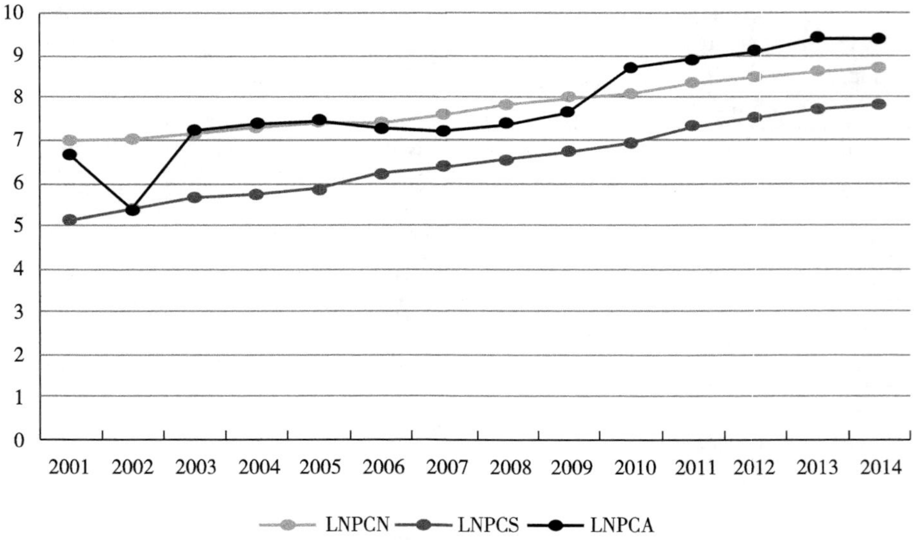


图 4-12　2001—2014 年 LNPCN、LNPCS 和 LNPCA 的变化趋势

表 4-12　模型变量 ADF 检验结果

| 变量 | 类型 (C，T，P) | ADF 检验值 | 1% | 5% | 10% | 结论 | Prob.* |
|---|---|---|---|---|---|---|---|
| LNPCN | (C，T，1) | -2.422131 | -4.886426 | -3.828975 | -3.362984 | 非平稳 | 0.3534 |
| LNPCS | (C，T，1) | -2.331329 | -4.886426 | -3.828975 | -3.362984 | 非平稳 | 0.3916 |
| LNPCA | (C，T，1) | -3.614183 | -4.886426 | -3.828975 | -3.362984 | 非平稳 | 0.0691 |

说明：表中 C 代表常数项，T 代表时间趋势，P 代表滞后阶数

根据 ADF 统计量的性质，从表中可以看出：LNPCN、LNPCS 和LNPCA 均为非平稳序列。因此，对这样的变量不能直接进行回归分析，以检验它们之间的相关性，而应该先采用差分处理方法消除序列中含有的非平稳趋势。

表 4-13　模型变量一阶差分的 ADF 检验结果

| 变量 | 类型 (C，T，P) | ADF 检验值 | 1% | 5% | 10% | 结论 | Prob.* |
|---|---|---|---|---|---|---|---|
| D（LNPCN） | (C，T，0) | -3.189430 | -4.992279 | -3.875302 | -3.388330 | 非平稳 | 0.1325 |
| D（LNPCS） | (C，T，0) | -3.500546 | -4.992279 | -3.875302 | -3.388330 | 非平稳 | 0.0856 |
| D（LNPCA） | (C，T，0) | -6.455341 | -4.992279 | -3.875302 | -3.388330 | 平稳 | 0.0015 |

说明：表中 C 代表常数项，T 代表时间趋势，P 代表滞后阶数

进行一阶差分后，发现在 1%、5% 以及 10% 的显著性水平下，D（LNPCN）的 ADF 检验值均小于临界值，虽然 D（LNPCS）的 ADF 检验值大于 10% 显著性水平下的临界值，D（LNPCA）的 ADF 检验值大于任何显著性水平下的临界值，但不符合同阶单整。因此，一阶差分后，时间序列仍然不平稳，必须要进行二阶差分。

表 4-14　模型变量二阶差分的 ADF 检验结果

| 变量 | 类型 (C，T，P) | ADF 检验值 | 1% | 5% | 10% | 结论 | Prob.* |
|---|---|---|---|---|---|---|---|
| D（LNPCN） | (C，T，0) | -4.115381 | -5.124875 | -3.933364 | -3.420030 | 平稳 | 0.0390 |
| D（LNPCS） | (C，T，0) | -4.295916 | -5.124875 | -3.933364 | -3.420030 | 平稳 | 0.0306 |
| D（LNPCA） | (C，T，0) | -10.50901 | -5.124875 | -3.933364 | -3.420030 | 平稳 | 0.0001 |

说明：表中 C 代表常数项，T 代表时间趋势，P 代表滞后阶数

进行二阶差分后，发现D（LNPCN）、D（LNPCS）在5%和10%的显著性水平下，D（LNPCA）在任何显著性水平下都拒绝存在单位根的原假设结论，说明D（LNPCN）、D（LNPCS）和D（LNPCA）在5%和10%的显著性水平下平稳，故各序列含有两个单位根，是二阶单整I（2），这样我们就可以对其进行协整关系检验。

2. **协整检验**

由上述分析可知LNPCN、LNPCS和LNPCA均为二阶单整序列，因此这些同阶单整序列可能存在协整关系，即从长期来看各变量可能存在均衡关系。

View | Proc | Object | Print | Name | Freeze | Estimate | Forecast | Stats | Resids

Dependent Variable: LNY
Method: Least Squares
Date: 06/10/16 Time: 13:08
Sample: 2001 2014
Included observations: 14

| Variable | Coefficient | Std. Error | t-Statistic | Prob. |
|---|---|---|---|---|
| C | 4.096257 | 0.451825 | 9.066024 | 0.0000 |
| LNX | 0.471861 | 0.057534 | 8.201354 | 0.0000 |

| | | | |
|---|---|---|---|
| R-squared | 0.848604 | Mean dependent var | 7.763717 |
| Adjusted R-squared | 0.835987 | S.D. dependent var | 0.597199 |
| S.E. of regression | 0.241856 | Akaike info criterion | 0.130618 |
| Sum squared resid | 0.701934 | Schwarz criterion | 0.221912 |
| Log likelihood | 1.085674 | Hannan-Quinn criter. | 0.122167 |
| F-statistic | 67.26221 | Durbin-Watson stat | 1.858768 |
| Prob(F-statistic) | 0.000003 | | |

图4-13 变量LNPCA对LNPCN的最小二乘回归结果

首先，用变量LNPCA对LNPCN进行普通最小二乘回归，结果见图4-13。

得到回归估计结果：

$$LNPCN = 4.0963 + 0.4719LNPCA + \varepsilon_1 \quad (3)$$

$$(9.066) \qquad (8.201)$$

$$R^2 = 0.8486 \qquad D.W = 1.8588$$

常数项和*LNPCA*的系数均通过了*t*检验。

（3）式表明了 2001—2014 年两个变量之间所存在的长期均衡关系。从模型的回归结果可以看出，就长期而言，农牧民家庭经营纯收入与农牧业信贷呈正向关系，说明农牧业信贷规模的不断扩大，有利于促进农牧民收入的增长。

在此基础上，我们得到回归残差序列 RESID01，对其进行 ADF 单位根检验，见表 4-15。

**表 4-15　回归残差序列 RESID01 的 ADF 平稳性检验结果**

| 变量 | 类型（C，T，P） | ADF 检验值 | 1% | 5% | 10% | 结论 | Prob. * |
|---|---|---|---|---|---|---|---|
| 回归残差序列 RESID01 | （N，N，1） | -3.548985 | -2.754993 | -1.970978 | -1.603693 | 平稳 | 0.0019 |

说明：表中 C 代表常数项，T 代表时间趋势，P 代表滞后阶数

从检验结果来看，回归方程残差序列在 1% 的显著性水平下拒绝原假设，接受不存在单位根的结论，则 RESID01 是平稳的，所以 LNPCA 和 LNPCN之间存在协整关系，即农牧民家庭经营纯收入与农牧业信贷支持之间存在长期均衡关系。

其次，用变量 LNPCA 对 LNPCS 进行普通最小二乘回归，结果见图 4-14。

View | Proc | Object | Print | Name | Freeze | Estimate | Forecast | Stats | Resids

Dependent Variable: LNY
Method: Least Squares
Date: 06/10/16 Time: 13:15
Sample: 2001 2014
Included observations: 14

| Variable | Coefficient | Std. Error | t-Statistic | Prob. |
|---|---|---|---|---|
| C | 1.128674 | 0.725509 | 1.555699 | 0.1457 |
| LNX | 0.687876 | 0.092385 | 7.445760 | 0.0000 |

| | | | |
|---|---|---|---|
| R-squared | 0.822062 | Mean dependent var | 6.475077 |
| Adjusted R-squared | 0.807234 | S.D. dependent var | 0.884535 |
| S.E. of regression | 0.388356 | Akaike info criterion | 1.077776 |
| Sum squared resid | 1.809846 | Schwarz criterion | 1.169070 |
| Log likelihood | -5.544432 | Hannan-Quinn criter. | 1.069325 |
| F-statistic | 55.43934 | Durbin-Watson stat | 1.835371 |
| Prob(F-statistic) | 0.000008 | | |

**图 4-14　变量 LNPCA 对 LNPCS 的最小二乘回归结果**

得到回归估计结果：

$$LNPCS = 1.1287 + 0.6879LNPCA + \varepsilon_2 \quad (4)$$
$$(1.5557) \qquad (7.4458)$$
$$R^2 = 0.8221 \quad D.W. = 1.8354$$

常数项和 *LNPCA* 的系数均通过了 $t$ 检验。

（4）式表明了 2001—2014 年两个变量之间所存在的长期均衡关系。从模型的回归结果可以看出，就长期而言，农牧民工资性收入与农牧业信贷呈正向关系，说明银行信贷大力支持农牧业产业结构的转型和城镇化建设的进程，对农牧民工资性收入的增长起到了很大的作用。

在此基础上，我们得到回归残差序列 RESID02，同样的对回归方程残差进行 ADF 检验，见表 4-16。

**表 4-16　回归残差序列 RESID02 的 ADF 平稳性检验结果**

| 变量 | 类型（C，T，P） | ADF 检验值 | 1% | 5% | 10% | 结论 | Prob. * |
|---|---|---|---|---|---|---|---|
| 回归残差序列 RESID02 | （N，N，1） | -3.962149 | -2.754993 | -1.970978 | -1.603693 | 平稳 | 0.0008 |

说明：表中 C 代表常数项，T 代表时间趋势，P 代表滞后阶数

从检验结果来看，回归方程残差序列在 1% 的显著性水平下拒绝原假设，接受不存在单位根的结论，则 RESID02 是平稳的，所以 LNPCA 和 LNPCS之间存在协整关系，即农牧民工资性收入与农牧业信贷之间存在长期均衡关系。

通过上述分析，我们可以发现，为增强农畜产品供给能力，提高农牧民的收入，青海藏区金融机构将提升农牧业综合生产能力作为信贷投放的重点，全力支持传统农牧业向集约化管理、生态化生产、产业化经营的现代农牧业生产方式转变，增强农畜产品供给能力，从而为农牧民增收奠定坚实的基础。同时，农牧业信贷用于不断改善农牧民生产条件、组织生产技能培训等，也在一定程度上为农牧民增收提供了有力的支持。由于农牧民工资收入主要来源于外出打工收入，因此对农民工进行技能培训也是一个信贷支持的有效方向。

**3. 脉冲响应**

若要了解一个变量作用于另一个变量的短期动态特征则有赖于脉冲响

应函数。脉冲响应函数描述的是在扰动项上加上一个单位标准差大小的新信息冲击时，对内生变量的当前值和未来值所带来的影响。即利用脉冲响应函数可以识别出农牧业信贷变化分别对农牧民家庭经营收入、农牧民工资性收入增长变化的影响是正向还是负向以及能够产生多长时间的影响。

首先，分析农牧业信贷变化对农牧民家庭经营收入的影响。

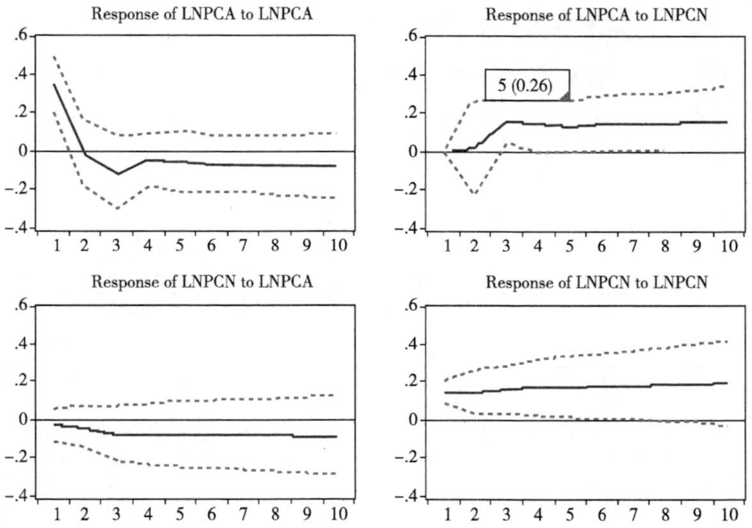


图 4-15　LNPCN 与 LNPCA 脉冲响应函数图

从图 4-15 可知，农牧业信贷对农牧民家庭经营性收入有较好的积极响应，而农牧民家庭经营性收入对农牧业信贷却表现出了消极的响应。这表明农牧民将通过生产经营活动所获得的大部分收入以储蓄存款的形式存入银行金融机构，进而为金融机构持续扩大信贷规模提供了可靠的资金来源，并且在短期内，随着农牧民经营收入的增加，对农村金融发展有明显的促进作用。但信贷资金来源的增加对农牧民家庭经营性收入却只有消极的作用，反映出现阶段农牧民从事生产经营活动很少或没有利用银行贷款。由于贷款的额度不大、贷款担保困难、借款渠道单一等问题的存在，银行信贷对农牧民的生产经营活动没有形成良好的改善作用，在短期内并没有有效发挥对农牧民增收的支持作用。

其次，分析农牧业信贷对农牧民工资性收入的影响。

从图 4-16 可知，在第二期之后，无论是农牧业信贷与农牧民工资性收入，还是农牧民工资性收入与农业信贷都表现出积极响应。这说明农业信贷支持促进了农牧区产业结构调整的力度，农牧业产业化龙头企业和服务行业的发展，为农牧民提供了较多的就业岗位，从而增加了农民的工资性收入；而农民工资性收入的增加又扩大了银行金融机构信贷资金来源的规模，对促进农村金融发展有一定的积极作用。但我们从图中也可以发现，这种积极的作用并不是很明显，而是非常弱小的，说明银行信贷对农牧民工资性收入增长的推动作用尚不明显。

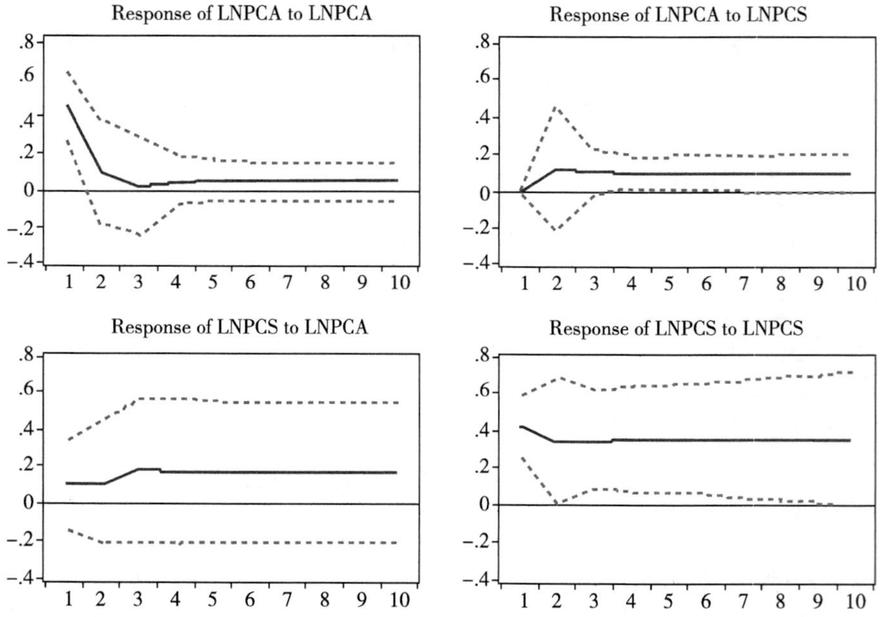


图 4-16　LNPCS 与 LNPCA 脉冲响应函数图

综合以上分析，可以看出农牧业信贷与农牧民家庭经营纯收入、农牧民工资性收入之间均存在长期均衡关系；从回归估计结果可以看出农牧业信贷投放的增加，增强了农牧业生产综合实力，促使农牧民家庭经营纯收入与农牧民工资性收入的增加，其中农牧业贷款对农牧民工资收入的影响较对农牧民家庭经营收入的影响更大；在短期内农牧业信贷与农牧民工资性收入之间相互影响的正向关系更加明显。

## 四、青海藏区金融发展与农牧民收入增长关系的实证分析

西方经典的生产函数理论中提到：在其他条件不变时，增加资本投入能增加总产出。按照这个理论，其他条件不变时，增加农村信贷投入就能增加农村经济总产出，进而提高农民的人均收入。从国内外一些研究成果也可以看出，各个国家或地区，各个时期农村金融发展情况与农民收入水平之间均存在一定的关系。我们依然以青海海北藏族自治州为例，利用Eviews 8.0软件对金融发展情况与农牧民收入水平间的关系进行实证分析，探讨青海藏区金融发展与农牧民收入之间的关系。

### （一）模型构建与说明

根据柯布—道格拉斯生产函数（Cobb—Douglas production function），可将我国农村金融与农村经济产出的关系表达为如下函数：

$$Y = f(K,L) \tag{1}$$

其中，$Y$代表总的经济产出，$K$代表资本投入，$L$代表劳动力投入。我国学者温涛、冉光和与熊德平（2005）将金融发展水平作为一项“投入”引入生产函数分析框架中，研究了金融发展与农民收入增长关系，则（1）式可写成

$$Y = f(K,L,F) \tag{2}$$

其中，$F$代表金融发展水平。

据Parente和Prescott（1991）及温涛、冉光和等（2005）提出的分析框架，若劳动力投入达到最大生产能力，经济产出就不再受劳动力增加的影响，则总的经济产出就取决于金融发展水平与资本投入。此时（2）式可变形为：

$$Y = mf(K,F) \tag{3}$$

其中，$m$表示劳动力数量。

求公式（3）的全微分，可得：

$$dY = m\frac{\partial f(K,F)}{\partial K}dK + m\frac{\partial f(K,F)}{\partial F}dF \tag{4}$$

国际上通常采用戈德史密斯和麦金农提出的两种指标来衡量金融发展水平。戈德史密斯（1969）的金融发展理论提出了一个重要的量化指标，即金融相关比率（FIR），从数量上阐释了金融发展与经济增长之间的关系。所谓金融相关比率是指金融资产价值与全部实物资产（即国民财富）价值之比，全部实物资产可用当期国民生产总值表示，而金融资产主要包括金融机构、非金融机构和国外发行的金融工具。[①] 金融相关比率是反映金融上层结构与经济基础结构之间在规模上的变化关系的一个指标。随着经济金融的发展，金融结构也会随之发生相应的变化，间接金融工具占比会逐渐下降，而直接金融工具的占比会逐渐上升。它大致反映了金融发展的一个基本特点。在国民财富既定的条件下，金融体系越发达，金融相关系数也越高，所以可以推断，在经济发展的过程中金融相关比率必然会逐步提高，而且可以根据金融相关比率来衡量金融发展的水平和程度。现实中常常将其简化为金融资产总量与 GDP 之比，来衡量一国的经济金融发展水平。麦金农（1973）采用货币存量与 GDP 之比来衡量经济货币化程度。由于青海藏区金融资产和 M2 的统计数据不完整，因此本文选用修正后的指标来衡量海北藏族自治州农村金融发展水平。根据海北州农村金融发展的现状，本课题对该地区金融发展水平的度量主要选取金融发展规模和金融发展效率，如下函数关系式：

$$F = g(RLG, RLD) \tag{5}$$

其中，$RLG = \frac{RL}{RG}$，$RL$（Rural Loan）表示农业贷款余额，$RG$（Rural GDP）表示农业 GDP，用比值 $RLG = RL/RG$ 可以反映农村金融发展规模的

① 曹龙骐．金融学［M］．北京：高等教育出版社，2010.

指标；$RLD=\frac{RL}{RD}$，$RD$（Rural Deposit）表示农业存款余额，用比值 $RLD=RL/RD$ 可以反映农村金融发展效率，它是指农村金融中介将农业存款转化为农业贷款支持农村经济增长的效率。

对（5）式取全微分后代入（4）式，整理可得：

$$\frac{dY}{m}=\frac{\partial f(K,F)}{\partial K}dK+\frac{\partial f(K,F)}{\partial F}\left[\frac{\partial F}{\partial RLG}+\frac{\partial F}{\partial RLD}dRLD\right]$$

即

$$\frac{dY}{m}=\frac{\partial f(K,F)}{\partial K}dK+\frac{\partial f(K,F)}{\partial RLG}dRLG+\frac{\partial f(K,F)}{\partial RLD}dRLD \qquad (6)$$

下面对公式（6）进行简化处理。$\frac{\partial f(K,F)}{\partial RLG}$ 代表农村金融发展规模的边际产出，用 $\beta_1$ 表示。$\frac{\partial f(K,F)}{\partial RLD}$ 代表农村金融发展效率的边际产出，用 $\beta_2$ 表示。$\frac{\partial f(K,F)}{\partial K}$ 代表资本投入的边际产出，用 $\beta_3$ 表示。最后，用农牧民人均纯收入 $FR$ 代替农村人均产出 $Y/m$，进一步简化公式（6），可得出研究模型：

$$dFR=\beta_0+\beta_1 dRLG+\beta_2 dRLD+\beta_3 dK+\mu \qquad (7)$$

其中，$\mu$ 为随机误差项。

鉴于难以获得总资本增长（$dK$）的相关统计数据，我们忽略总资本增长。因此，选择的模型如下：

$$dFR=\beta_0+\beta_1 dRLG+\beta_2 dRLD+\mu \qquad (8)$$

其中，$FR$ 表示农牧民人均纯收入，$RLG$ 表示农村金融发展的规模，$RLD$ 表示金融发展的效率，$\mu$ 为随机误差项。

由于差分量只不过是水平量前后期的差值，根据公式（8）不难证明 $FR$

的水平量与 *RLG* 和 *RLD* 的水平量之间同样存在稳定的关系。因此，为了便于实证检验农民收入水平值与金融发展各指标水平值之间的关系，设定了如下的向量自回归模型予以实际分析：

$$FR = \beta_0 + \beta_1 dRLG + \beta_2 dRLD + \mu \quad (9)$$

（二）数据来源

农业贷款余额（RL）、农业存款余额（RD）以及农牧民人均纯收入（FR）的数据均来自《海北统计年鉴》（2010—2014）。农业 GDP（RG）用第一产业增加值表示。

表 4-17　1990—2014 年海北州农业存贷款及农牧民人均纯收入状况

| 年份（年） | 农业贷款余额（万元） | 农业存款余额（万元） | 农业 GDP（万元） | RLG = 农牧业贷款/农业 GDP × 100% | RLD = 农牧业贷款/农业存款 × 100% | 农牧民人均纯收入（元/人） |
|---|---|---|---|---|---|---|
| 1990 | 1356 | 1944 | 20193 | 6.71519 | 69.75308 | 730 |
| 1991 | 1028 | 2175 | 21959 | 4.68145 | 47.26436 | 763 |
| 1992 | 1157 | 3856 | 22223 | 5.20631 | 30.00518 | 799 |
| 1993 | 1568 | 4183 | 28418 | 5.51763 | 37.48505 | 869 |
| 1994 | 822 | 6075 | 43449 | 1.89187 | 13.5308 | 1067 |
| 1995 | 928 | 2605 | 48031 | 1.93208 | 35.62380 | 1434 |
| 1996 | 532 | 2477 | 48284 | 1.10181 | 21.47759 | 1600 |
| 1997 | 1057 | 3018 | 37978 | 2.78319 | 35.02319 | 1482 |
| 1998 | 2883 | 4490 | 40697 | 7.08406 | 64.20935 | 1513 |
| 1999 | 4026 | 4829 | 36062 | 11.16411 | 83.37129 | 1444 |
| 2000 | 6192 | 6280 | 36146 | 17.13053 | 98.59872 | 1357 |
| 2001 | 8410 | 6252 | 40299 | 20.86900 | 134.51695 | 1478 |
| 2002 | 2442 | 5674 | 42695 | 5.719639 | 43.03842 | 1581 |
| 2003 | 15769 | 5269 | 46932 | 33.59968 | 299.27880 | 1705 |
| 2004 | 17317 | 6188 | 51189 | 33.82953 | 279.84809 | 1849 |
| 2005 | 19505 | 6139 | 55658 | 35.04438 | 317.72275 | 2084 |
| 2006 | 16745 | 8570 | 55227 | 30.32031 | 195.39089 | 2269 |
| 2007 | 16689 | 10991 | 69763 | 23.92242 | 151.84241 | 2698 |
| 2008 | 20023 | 27565 | 88928 | 22.51597 | 72.63921 | 3386 |

续表

| 年份（年） | 农业贷款余额（万元） | 农业存款余额（万元） | 农业 GDP（万元） | RLG = 农牧业贷款/农业 GDP × 100% | RLD = 农牧业贷款/农业存款 × 100% | 农牧民人均纯收入（元/人） |
|---|---|---|---|---|---|---|
| 2009 | 27571 | 37546 | 91491 | 30.13520 | 73.43258 | 4023 |
| 2010 | 78700 | 55301 | 104173 | 75.54740 | 142.31207 | 4813 |
| 2011 | 97484 | 42329 | 118202 | 82.47237 | 230.30073 | 6150 |
| 2012 | 114800 | 54008 | 139840 | 82.09382 | 212.56110 | 7436 |
| 2013 | 148993 | 64298 | 163709 | 91.01087 | 231.72260 | 8650 |
| 2014 | 152763 | 67190 | 171816 | 88.91081 | 227.35973 | 9726 |

数据来源：《海北统计年鉴》（2010—2014）

### （三）数据的统计性描述

本研究使用了农业贷款、农业存款代表农村金融发展水平，来衡量农村金融市场发展与农牧民收入间的关系。

#### 1. 指标的选取

（1）农牧民收入指标。采用农牧民人均纯收入（FR）指标来表示农牧民收入情况。农牧民纯收入是指其当年总收入和总支出的差额。纯收入主要用于再生产投入和当年生活消费支出，也可用于储蓄和各种非义务性支出。农牧民人均纯收入即按人口平均后得到的纯收入水平，反映的是一个地区或一个农户农村居民的平均收入水平。

（2）农村金融发展水平和农村金融发展效率指标。1969 年，戈德史密斯首创金融相关率（FIR）指标，并用它来衡量金融资产规模水平。它的表达式为（M2 + L + S）/GNP，式中 M2 表示货币存量，L 表示贷款，S 表示有价证券的总值。考虑到发展中国家的具体情况，Arestis 等学者又设计了一个新指标 L/GDP 来反映金融发展规模，该指标被国内学者广为采用。由于民族地区农村金融发展水平相对落后，缺乏有价证券和 M2 的统计数据，在分析金融发展水平时无法直接使用金融相关比率这个指标。为此，我们采用农业贷款余额与农业 GDP 之比，即 RLG = RL/RG 作为金融相关比率的一个替代指标，来揭示农村金融的总体发展水平；同时用贷款与存款之比来反映农村金融发展效率。这是因为在农牧区，金融资产主要表现为金融机构的资产，其他金融工具并不多，所以利用存贷款数据，基本可以揭示出农村金融发展的水平。

（3）农业 GDP 数据。由于缺乏农村 GDP 的统计数据，鉴于以前文献多用第一产业增加值代替农村 GDP。因此，亦采用第一产业增加值代替农业 GDP。

2. **数据分析**

（1）农牧业存贷款状况。

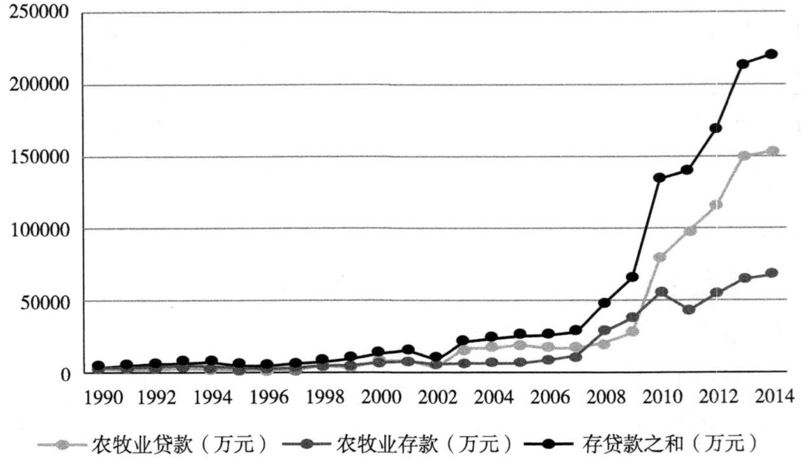


数据来源：《海北统计年鉴》（2010—2014）

**图 4-17　海北州 1990—2014 年农业贷款与存款趋势图**

由图 4-17 可知，在 2002 年以前，海北藏族自治州的农业存款和农业贷款增长缓慢，且农业存款规模超过农业贷款规模，这主要是由于民族地区市场经济不发达，金融市场不够完善，金融资金使用效率不高。同时，国家重点支持工业发展政策的实施，将农牧区的部分资金转移到城市，用于支持城市建设和工业的发展。在 2002 年以后，海北州的农业存款和农业贷款增长迅速，且 2003—2014 年的农业贷款规模大大超过了农业存款规模，反映出随着“西部大开发”战略的实施，金融机构根据民族地区经济发展的特殊性加大金融支持力度，通过增加支农再贷款、推广农户小额贷款和联保贷款，广泛开展信用户、信用村创建活动，增加农业保险保费代偿力度等，不断加大对农牧业的信贷支持力度，保障了农牧民的信贷资金需求，取得了一定的成效。

（2）农牧民收入增长状况。

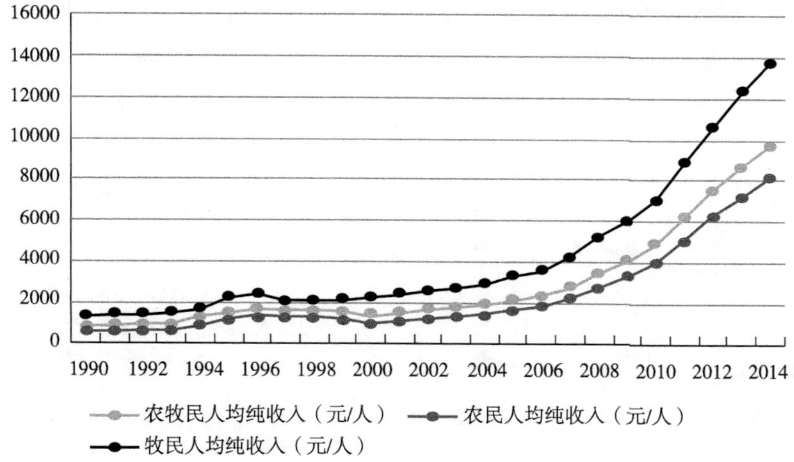


数据来源：《海北统计年鉴》（2010—2014）

**图 4-18　海北州 1990—2014 年农牧民人均纯收入水平趋势图**

由图 4-18 可知，改革开放以来，在党的富民政策的正确指引下，各级政府采取多种切实有效的措施，使农牧区经济得到全面发展，农牧民人均纯收入有了较大的增长，生活水平不断提高。从农牧民收入内部构成来看，由于受市场畜产品价格上涨幅度较大因素的影响，牧民的人均纯收入水平超过了农民人均纯收入水平。

（四）实证分析

由于所采用的数据均为经济变量时间序列数据，首先，采用 ADF 检验，进行单位根检验，来判断变量是否平稳。若为平稳变量，可直接进行回归分析；若为非平稳变量，则还需通过差分将其变为平稳时间序列。其次，通过协整检验来分析变量间是否存在长期均衡关系。最后，利用脉冲响应函数看自变量受到短期冲击时因变量的响应程度。

1. **平稳性检验**

首先对数据进行无量纲化，对各变量取对数，以实现数据的可比性。由图 4-19 可知，海北藏族自治州金融发展的规模和效率与农牧民人均纯收入变化趋势存在一致性。几乎所有的宏观经济变量都是非平稳性的（即序列的矩，如均值、方差和协方差随时间而变化），具有时间趋势，所以先对变量进行单位根平稳性检验。利用 Eviews 8.0 软件，对各变量进行单位根检验，以确定变量的平稳性。下面采用的 ADF 统计量，对变量的本身进行 ADF 检验，分别在 1%、5% 和 10% 的置信水平下的临界值进行比较。单位根检验方程存在截距项和趋势项，且变量的滞后序数都取 1。

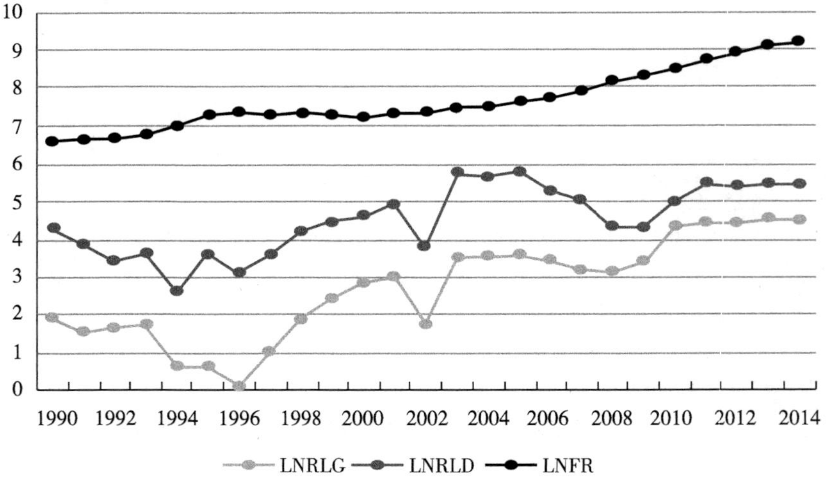


图 4-19　LOG（FR）、LOG（RLG）和 LOG（RLD）　1990—2014 年趋势图

根据 ADF 统计量的性质，从表 4-18 中可以看出：LOG（FR）、LOG（RLD）和 LOG（RLG）均为非平稳序列。因此，需要继续对模型变量 LOG（FR）、LOG（RLD）和 LOG（RLG）进行一阶差分处理。

表 4-18　模型变量 ADF 检验结果

| 变量 | 类型（C，T，P） | ADF 检验值 | 1% | 5% | 10% | 结论 | Prob. * |
|---|---|---|---|---|---|---|---|
| LN（RLG） | （C，T，1） | -3.032510 | -4.394309 | -3.612199 | -3.243079 | 非平稳 | 0.1444 |
| LN（RLD） | （C，T，1） | -3.178699 | -4.394309 | -3.612199 | -3.243079 | 非平稳 | 0.1121 |
| LN（FR） | （C，T，1） | -1.636156 | -4.416345 | -3.622033 | -3.248592 | 非平稳 | 0.7462 |

说明：表中 C 代表常数项，T 代表时间趋势，P 代表滞后阶数

## 2. 差分处理

进行一阶差分后，从检查结果中可以看出，虽然 DLN（RLG）和 DLN（RLD）在任何显著性水平下都表现为平稳，然而 DLN（FR）却在任何显

著性水平下不平稳，不满足同阶单整，因此必须进行二阶差分。

表 4-19　模型变量一阶差分的 ADF 检验结果

| 变量 | 类型（C，T，P） | ADF 检验值 | 1% | 5% | 10% | 结论 | Prob. * |
|---|---|---|---|---|---|---|---|
| D（LNRLG） | （C，T，1） | -5.406985 | -4.416345 | -3.622033 | -3.248592 | 非平稳 | 0.0012 |
| D（LNRLD） | （C，T，1） | -6.610400 | -4.416345 | -3.622033 | -3.248592 | 非平稳 | 0.0001 |
| D（LNFR） | （C，T，1） | -2.357332 | -4.416345 | -3.622033 | -3.248592 | 非平稳 | 0.3898 |

说明：表中 C 代表常数项，T 代表时间趋势，P 代表滞后阶数

表 4-20　模型变量二阶差分的 ADF 检验结果

| 变量 | 类型（C，T，P） | ADF 检验值 | 1% | 5% | 10% | 结论 | Prob. * |
|---|---|---|---|---|---|---|---|
| DD（LNRLG） | （C，T，0） | -8.553705 | -4.440739 | -3.632896 | -3.254671 | 平稳 | 0.0000 |
| DD（LNRLD） | （C，T，0） | -10.76277 | -4.440739 | -3.632896 | -3.254671 | 平稳 | 0.0000 |
| DD（LNFR） | （C，T，0） | -4.295249 | -4.440739 | -3.632896 | -3.254671 | 平稳 | 0.0135 |

说明：表中 C 代表常数项，T 代表时间趋势，P 代表滞后阶数

进行二阶差分后，发现 DD（LNRLG）、DD（LNRLD）和 DD（LNFR）在任何显著性水平下都拒绝存在单位根的原假设结论，故各序列含有两个单位根，是二阶单整 I（2），这样我们就可以对其进行协整关系检验。

3. **协整检验**

由上述分析可知 LN（FR）、LN（RLD）和 LN（RLG）均为一阶单整序列，因此这些同阶单整序列可能存在协整关系，即从长期来看各变量可能存在均衡关系。于是对 LNFR、LNRLD 和 LNRLG 进行协整检验，并对金融发展与农牧民收入水平间的关系进行分析。

第一步，用 OLS 方法对回归方程进行估计，得到回归结果见图 4-20。

得到回归结果：

$$LNFR = 7.7343 - 0.4568LNRLD + 0.7318LNRLG + u \qquad (10)$$

$$(10.80731) \qquad (-1.898103) \qquad (4.4665)$$

$$R^2 = 0.6715 \qquad D.W = 0.4964$$

常数项和 *LOGRLD*、*LOGRLG* 均通过了检验。

View | Proc | Object | Print | Name | Freeze | Estimate | Forecast | Stats | Resids

Dependent Variable: LNFR
Method: Least Squares
Date: 06/10/16 Time: 17:56
Sample: 1990 2014
Included observations: 25

| Variable | Coefficient | Std. Error | t-Statistic | Prob. |
|---|---|---|---|---|
| C | 7.734346 | 0.715659 | 10.80731 | 0.0000 |
| LNRLD | -0.456824 | 0.240674 | -1.898103 | 0.0709 |
| LNRLG | 0.731842 | 0.163850 | 4.466538 | 0.0002 |

| | | | |
|---|---|---|---|
| R-squared | 0.671544 | Mean dependent var | 7.644024 |
| Adjusted R-squared | 0.641685 | S.D. dependent var | 0.760179 |
| S.E. of regression | 0.455039 | Akaike info criterion | 1.375300 |
| Sum squared resid | 4.555334 | Schwarz criterion | 1.521565 |
| Log likelihood | -14.19125 | Hannan-Quinn criter. | 1.415868 |
| F-statistic | 22.49005 | Durbin-Watson stat | 0.496412 |
| Prob(F-statistic) | 0.000005 | | |

图 4-20 变量 LNRLD 对 LNFR 的最小二乘回归结果

（10）式方程表明了在 1990—2014 年上述三个变量之间存在长期的均衡关系。从模型的回归结果可以看出，就长期而言，农牧民收入与金融发展效率呈正向关系，与金融发展规模呈负向关系。这说明 1990—2014 年，青海民族地区金融发展效率不断提升，有利于农牧民收入增长；而金融发展规模对农牧民收入的增长显然是不利的因素。

第二步，对残差序列平稳性检验，对其进行 ADF 单位根检验，检验结果见表 4-21。

表 4-21 回归方程残差平稳性检验结果

| 变量 | 类型（C，T，P） | ADF 检验值 | 1% | 5% | 10% | 结论 | Prob. * |
|---|---|---|---|---|---|---|---|
| 回归残差序列 RESID01 | （N，N，1） | -2.793555 | -2.669359 | -1.956406 | -1.608495 | 平稳 | 0.0074 |

说明：表中 C 代表常数项，T 代表时间趋势，P 代表滞后阶数

从检验结果来看，回归方程残差序列在 1% 的显著性水平下拒绝原假设，接受不存在单位根的结论，则 D（RESID01）是平稳的，所以 LN（FR）、LN（RLD）和 LN（RLG）之间存在协整关系，即农牧民收入与农村金融发展规模和效率间存在长期均衡关系。虽然，回归分析中的 LN

（RLD）和 LN（RLG）均通过了 t 检验，但回归的拟合优度很低，说明金融发展总体水平不能对农牧民增收起到很好的促进作用，农牧民收入的增加相当部分是靠农畜产品价格上涨、财政补贴等转移性收入。这与目前农村金融的信贷结构和功能与农牧民增收的实际资金需求不太协调的实际情况相吻合。

4. **脉冲响应**

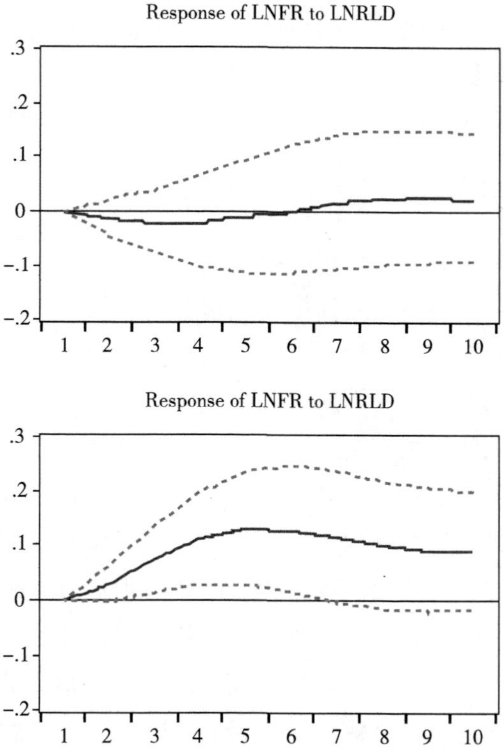


**图 4-21　LNRLD、LNRLG 对 LNFR 的脉冲响应函数图**

我们利用 Sins（1980）提出的自向量回归进行冲击效应分析，以进一步探寻农牧民收入与农村金融发展规模、金融发展效率之间的关系。图 4-21 显示的是农牧民收入对农村金融发展规模、金融发展效率信息波动的相应途径。图中的横轴表示冲击作用的滞后期间数（单位：年度），纵轴表示农牧民纯收入的响应，中间的蓝线表示脉冲响应函数，代表了农牧民纯收入对相应的金融发展水平等的冲击反应，两侧红线表示正负两倍标准差偏离带。可以发现，当在本期给农村金融发展规模（RLG）一个正冲击后，农村金融发展规模的正向冲击对青海藏区农牧民收入的影响在第一期到第六期是比较显著的负向影响，到第七期之后开始缓慢增长，第十期开始又缓慢回落。这一现象说明农村金融发展规模对农牧民收入的正向促进作用有一定的滞后期，并且具有较长的滞后效应。当农村给金融发展效率（RLD）一个正向冲击后，在第一期没有影响，在第二期后开始有正面影响，在第五期时给农牧民收入的正面影响最大。第五期以后这种正面影响渐渐减弱但仍较为稳定，表明农村金融发展效率受到某一正面冲击后，对农牧民收入会带来同向的冲击，而且这一冲击具有明显的促进作用。

## 五、研究结论

实证研究结论：农牧业生产的稳定发展对农牧民整体收入水平提高有较强的促进作用，同时也会起到推动农村金融加快发展的作用。银行信贷支持对促进农牧业发展会产生一定程度的正面效应，同时会对实现农牧民增收具有推动作用。农牧民收入与农牧区储蓄体现为相互促进的正相关关系，即农牧民收入的增长有利于丰富农牧民储蓄的来源，农牧区储蓄规模的扩大对农牧民收入增长具有显著的促进效应；农牧民收入的稳定增长可在一定程度上促进农村金融的发展。为实现农牧民收入增长，信贷支持投向选择依然是以支持传统的农业和牧业生产为主；由于现阶段农牧民工资收入主要是打工的收入，因此信贷支持农牧民职业技能培训也是一个努力的方向。农村金融发展效率与农牧民收入之间呈正相关关系，即基于农村储蓄—投资转换率的农村金融发展效率的不断提升，对农牧民收入的增长起积极促进的作用。农村金融发展规模与农牧民收入增长之间呈负相关关系，反映出青海藏区农村金融发展规模较小，农村金融发展相对滞后，农村金融规模总量未能成为促进农牧民收入增长的解释因素，信贷供给总量严重不足，未能与农村金融需求相适应，严重阻碍了农牧民收入的增长。

实证分析表明：1990—2014 年，青海藏区农村金融发展与农牧民收入增长之间存在长期均衡关系。金融支持是农牧业发展和农牧民增收必不可少的因素，金融发展有利于农牧民收入的稳定增长。但目前青海藏区农村金融发展相对滞后，金融约束现象在农牧区依然比较突出，经济社会发展仍然缺乏足够的金融资源，农牧民仍然普遍受到不同程度的金融抑制，金融供给难以满足其特殊的金融需求，金融机构对农牧区信贷投放不足的现状并未得到根本性改变，致使金融对农牧民收入增长的贡献度不高。为此，需要根据青海藏区发展的实际情况，推进农村金融体制改革进程，完善农村普惠金融体系，实现农村金融资源的高效配置，进一步促进农牧民收入的增长。

# 第五部分

## 青海藏区农牧民收入增长缓慢的金融因素分析

从“九五”开始，国家把加快西部少数民族地区经济的发展，提高到实现跨世纪战略目标的高度。2008 年，国务院制定了《关于支持青海省等藏区经济社会发展的若干意见》；2010 年，制定了《中共中央国务院关于加快四川云南甘肃青海四省藏区经济社会发展的意见》，作为指导藏区加快建设全面小康社会、实现民族地区长治久安的纲领性文件，从国家层面提出了一整套非常符合青海藏区实际的发展战略决策。地方经济的发展离不开金融的有效支持，金融以极强的凝聚力和渗透力而成为现代经济的核心。一个高效的金融系统能通过资源配置、信息传递、风险管理、监督指导等功能的发挥，有效地推进经济发展，而贫困国家或地区经常与之相伴的是低下的金融发展水平，易使经济增长陷入低水平的贫困陷阱。青海藏区作为当前国家重点支持发展的地区，其自身蕴藏的开发潜力以及国家赋予的各项优惠政策都将成为今后一段时期推动该地区社会经济发展的良好机遇和巨大动力。面对难得的历史机遇，如何深入分析青海藏区经济社会发展的金融瓶颈，及时调整相关的金融政策，促进青海藏区经济社会发展是亟待研究的重要问题。

为了能够全面有效地反映青海藏区金融的发展情况，课题组选择了海北藏族自治州和海南藏族自治州为个案调查的对象，对部分农牧户和金融机构进行了实地调查。海北藏族自治州和海南藏族自治州均位于青藏高原东北隅、青海省东北部，经济发展以牧业为主，是农牧结合的民族地区。

海北藏族自治州总面积为 3.41 万平方千米，辖门源回族自治县、祁连县、刚察县、海晏县和青海湖农场，30 个乡镇、214 个行政村。2014 年末，总人口达29.66万人，其中农牧人口21.92万，占总人口的73.90%。全州存栏各类牲畜335.51万头（只），有天然草场3972万亩，占全州土地总面积的67.7%，是青海省高原现代生态畜牧业示范区和藏青稞、北方小油菜制种基地。

海南藏族自治州总面积为4.45万平方千米，辖共和、贵德、贵南、同德、兴海5县和龙羊峡行委，共有36个乡镇，424个行政村。2014年末，总人口为45.90万，其中农牧人口27.70万人，占总人口的60.34%。全州共有可利用草场面积4947.22万亩，占全州土地总面积的74%，占全省可利用草场面积的10.4%。全州各类牲畜存栏472.98万头（只），是青海省重要的畜牧业生产基地之一。

目前，青海藏区农村金融服务体系形成了一个以农村信用合作机构为基础，商业性金融与政策性金融分工协作的正规金融服务体系和非正规金融服务体系并存的格局。①

## 一、青海藏区正规金融的发展状况及存在问题

### （一）正规金融的发展状况

#### 1. 金融服务能力逐步提高

近年来，青海藏区加大金融机构建设力度。金融机构服务体系由单一的银行业金融机构向银行、保险、融资担保公司、资金互助社、小额贷款公司等非银行金融机构并存的金融服务体系转变，金融服务覆盖面拓宽，并逐步向乡镇延伸服务范围。课题组对海北州和海南州金融状况的实际调查显示，截至2014年，海北州有5家银行业金融机构，银行营业网点58个，保险机构4家，担保公司5家。2011年末，祁连县央隆乡信用社的成立，消除了海北州金融服务空白乡镇，实现了全州乡级以上金融服务全覆盖。海南州拥有7家银行业金融机构，银行营业网点68家（见表5-1、5-2），保险机构7家，小额贷款公司2家，融资性担保机构1家。通过表5-2，我们可以看出，海北州和海南州的金融机构网点数呈现增多的趋势，而且日益多元化，金融机构通过不断优化信贷结构，拓宽融资渠道，不断提升金融服务水平，有效促进了地区实体经济的平稳较快发展和转型升级。同

① 钱水土，姚耀军．中国农村金融服务体系创新研究［M］．北京：中国经济出版社，2010.

时，为扎实推进农村支付体系建设，进一步改善农村牧区支付服务环境，青海省积极督导涉农金融机构深入农村牧区，特别是在金融机构缺失的边远农牧区，设立助农取款点、智能支付终端以及 POS 终端等金融服务网点，向农牧民群众提供小额提现、转账缴费等助农取款服务，初步建立起支农、惠农、便农的支付绿色通道，全力打造农牧区助农取款服务。调研显示，截至 2014 年末，海北州和海南州分别设立助农取款服务点 253 个和 160 个，各行布放 POS 机 841 台和 1300 余台，ATM 机布放 81 台和 140 台，极大地满足了农牧区群众的金融需求。

表 5-1 海北州、海南州银行业金融机构构成统计表

| 地区 | 农行 | 建行 | 农发行 | 邮政储蓄 | 青海银行 | 农村合作银行 | 农村信用社 | 合计 |
|---|---|---|---|---|---|---|---|---|
| 海北州 | 7 | 3 | 3 | 10 | 1 | — | 34 | 58 |
| 海南州 | 13 | 3 | 2 | 12 | 1 | 11 | 26 | 68 |

表 5-2 海北州、海南州银行业金融机构数量统计表

| 地区 | 2008 年 | | 2009 年 | | 2010 年 | | 2011 年 | | 2012 年 | | 2013 年 | | 2014 年 | |
|---|---|---|---|---|---|---|---|---|---|---|---|---|---|---|
| | 农信社网点数 | 金融机构网点数 | 农信社网点数 | 金融机构网点数 | 农信社网点数 | 金融机构网点数 | 农信社网点数 | 金融机构网点数 | 农信社网点数 | 金融机构网点数 | 农信社网点数 | 金融机构网点数 | 农信社网点数 | 金融机构网点数 |
| 海北州 | 32 | 53 | 34 | 55 | 34 | 55 | 34 | 56 | 34 | 57 | 34 | 57 | 34 | 58 |
| 海南州 | 37 | 62 | 36 | 65 | 36 | 64 | 24 | 64 | 26 | 68 | 26 | 68 | 26 | 68 |

### 2. 金融资源利用率稳步提升

金融资源，指金融领域中关于金融服务主体与客体的结构、数量、规模、分布及其效应和相互作用关系的一系列对象的总和或集合体。总体包括金融环境、金融制度、金融机构、金融工具，以及能以货币计价的对经济发展具有重大影响的金融资产，如银行信贷、证券市场融资、信托投资等。由于海北州、海南州金融弱势，在此仅以银行信贷代表金融资源进行相关分析。

由表 5-2 可知，2008—2014 年，海南州和海北州银行业运行保持了平稳健康的发展态势，银行业金融机构各项存款、贷款均呈现增长的态势

（见表 5-3）。海北州存款余额从 2008 年的 28 亿元增至 2014 年的 110.9 亿元，增长了 82.9 亿元；海南州存款余额从 2008 年的 34.4 亿元增至 2014 年的 152.4 亿元，增长了 118 亿元。从总量上青海藏区正规金融发展呈现一种积极态势，分析原因应该是改革开放后，居民的收入在不断增加，除了维持正常的生活以外，人们基本上把剩余的货币存入银行，导致了存款额的增加。对于贷款，因为农牧业产业化发展，农村个体工商户的数量不断增多，农牧民对货币的需求不断增加，从而导致了农牧民开始向金融机构寻求贷款。同时，也可以看出农牧民存款增加的速度要远远快于贷款，表 5-3 显示，2008—2009 年农牧民存贷款余额增加较为缓慢，之后农牧民存款加速增长，而贷款增长却较为缓慢，导致青海藏区存贷款之间的差额越来越大，银行业金融机构存贷比整体提高。2014 年，海北州银行业金融机构存贷比为 61.50%，较年初增长 26.94 个百分点；海南州银行业金融机构存贷比为 59.25%，较年初增长 19.05 个百分点。从存贷差来看，两州均呈现贷款余额小于存款余额，并呈逐渐扩大的趋势，大量资金存入或流出本地，可见银行金融机构信贷资金充裕。

**表 5-3　2008—2014 年海北州和海南州金融机构人民币存贷款余额**

单位：亿元

| 项目 | 2008 年 | | 2009 年 | | 2010 年 | | 2011 年 | | 2012 年 | | 2013 年 | | 2014 年 | |
|---|---|---|---|---|---|---|---|---|---|---|---|---|---|---|
| | 海北州 | 海南州 | 海北州 | 海南州 | 海北州 | 海南州 | 海北州 | 海南州 | 海北州 | 海南州 | 海北州 | 海南州 | 海北州 | 海南州 |
| 存款 | 28.0 | 34.4 | 36.2 | 44.0 | 52.9 | 164.0 | 72.2 | 96.7 | 91.8 | 121.0 | 97.3 | 131.6 | 110.9 | 152.4 |
| 贷款 | 6.8 | 7.0 | 10.2 | 8.9 | 16.1 | 53.6 | 19.3 | 24.6 | 25.5 | 35.0 | 33.6 | 52.9 | 42.7 | 62.1 |
| 存贷差 | 21.2 | 27.4 | 26.0 | 35.1 | 36.8 | 110.4 | 52.9 | 72.1 | 66.3 | 86.0 | 63.7 | 78.7 | 68.2 | 90.3 |
| 存贷比（%） | 24.29 | 20.35 | 28.18 | 20.23 | 30.43 | 32.68 | 26.73 | 25.44 | 27.78 | 28.93 | 34.56 | 40.20 | 61.50 | 59.25 |

资料来源：2008—2014 年海北州和海南州国民经济和社会发展统计公报

青海藏区正规金融取得长足发展的同时，也面临着不容忽视的问题，农牧业资金投入有限、农户和农牧民微小企业融资难等问题仍较为突出，青海藏区金融体制改革仍未跟上农牧业战略性结构调整的节奏。

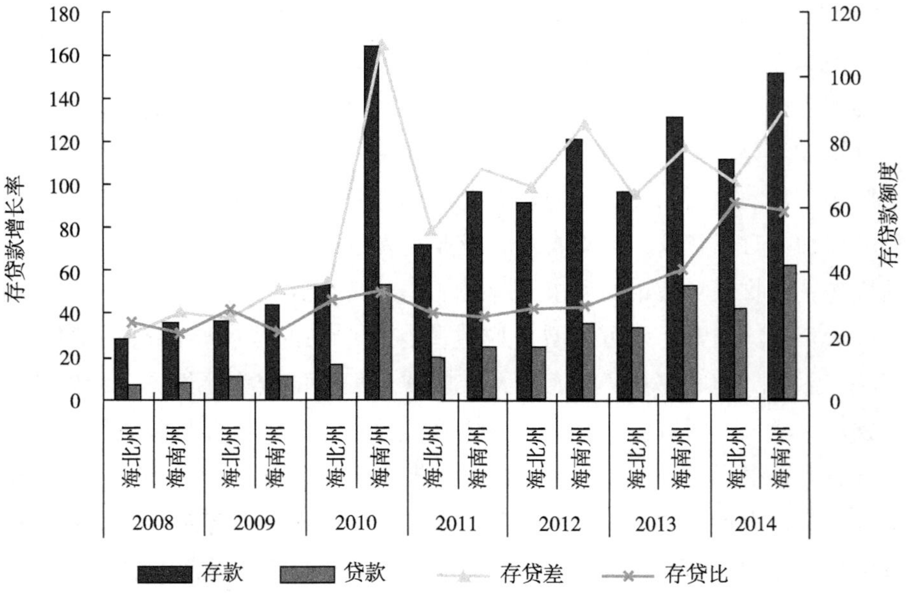


图 5-1　2008—2014 年海北州和海南州金融机构存贷款情况

### 3．普惠金融发展取得了明显的成效

近年来，省政府出台了一系列的金融支农、惠农、助农政策，为农牧区普惠金融发展创造了良好的环境。人民银行通过加强“窗口指导”，引导金融机构坚持服务“三农”的宗旨，不断加大支农力度，为农牧民提供了多方面的金融服务，小额信贷、农业保险、惠农银行卡等逐步在农牧区得到推广。人民银行还创新推出了农牧民专业合作社贷款、中小企业协会担保贷款、草场抵押贷款、惠民扶贫贴息贷款、小额农户联保贷款等适合“三农”的融资性贷款产品，有效拓宽了抵押担保范围和融资渠道，农牧区信贷可获得性明显提高，在一定程度上解决了农牧民生产生活对资金的需求，也使农牧民享受到了安全、快捷、高效的金融服务。与此同时，积极探索开展“政府＋金融”的金融开发示范区工作新模式，引导农信社或农商行加大与政府扶贫部门的联动合作，充分利用政府扶贫开发资金的担保撬动效应，引导金融机构建立金融扶贫主办行制度，增加对贫困地区弱势群体的信贷支持和金融扶贫力度。以海北州为例，截至 2014 年末，落实下岗失业小额担保贷款 11013 万元，发放贴息贷款 2200 万元，贴息 37. 25 万元。对辖内三县的 7 个村开展金融扶贫示范区试点，共注入财政扶贫担

保资金 900 万元，金融机构累计发放扶贫贷款 8366 万元。

### （二）正规金融发展存在的问题

#### 1. 金融服务网点严重不足

自国有商业银行实行商业化改革，进行扁平化管理以后，国有商业银行开始从青海县域实施战略性撤退，纷纷撤并县及县以下分支机构，基本上只在州府、县府所在地及经济相对发达乡镇布局网点。截至 2014 年末，青海农牧区尚有金融机构空白乡镇 79 个，占全省乡镇数的 21.64%，虽然乡镇一级金融服务覆盖率大幅度提高，但金融服务仅限于基本的存取款服务。尤其是在藏区六个自治州，除海西蒙古族、藏族自治州金融机构设置相对健全外，其余五个藏族自治州金融机构单一。证券、保险、担保、信托和租赁等金融机构缺失，90% 的村社无金融网点，平均 1 个网点服务区域近 2000 平方千米，平均 1 名从业人员为 510 人和 171 平方千米的区域提供金融服务；超过 7 成的农牧民家庭既无存款也无贷款，唯一一次到县城取款就是领取生态补偿款。[①] 农业发展银行和农业银行受管理体制制约，对县域经济的支持逐渐萎缩，大部分农牧区只有农村信用社和邮政储蓄机构，邮政储蓄机构业务范围又狭窄，主要是吸收存款，一些偏远地区还存在金融服务空白现象。

#### 2. 农牧区金融市场缺乏竞争

国有商业银行的商业化改革所导致的直接后果就是从农牧区撤退，各行纷纷撤并网点、收缩权限，从而使农村信用社在农牧区正规金融市场处于垄断地位，而垄断的金融市场一般都是低效率的。农业银行在乡镇网点减少，农发行缩小为粮棉油收购贷款，客观上赋予农村信用社一家独大的局面，可是不少信用社由于农牧区经济发展落后的制约却无法长期承担农牧区金融发展主力军的角色。单一的金融供给主体导致金融机构在农村信贷额度、期限、定价等方面创新动力不足，资源配置效率欠佳。

#### 3. 单一模式与多元需求不协调

以农村信用社为主体的正规金融体系无法满足农牧民和小微企业对金融服务的多元化需求。“我国农村金融体系的发展方向应是，将一个主要通过行政指令来决定资源配置的、政策性和商业性不分的半计划经济模式

---

① 孙向前，高波. 四省藏区金融精准扶贫路径探究 [J]. 青海金融，2016 (2).

的农村金融体系转变为一个多样化、以商业性金融机构和合作金融机构为主导、由政策性金融和民间金融作为补充的农村金融体系。这里的合作金融机构指的是真正的、以服务社员为目标、能够自负盈亏的合作金融机构。"① 现代农牧业资金需求已扩展到农畜产品加工、流通、特色种植与养殖业、农（牧）家乐建设等领域，信贷需求数额增大、用途多样、主体变化、期限延长，而农村信用社受资金实力不强、历史包袱沉重，无法满足日益多元化的需求。

4. 农牧区资金大量外流

截至2014年末，银行业金融机构从海北州和海南州吸收的存款余额为263.29亿元，而发放的贷款余额为104.83亿元，共从这两个地区转移资金158.46亿元。这两个州共有银行业金融机构126个，平均每个乡镇被银行业金融机构转移的资金高达1.26亿元。这表明，农牧区资金外流现象严重，极大地削弱了农牧区经济发展的资金保障实力。青海藏区经济本身落后，农牧业的生产受自然环境影响巨大，加上农户效率低下的自给自足式生产方式，导致农牧区缺乏投资机会。虽然有大量农牧民外出打工，但其收入又通过金融机构回流到发达地区，导致的结果就是农牧业、农牧民难以获得足够的发展资金，陷入融资难的恶性境地。

5. 农牧区信用环境不尽如人意

农牧区征信体系建设滞后，农牧民与金融机构之间没有形成良性互动，存在故意拖欠贷款、逃废银行债务的现象。如贵南县、同德县和刚察县部分农牧民还款意识较差，不能按期归还银行贷款，有些农牧民在还款违约问题上甚至出现攀比现象，排斥、指责及时偿还银行贷款的群众，致使辖区的农信社收紧了小额信贷规模，从而也影响了农牧民正常的融资活动。黄南州由于巨额扶贫贷款沉淀，商业银行将该地区列为高风险地区。

## 二、青海藏区非正规金融的发展状况及存在问题

非正规金融是一个和正规金融相对的概念，对于非正规金融的界定，理论界尚未达成一致认识。亚洲发展银行的定义为，不受政府对于资本金、储蓄和流动性、存贷利率限制、强制性信贷目标以及审计报告等要求

① 钱水土，姚耀军．中国农村金融服务体系创新研究［M］．北京：中国经济出版社，2010.

约束的金融部门。从全球来看，世界各国都普遍存在非正规金融，正规金融无法完全满足现实与潜在的金融需求，非正规金融有其存在的必要性并占据重要位置。在我国，有组织、合法的正规金融和无组织、非法的非正规金融同时存在的二元金融结构充分显示了我国普遍存在的金融抑制现象，农村更为突出。我国农村经济的发展依靠要素投入的增长，其中资本是最重要的变量。阻碍我国农村经济发展的主要因素就是资本的高度稀缺，但是正规金融纷纷从农村撤走，导致金融供给短缺。非正规金融借机在农村迅速壮大，为农村社会与经济发展提供了有力的金融支持。

活跃在我国农村的非正规金融主要有民间自由借贷、合会（如轮会、标会、摇会等）、民间集资、私人钱庄、典当、农村合作基金会、民间票据贴现等形式。在青海农牧区，非正规金融更多地表现农牧民个人之间、个人（含私营企业主）与民间金融组织之间的货币性借贷融资。民间借贷游离于正规金融机构之外，比较隐蔽，任何相关的机构都难以对其运行情况有一个全面准确的了解。①

于是课题组为掌握农牧区非正规金融的发展情况，深入海北州和海南州进行多次调研，访问县农业银行、农村信用社的负责人与员工了解情况，同时深入到农牧民家中，针对民间借贷情况向农牧民展开问卷调查，获得了宝贵的第一手资料。

### （一）农户民间借贷的状况

#### 1. 民间借贷的覆盖面

青海藏区由于农牧民面临贷款难的问题，包括高利贷在内的民间借贷比较盛行。据回收的621份（海北州288户、海南州333户）有效问卷显示，有453户参加过民间借贷活动，比例为72.95%，没有参与民间借贷的为159户，占25.6%。在453户参与民间借贷的农户中，15户为贷款户，438户为借款户，借款户占民间借贷农户数的96.69%，由此可以看出在青海农牧区民间借贷覆盖面广泛。

#### 2. 借贷资金的需求

农牧民借贷需求按照产生的动因可以分为生活消费需求、生产发展需

① 苏士儒，段成东，等．从非正规金融发展看我国农村金融体系的重构［J］．金融研究，2005（12）．

求、非正常需求。生活消费需求主要是基本生存需要、子女教育、婚丧嫁娶、治病医疗等引起的资金需求；生产发展需求包括农户开展种植业和畜牧业生产的资金需求和中小企业、龙头企业的生产经营资金需要；非正常需求指除以上需求之外，应对突发性事件等所产生的资金需求。

表 5-4　农牧户借贷资金需求

| 资金需求 | 海北州 | 比例（%） | 海南州 | 比例（%） |
|---|---|---|---|---|
| 生活消费需求 | 338 | 58.58 | 431 | 58.48 |
| 生产发展需求 | 173 | 29.98 | 183 | 24.83 |
| 非正常需求 | 66 | 11.44 | 123 | 16.69 |

表 5-4 显示，农户发生的借贷资金需求中“生活消费需求”稳居第一位，两州均达到 58%，说明农牧区经济发展落后；生产发展需求位于第二位，海北州比例为 29.98%，海南州为 24.83%。生产发展需求又可分为农业生产和非农生产，目前农业生产中的种植业投入主要由耕地规模决定，绝大多数农户的资金缺口主要是畜牧业和其他非农生产贷款，因此即使是生产发展需求也不可能主要用于农业；非正常需求最低。从海南州和海北州数据结果显示，生活消费需求当中看医治病花费最高，比例为 33.94%；建房、装修借贷次之，比例为 31.60%；子女教育借贷为 27.96%；婚丧嫁娶借贷最少，比例为 6.50%。

表 5-5　农牧户生活消费需求

| 资金需求 | 建房、装修借贷 | 子女教育借贷 | 看医治病借贷 | 婚丧嫁娶借贷 |
|---|---|---|---|---|
| 户数 | 243 | 215 | 261 | 50 |
| 比例（%） | 31.60 | 27.96 | 33.94 | 6.50 |

### 3. 借贷资金额度和期限

在参与民间借贷的 453 户农牧民中，我们获取了其中 422 笔借贷的额度，缺失 31 个样本的数据。通过表 5-6 可以看出，海北州和海南州的借贷额度主要集中在 5000 ~ 10000 元，借贷户占所有借贷户的 31%；其次是 10000 ~ 50000 元，占所有借贷户的 26%；3000 ~ 5000 元和 1000 ~ 3000 元，分别占所有借贷户的19%和16%；50000元以上和1000元以下额度的借贷户数较少，分别占所有借贷户的5%和4%。

表5-6 农牧借贷额度分布情况

| 借贷额度 | 农牧户 | 百分比（%） | 有效百分比例（%） |
|---|---|---|---|
| 50000元以上 | 19 | 4 | 5 |
| 10000~50000元（含） | 108 | 24 | 26 |
| 5000~10000元（含） | 130 | 29 | 31 |
| 3000~5000元（含） | 82 | 18 | 19 |
| 1000~3000元（含） | 67 | 15 | 16 |
| 1000元以下 | 16 | 4 | 4 |
| 合计 | 422 | 93 | 100 |
| 缺失数 | 31 | 7 | |
| 总数 | 453 | 100 | |

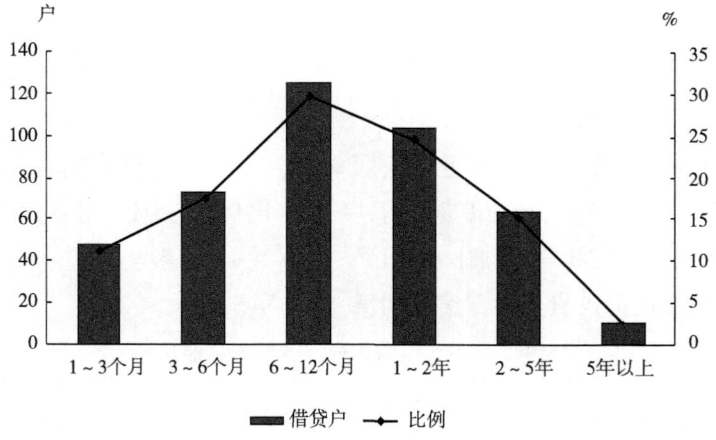


图5-2 农牧民民间借贷期限及比例分布

借贷期限多集中在6~12个月，所占比例为30%；选择1~2年的借贷户的比例为24%；选择3~6个月、2~5年、1~3个月的分别为17%、15%和11%；选择5年以上借贷户最少，占比为2%。

4. **借贷资金的用途**

在对借贷资金的实际用途进行调研时显示，从事生产占24.8%，看医治病占 21.7%，建房、装修占 20.9%，子女教育占 17.8%，其他占 12.1%，婚丧嫁娶最少，只占 2.7%，这说明随着改革开展政策的逐步深入，海南州和海北州农牧区社会经济发展水平稳步提高，农牧民不再局限于将借贷的款项用于建房、子女教育、婚丧嫁娶等消费支出，而是将款项用于生产资金周转以及扩大生产规模等方面。

表 5-7 农牧户借贷资金的用途

| 借贷用途 | 频数（笔） | 百分比（%） |
| --- | --- | --- |
| 从事生产 | 204 | 24.8 |
| 建房、装修 | 172 | 20.9 |
| 子女教育 | 147 | 17.8 |
| 看医治病 | 179 | 21.7 |
| 婚丧嫁娶 | 22 | 2.7 |
| 其他 | 100 | 12.1 |
| 合计 | 824 | 100 |

### （二）企业民间借贷的状况

#### 1. 民间借贷的覆盖面

我们对农牧区的 40 家企业进行了调查，参与民间借贷的有 26 家，比例为 65%，没有参与民间借贷的有 14 家，比例为 35%。由此可以看出，企业参加民间借贷的覆盖面比较大。

#### 2. 企业民间借贷资金额度和期限

表 5-8 企业民间借贷资金额度和期限

| 借贷额度 | 企业 | 百分比（%） |
| --- | --- | --- |
| 300000 元以上 | 2 | 7.7 |
| 100000～300000 元（含） | 4 | 15.4 |
| 50000～100000 元（含） | 3 | 11.5 |
| 10000～50000 元（含） | 11 | 42.3 |
| 5000－10000 元（含） | 4 | 15.4 |
| 3000～5000 元（含） | 2 | 7.7 |
| 总数 | 26 | 100 |

参与民间借贷的26家企业中，42.3%的企业借贷资金分布在10000～50000元，15.4%的借贷资金分布在100000～300000元和5000～10000元，11.5%的借贷资金分布在50000～100000元，其余的分别分布在3000～5000元和300000元以上，各占7.7%。由于青海经济发展程度的制约，企业通过民间借贷能够获得的资金非常有限，300000元以上金融需求更多的是从正规金融机构获取。

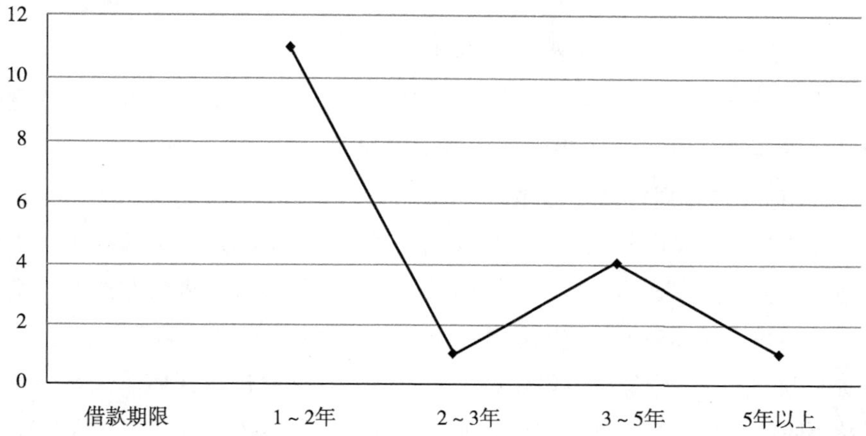


图5-3　企业民间借贷期限分布

融资期限以短期为主，借款期限在1～2年的有11家，2～3年的1家，3～5年的4家，5年以上的只有1家。融资期限短从侧面反映出企业发展非常受限制。

3．**借贷资金用途**

企业在民间借贷的资金大部分用于购买原材料或半成品，这部分比重为46.2%；其次是购买设备，占比为23%；建造厂房位居第三，占比为15.4%；技术改造和其他项目均为7.7%。

表5-9　企业民间借贷资金的用途

| 借贷资金用途 | 频数（笔） | 百分比（%） |
|---|---|---|
| 建造厂房 | 4 | 15.4 |
| 购买设备 | 6 | 23 |
| 购买原材料或半成品 | 12 | 46.2 |

续表

| 借贷资金用途 | 频数（笔） | 百分比（%） |
| --- | --- | --- |
| 技术改造 | 2 | 7.7 |
| 其他 | 2 | 7.7 |
| 总数 | 26 | 100 |

### （三）非正规金融发展存在的问题

青海藏区非正规金融由于其产生与发展的自发性和自主性，以及受经营环境的制约，在发展过程中存在着诸多问题。

**1. 存在与发展的法律缺位**

与正规金融发展相比，非正规金融发展过程中面临最严重的问题在于法律地位的缺失。在我国现行的法律体系下，非正规金融被视为非法的，尤其是存款类非正规金融组织或存款类非正规金融业务。我国《商业银行法》第11条明确规定："未经国务院银行业监督管理机构批准，任何单位和个人不得从事吸收公众存款等商业银行业务。"《中国人民银行法》《银行业监督管理法》也对非正规金融的存在做出了明确的禁止性规定。同时，由于非正规金融活动目前尚未取得法律上的认可，在业务开展方面缺乏相关的指导，也成为政府部门监管的"真空地带"，极有可能引发非法的投融资活动。

**2. 存在大量的债权债务纠纷**

农牧区非正规金融的借贷活动主要表现为两种形式，一是借贷双方口头承诺型。这种形式主要发生在亲朋好友、同学校友、乡里乡亲等熟人之间，当事人完全根据个人的情感、关系及信用做出相应的决策，而无须办理任何手续；二是借贷双方简单签约型。该种借贷形式由于简单方便在农牧区比较盛行，当事人手写一张借条或找一个中间人现场作证即可。借贷期限的长短、借贷利率的高低、偿还方式的明确等问题仅凭双方的感情程度而定。这种非正规借贷活动由于随意性较强，对债务人、借贷用途等缺乏有效的监督，很难保障债权人的正当权益。而借款人由于生产生活所需，借款时不考虑利率、偿还能力等因素，只是考虑一时的燃眉之急。其结果是：一方面，随着民间借贷规模的日趋扩大，参与人数不断增多，使得借贷市场中的信息不对称现象日益突出，导致债权人不能如期收回资金、利息甚至根本无法收回本金；另一方面，债务人不能按时归还借款或根本无能力归还，从而引发债权、债务纠纷。

3. **较低的风险承受能力**

非正规金融由于存在经营规模和范围上的局限性，使其无法享受到规模经济所带来的业务经营成本降低的好处，资金运用的领域也受到极大限制，致使非正规金融不能通过多样化的资产业务来规避风险。青海农牧区非正规金融组织通常活动于亲朋好友、同学校友、乡里乡亲等熟人之间的借贷圈或者是在基本借贷圈基础上扩展形成的跨地域、跨熟人的借贷圈。这些借贷圈所形成的借贷关系错综复杂，一旦某笔借贷出现违约问题，就可能引发一系列的信用风险，进而产生较高的关联性效应，由此带来的债务危机将会波及借贷圈中的所有企业、家庭和个人，从而对整个社会产生极大的负面影响。

4. **大大削弱了货币政策的效果**

非正规金融体系中所融通的民间资金基本游离于中央银行和监管部门之外，这些处于体制外的金融资本，不受监管部门的监督和影响，在运行时甚至会和宏观调控的方向背道而驰，使得宏观调控的难度和复杂性进一步加大，在一定程度上削弱了货币政策的效果。同时，非正规金融活动的随意性、自发性和逐利性使得其大部分资金在短时期内流向技术含量低、眼前收益高的行业。其结果是：一方面，会促使一些热点行业规模不断扩张；另一方面，容易带来低水平项目重复建设的产能过剩。

## 三、青海藏区农村金融供需失衡及原因分析

### （一）农村金融需求分析

农村金融需求不是一成不变的，它会随着经济发展的不同程度而变化。青海藏区农村金融需求的主体主要有：一是农牧户需求。根据农牧户的金融需求特征，农牧户可以分为贫困农牧户、维持型农牧户和市场型农牧户（见表5-10）。他们在金融需求方面虽然同质，但金融需求特征和满足金融需求的手段却不一致。贫困农户的生产和生活资金都较为短缺，他们对贷款融资有需求，但是贷款风险大，违约风险大，被排斥在正规金融服务组织的贷款供给范围之外，只能以特殊的方式满足资金需求。例如，政策性金融的优惠贷款资金、民间借贷、财政性扶贫资金，通过这些方式

满足其资金需求；维持型农户，基本解决了生活温饱问题，较为讲信用，金融机构一般以信用放款的方式对其进行小额放贷，贷款回收率一般在90%左右。[①] 该农牧户群体也是农村信用社主要的贷款供给群体；市场型农户，是以市场为导向进行专业化技能型生产的农户，对于贷款资金的需求在三者中为最大，但因为缺乏有效的承贷机制和商业贷款供给所要求的抵押担保品，而难以获得金融机构的贷款。二是农村企业需求。农村企业可分为农村资源型乡镇企业、形成中的龙头企业、龙头企业。农村资源型乡镇企业立足于当地资源，多数通过乡镇政府投资、扶持发展，生产面向市场的资源产品，基本处于完全竞争状态，市场供给和需求变化大导致其贷款的风险也大。虽然乡镇企业一直是农业银行金融供给的主体，但是成长中的龙头企业融资难一直是较为突出的问题。“龙头企业 + 基地 + 农户”以其特殊的产业连带效应和对农民增收的特殊影响力，一直被公认为我国农业产业化发展的主体模式。龙头企业大都具有一定规模，资金实力较为雄厚，贷款风险小，一般较易获得商业金融机构的贷款。

表 5-10 青海藏区农牧户金融需求主体、金融需求特征及满足方式

| 金融需求主体 | 金融需求特征 | 满足金融需求的主要方式 |
|---|---|---|
| 贫困农户 | 生活开支等 | 政府扶贫资金、民间借贷、政策金融 |
| 维持型农户 | 生活开支、小规模农牧业生产贷款需求 | 自由资金、民间借贷、农村信用社贷款 |
| 市场型农户 | 专业化、规模化生产和工商业贷款需求 | 自有资金、民间借贷、部分商业性贷款 |

为了反映当前藏区金融市场真实的供求状况，促进藏区普惠金融的发展，2012—2013 年，课题组多次深入青海藏区各州县针对农村金融问题进行了问卷调查与实地考察。我们通过与政府相关部门、金融监管部门、金融机构、企业和农牧民等的广泛交谈，了解到了农村金融发展的现状、存在的问题。

1. **青海藏区农牧户金融需求的分析**

（1）样本农牧户的基本情况

① 马晓河，姜长云．加快农村金融体制改革的若干建议［J］．浙江经济，2003（15）．

我们调查的对象重点是海南州和海北州农牧民，被调查的农牧民共621户（海北州288户、海南州333户），农户家庭规模最小1人，最大12人，在农户家庭总人口3009人中，劳动力人口为1541人，占比51.21%，户均劳动力人口2.48人。作为农村经济的基本单元，劳动力规模普遍偏小。从农牧民家庭的受教育程度来看，小学文化水平304人，比例为48%；初高中文化水平255人，比例为40%；大学或其他为82人，比例为12%；由此可见青海藏区农牧民的文化教育水平偏低（见图5-4）。

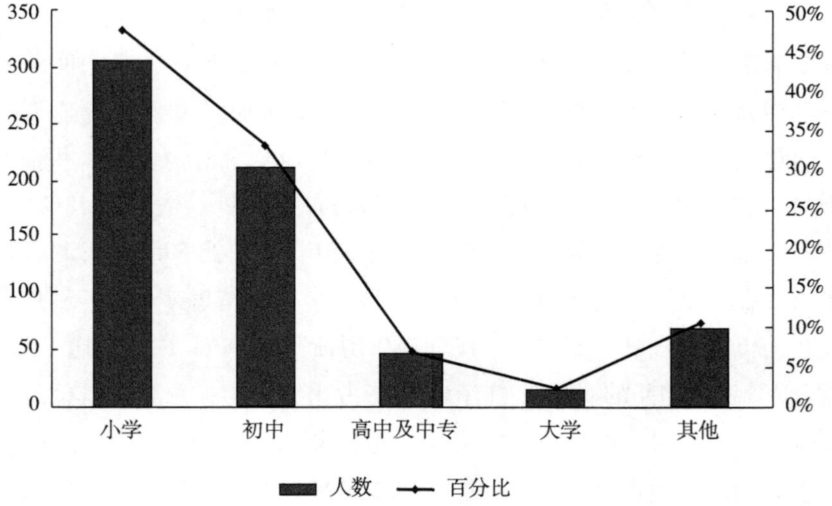


**图5-4 农牧民受教育程度**

调查发现，从事传统农业的农户为255户，基本占据半壁江山，达到41.06%；其次是以副业为主的农户有153户，占24.64%，第三是以农业生产为主，牧业生产为辅为主的农户为126户，占20.29%（见表5-11）。

**表5-11 农牧民主要从事的经营活动**

| 主要从事的经营活动 | 海北 | 海南 | 农牧户 | 所占比例（%） |
| --- | --- | --- | --- | --- |
| 农业生产 | 90 | 165 | 255 | 41.06 |
| 农业生产为主，牧业生产为辅 | 45 | 81 | 126 | 20.29 |
| 农业生产和牧业生产各占一半 | 3 | 30 | 33 | 5.31 |
| 牧业生产为主，农业生产为辅 | 14 | 19 | 33 | 5.31 |
| 牧业生产为主，农业生产为辅 | 11 | 10 | 21 | 3.38 |

续表

| 主要从事的经营活动 | 海北 | 海南 | 农牧户 | 所占比例（%） |
| --- | --- | --- | --- | --- |
| 以副业为主 | 125 | 28 | 153 | 24.64 |
| 合计 | 288 | 333 | 621 | 100.00 |

（2）样本农牧民的金融需求

一是贷款需求，在对海北、海南州621户农牧民调研当中，向金融机构有贷款需求的农牧户为492户，所占比例为79.23%；二是中间业务需求，随着藏区经济的不断发展，农民收入逐年增加，闲余的资金不断增多，金融需求也呈现多元化。在对“您需要当地金融机构提供哪些金融服务业务”调查时，选择“转账汇款业务”的有134户，占比21.58%；“代收水费、电费、保险金等各种费用”的有370户，占比59.58%；“代理销售各种商业保险”的有30户，占比4.83%；“代理销售基金及各种理财产品”的有6户，占比0.97%；“代理销售国债”的有12户，占比1.93%；“代理保管贵重物品的服务”的有14户，占比2.25%；选择“其他的”的有172户，占比27.70%。由此可见，近些年来，青海省落实各种支农、惠农政策措施，使青海农村牧区经济发生了翻天覆地的变化，全省农牧民收入保持较快增长。随之，农牧民的金融需求也呈现出多元化、多层次的基本特征；三是公益性金融服务需求，因为金融机构逐利性目标，往往忽略了不以盈利为宗旨的公益性金融服务，致使农牧民经常遇到金融政策咨询难、投资理财难、兑换钱币难、鉴别金融事件真假难等问题；四是保险需求，农牧民在满足了生活、生产基本需要后就会追求更高层次的安全需求，这种需求在金融方面表现为保险需求。随着农牧民生产经营的规模化和资金投入的扩大化，以及频繁的自然灾害所带来的沉重损失，使农牧民的风险意识也在逐步增强。他们在生产方面需要借助农业保险“保驾护航”，以减少损失、化解风险；在生活方面需要医疗、养老以及财产和人身安全。在调查问卷中，当被问到“您觉得保险对您的生活、生产有帮助吗?”时，有477户农牧民选择“有”，占到总农户的76.81%。当问到“您购买过或参加过保险吗?”时，选择“财产保险”的有137户，占比28.72%；选择“养老保险”的有363户，占比76.10%；购买“农牧业保险”的有175户，占比36.69%；购买“人身意外保险”的有172户，占比36.06%；选择“合作医疗保险”的有436户，占比91.40%；购买“投资类保险”的有9户，占比1.89%；选择“其他的”有107户，占比22.43%。通过数据统计可以看出，青海藏区农牧民的风险意识是比较强的，对养老保险和合作医疗保险的需求比较高，参与的农牧民较多。

（3）样本农牧民的金融需求特征

①农户信贷需求旺盛，但贷款额度小、期限短。在621个样本农户中，有492户向正规金融机构提出贷款申请，所占比例为79.23%，可以看出大部分农牧民有融资需求，资金需求比较旺盛。最低融资金额为0.2万元，最高为33万元。融资在5万元以下的农牧民共有436户，占到所有融资总户数的88.61%；融资在5~10万元的农牧民有48户，占到所有融资总户的9.76%；融资在10万元以上的农牧民有8户，占到融资总户的1.63%，可见农牧民融资的额度还是以小额为主。

在向正规金融机构借贷的农牧民中，选择的融资期限一般在6个月至1年；1年以内的借款农牧民为309户，占到所有借款户的62.80%；1年以上的借款农牧民为183户，占到所有借款户的37.20%。所以农牧民的借款期限基本上以短期为主。

②农牧民融资主要满足生活性需要。农牧民家庭融资资金的用途可分为生产性用途和生活性用途。调查显示（见表5-12），农牧民借款主要满足生产性需求比例为37.96%，满足生活性需要的比例为62.04%，其中用于建房和装修的为19.97%，子女教育为16.01%，就医治病为22.09%，婚丧嫁娶和其他共占3.97%。由此可知，青海藏区的经济发展水平还是比较落后的。

**表5-12　农牧民向金融机构借款用途**

| 借款用途 | 频数（笔） | 百分比（%） |
|---|---|---|
| 从事生产 | 287 | 37.96 |
| 建房、装修 | 151 | 19.97 |
| 子女教育 | 121 | 16.01 |
| 就医治病 | 167 | 22.09 |
| 婚丧嫁娶 | 29 | 3.84 |

续表

| 借贷用途 | 频数（笔） | 百分比（%） |
|---|---|---|
| 其他 | 1 | 0.13 |
| 合计 | 756 | 100 |

③民间借贷在发达州县及欠发达州县更为突出。在对民间借贷情况进行调研时，我们扩大了样本范围，共对 847 户农牧民进行调查，其中 643 户农牧民参与了民间借贷，占比 75.91%。从表 5-13 可以看出，海西州和黄南州的农牧民参与民间借贷的现象最为突出，所占比例分别为 81.25%、90.91%。海西州在青海省属于经济较为发达地区，黄南州属于经济欠发达地区。2013 年，海西州地区生产总值达到 609.7 亿元，海北州地区生产总值为 112.26 亿元，海南州地区生产总值为 117.12 亿元，黄南州地区生产总值为 66.47 亿元，从经济发展水平可以印证。这两个地区的农牧民参与民间借贷的比例也是最高的，所以民间借贷现象在较发达地区和欠发达地区比较突出。

表 5-13　样本农牧户参与民间借贷情况

| | 总样本 | 海西州 | 海北州 | 海南州 | 黄南州 |
|---|---|---|---|---|---|
| 农牧户 | 847 | 160 | 288 | 333 | 66 |
| 参与民间借贷农户 | 643 | 130 | 218 | 235 | 60 |
| 所占百分比（%） | 75.91 | 81.25 | 75.69 | 70.57 | 90.91 |

### 2. 青海藏区农村企业的金融需求分析

企业发展规模和速度决定其信贷需求的意愿和取得贷款的能力。青海省的农牧区企业大多数是小微企业，此外有少部分的龙头企业，具体可见表 5-14。

基于规模和发展的不同，农村企业的信贷需求也不同。小微企业多是由农牧户个体工商业立足于当地资源和服务对象进一步发展起来的，大部分处于培育目标市场或是扩大生产规模的阶段。启动资金大多来源于企业主自身的积累、家人的投资和地方政府的资金支持。生产是面向市场的资源利用型生产，市场变化莫测导致农牧区小企业经营风险较大，因为不具备贷款对于经营规模和效益方面的要求，一般很难得到担保，能够从金融机构获得的信贷支持有限。有一定规模的企业主要也是立足当地资源，并由乡镇投资发展起来，是面向市场的资源利用型生产企业。此类型的企业具备了一定的规模，有一定控制成本的能力，主要依靠低价格进行市场开拓，其大部分资金需求是小额的流动资金需求，风险相对较低，容易获取商业性贷款，但是进行工艺技术改善和扩大生产规模的长期资金需求则很难从商业银行获得。[①] 龙头企业一般通过从商业金融机构获得信用贷款或抵押担保贷款来满足其资金需求。但是，龙头企业主要以加工、营销农副产品为主，农产品生产的季节性非常强，这决定了龙头企业的生产活动具有季节性收购、常年加工销售的特点，企业收购环节资金需求量大，占用资金较多，需要及时提供大量流动资金。因此，固定资产投资不多，没有足够的抵押物，没有可靠的信用担保，而金融机构受抵押担保、贷款期限等规定的制约，很难满足其贷款需求，再加上农村金融机构不健全，机制不完善，信贷资金总量供给不足等方面的原因，都严重制约了对龙头企业的金融服务能力和质量，所以能否获得政府资金的扶持和政策性金融的支持，对于成长中的龙头企业至关重要。

**表 5-14　农村企业金融需求**

| 信贷需求主体 | 信贷需求特征 | 信贷需求满足方式 |
| --- | --- | --- |
| 微型、小型企业 | 启动市场、扩大规模 | 自有资金、民间金融、风险投资、商业性信贷、政策金融 |
| 有一定规模企业 | 面向市场的资源利用型生产贷款需求 | 自有资金、商业性信贷 |
| 龙头企业 | 专业化技能性生产规模扩张及规模化生产贷款需求 | 商业性信贷、政府资金、风险投资、政策金融 |

资料来源：薛欣欣、李立国，论我国农村金融市场三大缺口及其弥合，农村经济，2004（8）

（1）样本企业的基本情况

青海农牧区的小微企业生存基础弱，存活率不高，在管理上多以家族

① 龚明华．我国农村金融需求与金融供给问题研究［M］．北京：经济科学出版社，2009.

式管理为主，没有建立现代企业制度，财务制度不健全，会计报表虚假，有的甚至没有财务报表，导致企业的财务信息很难获取；即使有财务报表，提供的基础财务数据真实度也较低，导致企业金融需求调查难度很大。本次调查的样本企业有40家，由表5-15可以看出，这些企业的资产规模较小，注册资本50万元以下的有29家，占比72.5%；50万～100万元的有7家，占比17.5%；100万元以上的有4家，占比10%。同时，样本企业经营期限普遍不长，企业年龄在5年以下的为37.5%；5～10年的为35%；10年以上的为27.5%。经营范围类似，产业集中现象突出，大多为餐饮、销售、加工行业。

表5-15　样本企业特征表

| | 区间 | 数量 | 占比（%） |
|---|---|---|---|
| 企业经营年限 | 5年以下 | 15 | 37.5 |
| | 5～10年 | 14 | 35 |
| | 10年以上 | 11 | 27.5 |
| 注册资本金 | 50万元以下 | 29 | 72.5 |
| | 50万～100万元 | 7 | 17.5 |
| | 100万～300万元 | 2 | 5 |
| | 300万元以上 | 2 | 5 |
| 员工人数 | 50人以下 | 36 | 90 |
| | 50～100人 | 3 | 7.5 |
| | 100人以上 | 1 | 2.5 |

注：1. 企业类型划分依据工信部、财政部等于2011年6月18日联合印发的《关于印发中小企业划型标准规定的通知》

2. 此表数据根据调查数据汇总所得

（2）样本企业的信贷需求特点

①小微企业虽倾向于正规金融机构融资，但融资意愿不强。“企业最近两年是否向银行或信用社申请过贷款”问题调查显示14家企业申请过，比例为35%，26家企业未申请过，所占比例为65%。这是因为样本企业多为农牧户个体工商业进一步发展形成的小微企业，资金多来源于企业主的自身积累，由于生产规模较小，产品同质化严重且档次不高，利润率低，

难以获得担保机构的担保，银行等金融机构出于自身经营的安全性和营利性考虑，不愿向其提供贷款。同时，因为小微企业资金规模需求小，不足部分通过民间借贷即可完成，所以向正规金融机构提出申请贷款的企业也不多。

为了进一步了解企业选择融资渠道的意愿，我们设置了两个问题，即“企业借款的渠道是什么?”“选择该机构的原因是什么?”，可多选，调查结果显示见表5-16和图5-5。

表5－16 企业融资渠道选择意愿

| 融资渠道 | 频数（笔） | 百分比（%） |
|---|---|---|
| 农业银行 | 13 | 24.53 |
| 农村信用社 | 8 | 15.09 |
| 邮储银行 | 4 | 7.55 |
| 农业发展银行 | 2 | 3.77 |
| 村镇银行或贷款公司 | 0 | 0 |
| 亲友 | 17 | 32.08 |
| 其他 | 9 | 16.98 |
| 合计 | 53 | 100 |

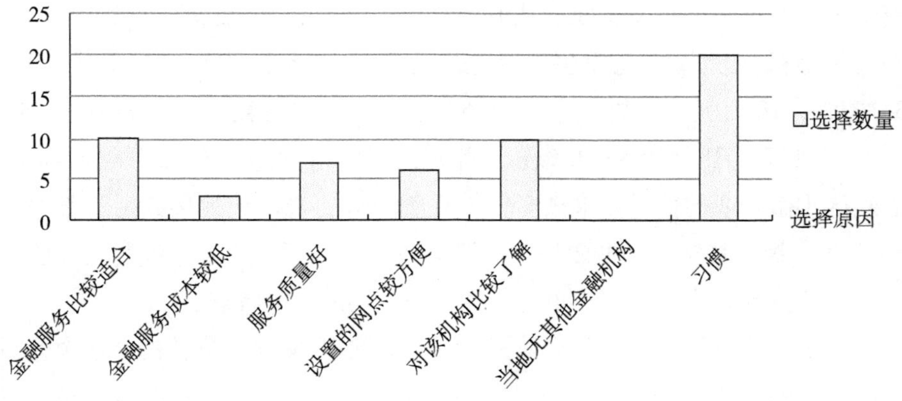


图5-5 企业选择该金融机构的原因

表5-15显示，愿意通过亲友借款和农业银行贷款融资的企业最多，分别为17家和13家，所占比例各为32.08%和24.53%。选择向农村信用社贷款的有8家企业，占15.09%，向邮储银行贷款的有4家，占7.55%，

向农业发展银行贷款的有2家，占3.77%。总体来看，多数样本企业还是愿意选择向正规金融机构贷款融资解决资金需求，共占比例为50.94%，选择其他的融资方式的有9家，占16.98%，没有企业选择村镇银行或贷款公司，是因为调查地区没有村镇银行，而且贷款公司不受当地农牧民了解信任，不愿向其融资。

小微企业选择该融资金融机构的原因调查显示，出于“习惯”者最多，选择的共有20家，占35.71%；“金融服务比较适合”和“对该机构比较了解”的选择均为10家，占比都为17.86%；选择“服务质量好”的有7家，占12.5%；选择“设置的网点较方便”的为6家，占10.71%；选择“金融服务成本较低”的有3家，占5.36%；“当地无其他金融机构”无人选择。农牧地区金融机构选择空间不大，小微企业主对金融服务成本的高低关注度不强，将提供的金融服务是否适合、网点设置对于自己是否方便作为选择依据，一旦选定金融机构之后，为了省去相关手续就不再更换，总是去选定的金融机构办理业务，日渐形成思维定式和习惯。

②小微企业贷款呈现出方式单一、额度小、期限短等特点。调查显示，小微企业贷款方式以抵押、质押和保证等担保贷款为主，40家企业中曾有23家企业通过担保或抵押获取贷款，所占比例为57.5%；获得信用贷款的企业很少，只有7家，占比为17.5%；样本贷款企业（30家）从正规金融机构贷款的规模也比较小，多集中在5万~10万元，比例为36.67%；10万元以上的占比为26.67%；3万~5万元的比例为16.67%；1万~3万元的比例为13.33%；1万元以下的占比为6.67%。由此可见，农牧区小微企业的信贷需求额度较小，所获得的贷款绝大多数期限集中在1~2年，极少数贷款的期限在3年以上和1年以下。这充分说明农牧区小微企业的贷款方式具有方式单一、额度小、期限短等特点。

③小微企业贷款多用于流动资金周转。在30家获得贷款的小微企业当中，有20家表示用于流动资金的周转，占比为66.67%，例如原材料、半成品的购买等；9家选择固定资金贷款，占比为30%；1家为技术改造贷款。可见，资金的流动性是小微企业的生命线。

（3）样本企业对金融服务的评价

①对正规金融机构基本满意。对农牧区的正规金融机构的服务质量进行调研发现，40家农牧企业当中8家表示满意，占比为20%；27家表示

基本满意，占比为 67.5%；5 家表示不满意，占比为 12.5%。由此可见，87.5%的企业对正规金融机构的服务态度给予了肯定。但是贷款需求等不到满足，贷款申请存在“瓶颈”。当问及“企业向银行或信用社申请贷款，申请的额度是否能满足自身发展需求时?”，只有 6 家企业表示基本能满足，占总样本企业的 20%，不能满足的占 80%，可知企业的信贷需求仍然得不到满足，且缺口较大。

②贷款申请抵押担保难、手续烦琐。小微企业因为资信差、不良贷款率高，经营风险大，无法提供合法有效的抵押或质押物，银行对小微企业贷款采取更加谨慎的态度。同时，受小微企业经营活动不确定因素的影响，银行信贷管理制度日趋严格、信贷手续烦琐、费率高，使小微企业财务成本不堪重负。调研结果显示，从图 5-6 可以看出，样本企业所反映的贷款申请办理中的最大问题集中在抵押担保难和手续烦琐两个方面。同时手续烦琐主要是由复杂的抵押担保程序导致。

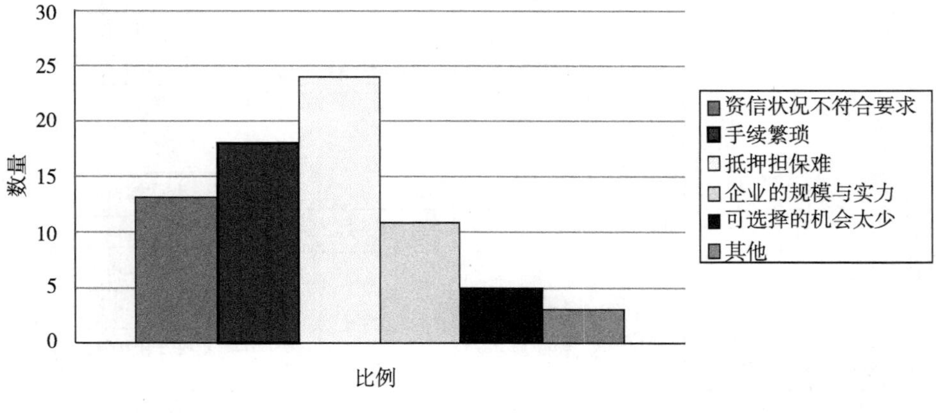


资料来源：根据调查数据整理所得

**图 5-6　贷款申请中遇到的问题**

③参与农村信用社的意愿比较高。针对 40 家小微企业问及“是否愿意入股信用社”，回答为“是”和“否”的企业各有 22 家和 18 家，占比各为 55%和 45%，可见企业对于参与信用社的意愿还是比较高的。进一步调查显示，表示愿意的企业多是出于能过获得更多贷款的目的，表示不愿意的企业是因为对信用社不了解或是没钱入股。

## （二）农村金融供给分析

### 1. 农村金融供给基本概况

随着农村经济的改革发展，我国农村金融体系已经形成了以政策性金融、商业性金融、合作性金融和新型金融机构在内的，以正式金融机构为主导，以农村信用社为核心，以民间自由借贷及一些小额信贷公司等非正规金融机构为补充的格局，具体组织结构见图 5-7。

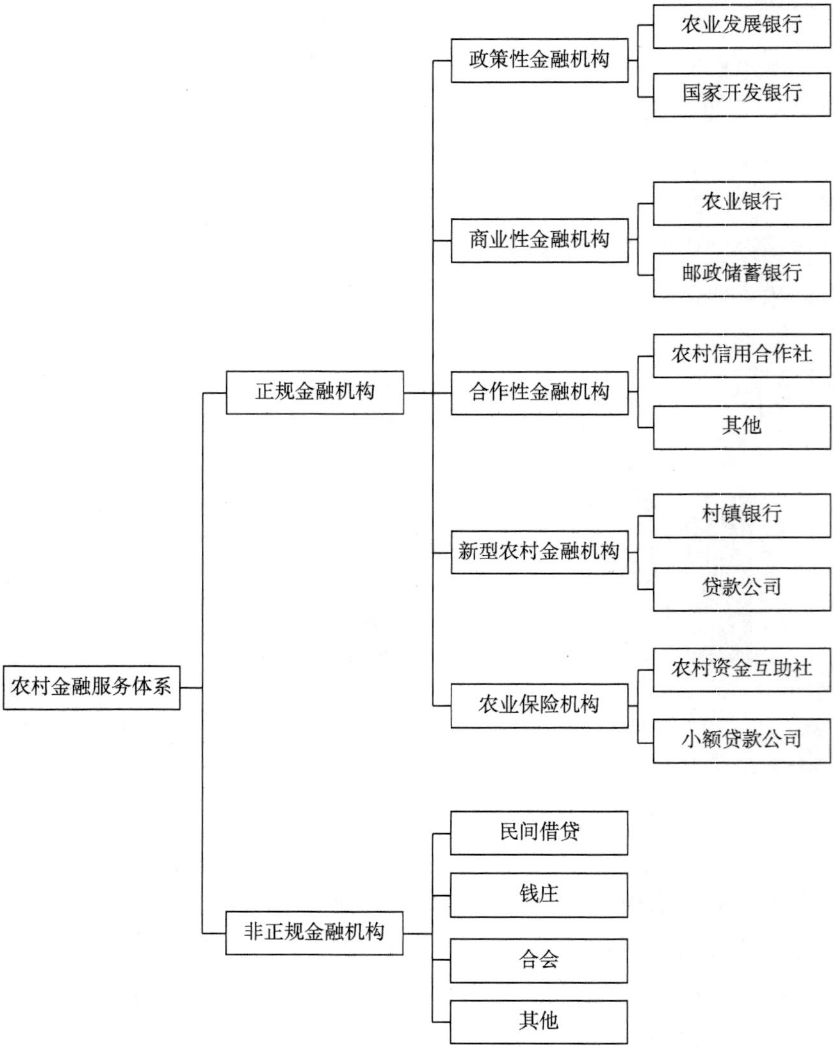


资料来源：钱水土，姚耀军．中国农村金融服务体系创新研究［M］．北京：中国经济出版社，2010.

**图 5-7 中国农村金融服务体系**

青海藏区由于艰苦的自然条件及薄弱的经济基础致使青海藏区金融体系不健全，现有的农村正规金融供给主体是国有商业银行、政策性银行、邮政储蓄银行、农村信用社和农村商业银行等。其中农业银行、农业发展银行和农村信用社是重中之重。而非正规金融供给主体更是少之又少，包括经国家有关机关依法批准设立的，被纳入国家的金融监管体系的非政府控制的金融机构及其金融活动，也包括游离于经国家有关机关依法批准设立的、未被纳入国家金融监管体系监管的金融机构之外的个人与个人、个人与企业、企业与企业之间的资金筹措活动。

（1）农村信用社与农牧区金融供给

农村信用社是藏区农村金融的主体，始终坚持“服务三农、服务中小微企业和服务县域经济发展”的市场定位，致力于打造支农支小金融主力军，在农村的经济发展中起着重要的作用。截至 2014 年末，农村信用社网点有 371 家，占全省银行业金融机构总数的 31%，机构网点遍布全省 95% 以上的县（市、区）和 82% 以上的乡镇。目前，青海省农村信用社已实现全省农村信用社 113 个金融服务空白乡和 4 个金融服务薄弱县、行委的惠农金融服务点布设工作，实现了金融服务空白“双百”覆盖目标（即县乡两级金融服务百分之百全覆盖）。使全省人口最少的果洛州达日县桑日麻乡和距离固定金融网点最远的玉树州曲麻莱县麻格乡的广大牧民均享有了基础金融服务，构建了青海省农牧区基础金融覆盖乡镇的服务体系，成为青海省人员网点最多、覆盖面最广、服务最贴近基层的地方性金融机构，真正解决了老百姓日常生活中基础金融服务缺位的问题，被称为“农牧民自己的银行”。

截至 2014 年，农村信用社各项贷款余额为 312.05 亿元，占全省金融机构贷款余额的 7.49%，其中涉农贷款余额为 236.27 亿元，占农信社贷款总额的 75.71%，占全省金融机构农业贷款总额的 97.40%（见表 5-17），占金融机构各项贷款总额的 5.66%。其中，海北州全州涉农贷款达 33.33 亿元，占各项贷款的 78.07%，海南州涉农贷款达 49.10 亿元，占各项贷款的 79.03%。由此可以看出，在青海农村正规金融供给中，农村信用社发挥着极其重要的作用，近几年农业贷款占金融机构的农贷比都在

78%以上，可是从农村信用社占金融机构各项贷款的比重来看，平均只有4.50%，说明从正规金融组织的农业贷款规模而言，农村信用社还是难以满足农牧民的大部分贷款需求。

表 5-17 2008—2014 年青海省农村信用社存贷款情况

单位：亿元

| 项目 | 2008 年 | 2009 年 | 2010 年 | 2011 年 | 2012 年 | 2013 年 | 2014 年 |
|---|---|---|---|---|---|---|---|
| 金融机构存款余额 | 1383.68 | 1785.78 | 2319.64 | 2825.83 | 3528.41 | 4102.54 | 4529.87 |
| 农村信用社存款余额 | 88.48 | 124.49 | 186.41 | 228.70 | 365.70 | 424.61 | 470.46 |
| 占金融机构比重（%） | 6.39 | 6.97 | 8.04 | 8.10 | 10.37 | 10.35 | 10.39 |
| 金融机构贷款余额 | 1025.63 | 1399.02 | 1822.65 | 2231.52 | 2791.68 | 3398.17 | 4171.73 |
| 农村信用社贷款余额 | 80.84 | 101.75 | 126.97 | 127.73 | 199.91 | 265.72 | 312.05 |
| 占金融机构比重（%） | 7.88 | 7.27 | 6.97 | 5.74 | 7.16 | 7.82 | 7.49 |
| 农业贷款 | 34.20 | 44.64 | 92.80 | 108.70 | 120.09 | 172.02 | 236.27 |
| 占金融机构农业贷款比重（%） | 97.32 | 95.34 | 97.30 | 97.50 | 97.60 | 97.20 | 97.40 |
| 占金融机构比重（%） | 3.33 | 3.19 | 5.09 | 4.87 | 4.30 | 5.06 | 5.66 |

（2）农业银行与农牧区金融供给

活跃在藏区农牧区的商业银行主要是农业银行，农业银行努力践行服务“三农”的社会使命，积极拓展“三农”和县域“蓝海”市场，逐年加大对“三农”贷款的投放力度，支持“三农”发展。2009 年以来，累计发放各项涉农贷款 322.43 亿元，涉农贷款投放占全行各项贷款投放额的 43.95%，涉农贷款余额是股改前的 3 倍多，达到了 195.79 亿元。为适应青海农牧业产业化发展的需要，持续加大对农业产业化龙头企业、高原现代农牧业、新农村新牧区建设、农副产品流通市场建设等涉农项目和客户的信贷支持力度，对国家级和省级农业产业化龙头企业的服务覆盖面分别达到了82.35%和84.44%，为农牧民增收奠定了良好的基础。不断延伸金融服务覆盖面，结合农业区脑山地区和牧业区大部分地区未开通有线固定电话的实际，制定了农区“惠农通”村村通、牧区“惠农通”乡镇通的推广步骤。目前，已在全省县域共布放自助柜员机、智付通等电子设备1278台，设立金融服务站811个，合作完成了298个“万村千乡市场工程”农家店信息化改造工作，将金融服务有效延伸至乡（镇）、村，为广大农牧民提供“足不出村、足不出乡”的现代化金融交易环境。大力扶持贫困地区实体经济、特色优势产业，对优质小企业客户实行差异化、贴身化、精细化和简式快速服务。2009年以来，已累计向青海藏区集中连片特困地区发放各项贷款233.78亿元，推进贫困地区经济社会发展和贫困人口脱贫致富，受益农户达2万多户。但是从2007年到2014年农业银行涉农贷款数额，不难看出农业银行在加快了商业化改造的步伐之后，支农力度逐步弱化，离农倾向严重。

**表5-18　农业银行青海省分行农业贷款规模**　　单位：亿元

| 年份（年） | 贷款余额 | 涉农贷款余额 | 所占比重（%） |
|---|---|---|---|
| 2007 | 143.71 | — | — |
| 2008 | 100.82 | — | — |
| 2009 | 140.97 | 75.72 | 53.34 |
| 2010 | 196.87 | 84.84 | 43.09 |
| 2011 | 235.27 | 95.45 | 40.57 |
| 2012 | 285.36 | 116.52 | 40.83 |
| 2013 | 342.07 | 166.47 | 48.66 |
| 2014 | 410.25 | 195.79 | 47.72 |

资料来源：青海金融界2012年第1期、第2期；中国金融统计年鉴（2008—2015）

（3）农业政策性银行与农牧区金融供给

农业政策性银行是按照国家法律、法规和方针、政策，以国家信用为基础，为贯彻配合政府农业政策，筹集农业政策性信贷资金，承担国家规定的农业政策性金融业务，代理财政性支农资金的拨付，为农业和农村经济发展服务。中国农业政策性银行青海省分行成立于1995年1月，目前在青海省设有 18 个分支机构，其中分行营业部 1 家，市、州分行 7 家，县支行 10 家。作为青海藏区唯一的一家农业政策性银行，目前正处在改革发展的关键时期，以粮油收购信贷为主体，以农业产业化信贷为一翼，以农村基础设施建设、农业综合开发、县域城镇建设信贷业务为另一翼，以中间业务为补充的多方位、宽领域的“一体两翼”信贷支农发展格局初步形成。截至 2014 年末，农发行各项贷款余额达 229.59 亿元，推进了保增收、强基础、重民生宏观政策的实施。其中粮油储备贷款余额达 30.45 亿元，维护了主要农产品市场的稳定；支持农牧业产业化发展贷款余额达 15.51 亿元，有效支持了农牧业产业化龙头企业的健康发展，扶持牛羊肉加工、毛绒、乳业、藏药、果蔬、枸杞等特色产业的发展；鼎力支持农业基础设施建设，农业农村基础设施贷款余额达 121 亿元；大力支持城镇化建设，新农村建设贷款余额达到 62.63 亿元。农发行致力于服务农业农村经济发展，围绕推进城乡发展一体化，信贷支农取得显著成效，彰显了政策性银行在城乡建设一体化、提高农牧业生产能力、改善农村人居环境、发展农村经济方面的重要作用。但由于业务定位界限模糊，补偿机制缺位。融资渠道单一，政策指令性信贷增长潜力有限，市场竞争力不强等问题的存在，也进一步制约了政策性金融功能的发挥。

（4）邮政储蓄银行与农牧区金融供给

中国邮政储蓄银行青海省分行于 2008 年 1 月 25 日成立，是青海省继工行、农行、中行、建行之后的又一大型国有商业银行。下辖 9 个州、市一级支行和 1 个省分行营业部，共有 178 个营业网点，遍布全省城乡，是青海省唯一联网覆盖 100% 的县域和部分乡镇的国有商业银行。近年来，邮储银行结合青海地广人稀、金融网点覆盖欠缺等实际情况，以普惠金融商业可持续发展为导向，不断探索创新普惠金融发展的新模式，为有效缓解小微企业、“三农三牧”及弱势群体金融服务“供需不匹配”“成本高”“风险大”等难题，发挥了积极作用。目前邮储银行 70% 的网点分布在县域和乡镇，为青海省近 300 万农牧民提供包括信贷、个人结算、投资理财、汇兑等全方位的优质金融服务。截至 2014 年末，累计发放涉农、涉牧类贷款 104715 笔，金额达 24.58 亿元，累计向 94243 户农牧民提供了贷款扶持，其中大多数农户受益于贷款扶持走上了致富之路。为了做好农牧区金融服务，还在农牧区支行专门培养了藏汉双语信贷员。向全省农牧民群众开立个人账户达 129229 户，占全部账户的61.6%。这些账户年结算量为1078.67万笔，结算资金达443.61亿元，极大地满足了农牧民外出务工、子女求学等金融服务需求。不仅于此，邮储银行向农牧民开办的账户均免收工本费。此项费用就为广大农牧民群众节省资金38.77万元。与此同时，采取积极有效的措施，服务支持小微企业发展。累计为小微企业发放贷款21231笔，金额61.46亿元。小微企业贷款和涉农贷款余额占全部贷款余额的比重达到51.72%，在全省同业处于较高水平。但是，目前国内各商业银行间业务同质化倾向十分严重，在利率市场化的大环境下，如何运用邮储银行自身优势加快业务转型，体现普惠金融的服务特色，提高自身的竞争优势是重中之重。

（5）民间金融与农牧区金融供给

民间金融源远流长，具有很强的生命力和灵活性。在青海藏区，长期以来为小微企业的生产经营、居民生活消费提供资金支持，对青海藏区经济的发展功不可没。通过调研也证实了这一点，参与民间借贷的农牧民比例高达72.95%，它已成为农村金融市场的一个重要组成部分。民间借贷大多发生在亲朋好友间，由于是互助式的借款，在利率方面多为无息；即使用于生产经营方面的借款利率也在合理区间，期限也较短。相对于正规金融机构的程序复杂、手续烦琐，民间借贷因借贷双方彼此熟悉，一般不需提供抵押品，且手续简便快捷，使得贷款规模小且周转频繁的农牧民容易选择民间金融。民间金融的健康发展也有利于激发农村正规金融机构的进取精神，从而改善其服务质量和水准，不断发展和完善小额信贷业务，以巩固和扩大客户群。随着民间金融的发展，为了克服它自身的负效应，政府势必加大监管和引导，今后民间金融的发展趋势就是专业化、合法化。

（6）新型农村金融机构与农牧区金融供给

2007年以来，青海省陆续成立了乐都县雨润镇兴乐农村资金互助社、称多县清水河镇富民资金互助社、大通县大通国开村镇银行。2009年7月，青海省首批4家小额贷款公司成立（目前已达85家）。自此，青海省内设立的村镇银行、小额贷款公司、农村资金互助社等新型农村金融机构开始运营。在实际业务开展过程中，新型农村金融机构依托主要发起机构的优势，精简组织架构，缩短决策链条，制度完善的信贷风险控制机制，结合“三农”融资需求实际情况，不断创新担保方式，使得县域农村牧区金融市场多元的需求得到一定程度的缓解。同时，新型农村金融机构的问世和发展，有效缩小了城乡金融发展的差距，明显改善了农村金融服务环境。但是，目前新型金融机构在发展过程中面临政策扶持力度不够、支农效果不显著、资金来源不足、服务功能不完善等问题，在一定程度上制约了其进一步发展。现阶段，要积极做好农村资金互助组织、村镇银行的试点工作，明确经营思路，促使其成为农村经济发展的主力军。

2. **金融供给分析**

课题组以海北州和海南州的 9 个县作为调研区域，走访了农信社、农业银行、邮储银行及保险公司等金融机构，通过发放问卷及召开座谈会等形式，对农牧区金融供给的情况进行了解，现将有关情况分析如下。

（1）金融机构贷款风险较大

调查显示，金融机构在给农户或企业办理贷款时遇到的最大问题是无抵押品（担保难），占比达 80%；其次是还款能力差和风险大（经营风险和信用风险），分别占 53.33% 和 46.67%（见表 5-18）。农牧民能够抵押的物品主要是牛羊作担保，而这些资产价值未来受许多不确定因素的影响，难以成为合格的抵押品，而土地、草场、房屋等则不能进行抵押，由此带来了巨大的贷款风险。即使发放担保贷款，也存在农户难以寻求到合格担保人的问题，有些乡村农户都需要贷款时，担保困难的现象尤为突出。同时，农牧民从事种养殖业存在经营风险，且信用环境不理想，贷款难以收回。金融机构为规避风险而选择拒绝贷款。

**表 5-19 银行在办理贷款时遇到的最大问题**

| 遇到的最大问题 | 海北 | 海南 | 金融机构数 | 样本数 | 所占比例（%） |
|---|---|---|---|---|---|
| 风险大 | 3 | 4 | 7 | 15 | 46. 67 |
| 无抵押品 | 7 | 5 | 12 | 15 | 80. 00 |
| 还款能力差 | 3 | 5 | 8 | 15 | 53. 33 |
| 贷款用途不明确 | 1 | 1 | 2 | 15 | 13. 33 |
| 利率过低 | 0 | 0 | 0 | 15 | 0. 00 |

（2）农牧民金融服务的可得性较低

从调查中我们了解到，基层金融机构在服务“三农三牧”发展中实力不强，为农牧民提供服务的数量、质量和服务的能力水平都处在一个较低的层次，难以满足农牧民生产性融资需求，对农牧民收入产生直接的影响。目前，较为突出的问题表现在：金融服务手段滞后，受员工自身素质影响，营业网点基本沿用传统的业务处理方式，效率不高；金融服务网点不足，物理网点覆盖率低，员工服务半径大；金融产品单一，传统的存贷款业务占据主导，服务性和理财性产品占比较低，农牧民资金投资增值途径缺乏。

表 5-20　金融服务“三农三牧”中存在的主要问题

| 存在的主要问题 | 海北 | 海南 | 金融机构数 | 样本数 | 所占比例 |
|---|---|---|---|---|---|
| 金融服务网点不足 | 5 | 5 | 10 | 15 | 66.67% |
| 金融服务手段滞后 | 7 | 5 | 12 | 15 | 80.00% |
| 金融产品单一 | 5 | 4 | 9 | 15 | 60.00% |
| 其他 | 0 | 0 | 0 | 15 | 0.00% |

（3）农信社资金供求矛盾突出

作为金融支农主力军的农信社由于历史包袱沉重，发展基础薄弱。一是资金供求矛盾突出，从走访的各县联社情况来看，农信社吸收的存款量在县域金融机构中占比 20% 左右，而贷款投放量尤其是支贷款在县域金融机构中占比高达 80% 以上，存款根本无法满足农牧户贷款需求，信贷投放资金多以人民银行再贷款来支撑，信贷资金供需矛盾突出。二是不良贷款占比高。目前农信社贷款不良率达 6%，高于其他银行 1 ~ 2 个百分点，不良贷款清收工作难度较大。三是提升自身实力的困难重重。农牧区很多县是人口“袖珍县”，总人口仅万人，每年财政收入几百万元，企业匮乏，服务业发展缓慢，农牧民增收渠道狭窄，农信社增资扩股、壮大实力无从谈起。

（4）农牧民的自我保险意识不强

青海藏区作为高海拔地区，农牧业生产经营活动面临巨大的风险，农牧民可以通过购买保险应对天气变化、自然灾害和市场价格波动所导致的风险，从而稳定收入。但目前农牧民的保险意识淡薄，除政府层面统一推行的养老保险和合作医疗保险外，其他保险的覆盖面很低。特别是在果洛、玉树、黄南等地区开办的主要险种为机动车辆保险和少量的意外伤害保险，而其他涉及保障农牧业生产和农牧民生活的农牧业灾害保险、财产保险的参保面不广，渗透力明显不足。

综上所述，缺乏抵押品，服务网点少、服务手段滞后、产品单一，农信社发展基础薄弱、农牧民保险意识不强等，是目前制约农牧区金融供给不足的主要因素。农牧区信贷市场规模与农牧民的信贷需求不匹配、农业保险市场发展程度与农牧业风险保障需求不匹配、金融产品供给与需求不匹配等，使农牧民的金融服务可得性长期维持在较低水平，农牧民收入增长困难。

（三）金融供求失衡

农业经济的发展水平决定了农村金融的发展程度，同时，农村金融也在一定程度上制约着农业经济的发展。要实现农业的可持续发展，关键是资金要素。随着农村经济的稳步发展，农村金融需求由最初的消费性向生产性转变，规模种养殖业、专业合作社、个体经营和中小微企业发展都需要大量的资金。当农村金融发展不能适应需求的变化，就会导致金融供求失衡。青海藏区农村金融供求失衡不单单是供给不足或是需求不足一个方面，而是资金供给不足和需求不足共生而导致的失衡。从金融需求来看，由于青海藏区传统的生产方式依然占据主导地位，农牧业生产经营组织化程度低，农户规模生产仍占主导地位，分散经营的模式依然在延续，农民加入专业合作社的人数仅占农户总数的21%；[①] 农牧业产业化龙头企业尚处于发展的初级阶段，数量少、规模小；农牧民自身的文化素质较低，这些客观因素的存在，在一定程度上制约了农牧区的金融需求。但事实上，青海藏区农村金融需求的最大问题是农村金融的现有需求得不到正规金融发展的满足，从而抑制了农牧区经济的发展和生产效率的提高，也增加了民间融资的资金成本，这进一步降低了农牧业生产的平均收益率。农村金融机构因为农业平均收益率降低而更加审慎，出于经营的安全性、流动性、营利性的要求而减少或抑制农村金融的需求，从而使农村金融需求进入恶性循环。

**1. 供需总量上的失衡**

改革开放以来，政府在农村实施了一系列的金融改革措施，农村金融供给和需求随之发生了很大的变化，但仍然存在很多问题。

（1）农牧区信贷资金供给不足

① 农业银行青海省分行课题组．金融支持“三农”经济发展思考［J］．青海金融，2015（3）．

随着农村经济结构调整不断深入，农村经济发展的资金需求呈现刚性增长态势。同时，资金外流严重，信贷资金流向、流量发生了新的变化。通过我们对海北州和海南州的调研显示，样本地区有过借贷行为的农牧户所占的比重很大，发生率达到了72.95%，说明农牧民的资金需求缺口较大，信贷需求程度较高。

在现有的金融体系无法有效满足“三农”发展所需的金融服务的同时，农村金融还成了农村资金外流的渠道。在青海藏区的环青海湖地区和三江源地区贷款总量不足百亿元，超过八成的资金外流，留用本地贷款的存款资源不足20%。[①] 金融机构普遍实施“资金上存换生存”的经营战略，注重资金来源，忽略甚至放弃资金运用，有些县域金融机构甚至出现“资产空壳化”现象。目前，在农村开展业务的国有商业银行分支机构在农村吸储能力较强，部分县支行仅有5万元信贷权限，沦为“大储蓄所”，而对于农户和农村中小微企业贷款却较少，导致农村资金转移到城市或大型企业；邮政储蓄银行虽开办了贷款业务，主要也是小额贷款业务；作为服务“三农”的农村信用社，通过缴纳存款准备金、转存中央银行、购买国债和金融债券等方式，也将部分农村资金转移至城市。我们以青海省农村信用社为例，表5-21显示：从2007年到2014年农村资金通过农村信用社流失的资金呈逐年递增趋势，8年共流失资金695.01亿元，平均每年达到86.88亿元，数额较为庞大。

**表5-21　青海省农村信用社资金外流量**　　单位：亿元

| 年份（年） | 存款余额 | 贷款余额 | 存贷差 |
|---|---|---|---|
| 2007 | 70.06 | 62.79 | 7.27 |
| 2008 | 88.48 | 80.84 | 7.64 |
| 2009 | 124.49 | 101.75 | 22.74 |
| 2010 | 186.41 | 126.97 | 59.44 |
| 2011 | 228.70 | 127.73 | 100.97 |
| 2012 | 365.70 | 199.91 | 165.79 |
| 2013 | 424.61 | 265.72 | 158.89 |
| 2014 | 494.50 | 322.05 | 172.45 |

① 孙向前，高波．四省藏区金融精准扶贫路径探究［J］．青海金融，2016（2）．

资料来源：青海省农村信用联社

（2）农牧区金融服务机构网点少且人员不足

近年来，经过各方面的努力，农牧金融服务空白乡镇日趋减少，基础金融服务进一步向农牧区延伸。但目前偏远的农牧区金融机构网点明显不足。偏远地区的金融供给主要是由农村信用社、农业银行、邮储银行等少数网点提供，表现为网点少、金融产品同质性高，未向农牧民提供便捷的、价格合理的贷款产品。如海西州的天峻、乌兰、都兰三县，银行业服务网点覆盖率仅为26.9%，证券、担保和小额贷款公司等金融机构则为空白。[①] 玉树州在乡镇一级还未设有金融机构营业网点，除了玉树市以外的其他县域，只有农行和农商银行两个分支机构。全州6家保险公司，只有人保财险玉树分公司在各县设有分公司。金融机构在偏远地区提供的金融服务总体不足，偏远农牧区发展滞后，加之由于人员流动性强，银行业金融机构人员紧缺。以农行玉树分行为例全州共有职工172人，平均1个县支行只有1.5个信贷客户经理，人员紧缺成为制约“瓶颈”。农牧区分布在非县域的金融机构主要是农村信用社和邮政储蓄银行，导致农村的金融市场没有形成有效的竞争格局，基本处于垄断状态。

（3）非正规金融资金所占份额较大

金融发展实践表明，大型商业银行在农村地区提供的金融服务不具备比较优势，缺少根植农村、贴近农户、符合农村基本需要，其业务活动往往无法适应小农经济，农牧民和小微企业只能向非正规金融进行融资。非正规金融手续简便、不需抵押物，比较符合农牧民的交易习惯和社会心理，在满足农牧民和小微企业资金需求方面具有明显的优势，进而造成他们对非正规金融产生一种严重的依赖，使非正规金融在青海农牧区资金融通中占有较大的比例。

**2. 供需结构上的失衡**

（1）农牧民贷款难和银行放贷难矛盾并存

农牧民人口多、居所不固定、生产经营规模小，对贷款额度需求不大但频次高，且缺乏有效的资产抵押和信用担保，这就决定了现有正规金融

① 人行西宁中支课题组．普惠金融发展研究——以青海省为例［J］．青海金融，2016.（5）．

机构为农牧民提供的信贷资金成本相对较高。同时，农牧业面临自然和市场的双重风险影响，生产经营面临不确定的因素较多，农牧民收入水平较低且增长不稳定，又增加了融资的风险，导致正规金融机构收缩了农村市场信贷业务，将有限的资金投向收益较高的城市和项目，使农牧民贷款日益困难。与此对应的是银行贷款难，当前商业银行正处于转型期，在这种特殊的背景下，多数商业银行为防止新的信贷风险，集中上收分行、支行的信贷权限，实行“集中管理，集约经营”，上收了基层银行机构贷款审批权限和追求不符合经济规律的所谓贷款“零风险”，普遍推行了贷款第一责任人和终身追究制，确立了严格的贷款损失责任追究等贷款谨慎经营机制。但遗憾的是，相应的激励机制却未建立，致使信贷人员的收入与风险不成比例，强化了信贷人员的“惧贷”情绪。基层信贷人员主动开拓信贷市场的积极性和创造性受挫，导致了农村信贷市场由正面激励走向反面约束，由多元化竞争走向单一垄断，农村信贷资源配置效率低下。

（2）金融创新和服务滞后，难以满足多方面的金融需求

农牧区的金融服务需求因融资主体不同，具有多样化、多层次的特征。随着经济的发展，农牧区的金融需求不再局限于普通农牧民维持小规模生产经营需求，农牧区的种养殖大户、个体工商户、家庭农牧场、农牧业产业化龙头企业等开展规模化种养、专业化生产或发展第二、第三产业，对结算、支付方式、金融服务咨询、投资等需求越来越多。但农牧区银行机构金融服务不能适应“三农”发展的需求，用对待大企业的方式对待农牧区的小微企业、用支持工业的方式支持农牧业，城乡无差异的信贷管理加大了农牧区借款人申请贷款的难度。农牧民贷款要经过银行、城建局、国土局、公证处四个部门，要提供房屋权证等10多项书面资料，时间长、门槛高、程序烦琐，且信贷产品单一；中间业务发展缓慢，结算、咨询、融资担保、投资理财等金融服务严重不足，凡此种种，都使得现有金融机构的服务与创新与农牧民多样化需求之间的差距越来越大。

（3）信贷规模和信贷期限的结构失衡

调查发现，一是从事不同经营活动的农牧户和企业对贷款需求存在较大差异，需要银行机构根据实际情况来确定每笔贷款的额度。但现有的农村金融机构为简化程序，采取“一刀切”的方式，统一限定每笔贷款申请的额度，导致部分农牧民虽然获得了贷款，但是小于实际的资金需求。二

是有些小微企业由于受季节因素影响，当旺季资金需求量大时，因为额度的限制而难以保证其有充足的流动资金，致使发展乃至生存困难。三是在农牧业生产过程中，农牧民的正常信贷需求难以满足，有时还会被排斥在正规借贷市场的门槛之外。四是受金融政策和相关规定的限制，农村金融供给的期限结构尚不合理，无法与农牧业生产的周期性相匹配。如中国人民银行总行发布的《中国人民银行对农村信用社贷款管理办法》中规定：支农信贷期限最长不得超过2年，而且不能用新贷款偿还旧贷款。这种期限规定限制了农村信用社以农业生产周期和持续性来确定贷款期限的权利，而只能根据规定的信贷期限来确定每一笔贷款的期限。可见，信贷供求在期限上也存在错位现象。

(4) 保险服务的有效供给与农牧民多层次的需求不匹配

随着农牧区经济社会的发展，农牧民收入来源呈现多元化，农牧民出现不同阶层、职业和区域的分化，农牧民多层次的保险需求初步显现：一是分散经营农牧民的保险需求；二是产业化、规模化、专业化农牧民的保险需求；三是从事服务业农牧民的保险需求；四是失地农牧民的保险需求。但是目前青海农业保险发展相对滞后，政策性农业保险品种少且覆盖面窄，主要集中在大田农作物和藏系羊、牦牛养殖方面，而特色种养殖业则未纳入到政策性保险保障范围之内；商业性保险公司对农牧区保险产品的研发投入太少，城乡保险产品同质化严重，缺乏特色、针对性不强且条款复杂，致使农牧区保险产品的有效供给严重不足。青海省属于我国自然灾害最严重的省份之一，据统计，频发的自然灾害每年造成的经济损失高达几十亿元，而农牧民又是最主要的受害者，所遭受的经济损失达亿元以上，部分农牧民因灾返贫，生产和生活受到巨大影响。2014年，青海农业保险实现保费收入1.41亿元，仅占全年各类保费收入的3.06%，农牧业生产经营风险不能得到及时补偿。农村保险市场发展滞后，又导致了农牧民经济收入稳定性缺乏保障，更增加了农村金融市场的信贷风险。

### (四) 青海藏区金融供求失衡的原因分析

#### 1. 市场原因：垄断条件下的效率损失导致供求失衡

(1) 农村信用社具有垄断地位

“十一五”以来，青海农牧区各金融机构尤其是国有商业银行在“扁平化”经营策略的指导下，采取收缩政策，不断整合、撤并农牧区的分支机构网点，导致农牧区金融机构网点数骤减。2007—2010 年，青海农牧区金融机构的网点数从 902 个减少到 873 个，年平均减少 7 个，撤并的网点大部分属于农牧区等不发达地区，增加的网点主要集中在城镇地区。随着商业银行陆续从农牧区撤出，农村信用社成为许多县乡中仅有的金融机构，真正成为农村金融的主力军和联系农民的金融纽带。农村信用社除果洛州的班玛、久治县和茫崖、冷湖行政区暂未设营业机构外，其他各县级行政区都设有农信社营业机构，是目前青海省人员网点最多、覆盖面最广、服务最贴近基层的地方性金融机构。农村信用社“一农支三农”，占据了事实上的垄断地位。

（2）垄断条件下的效率损失导致供求失衡

现有的农村金融市场是垄断的市场，行业垄断是保证行业顺利发展的极端手段，但是当行业垄断发展到一定阶段的时候，也会因缺少竞争而减弱发展的动力，从而导致企业衰败。农村信用社逐渐垄断了农村地区的信贷资金供应。经济学理论告诉我们，建立在垄断基础上的自由价格决定权带来的是效率与社会福利的极大损失。

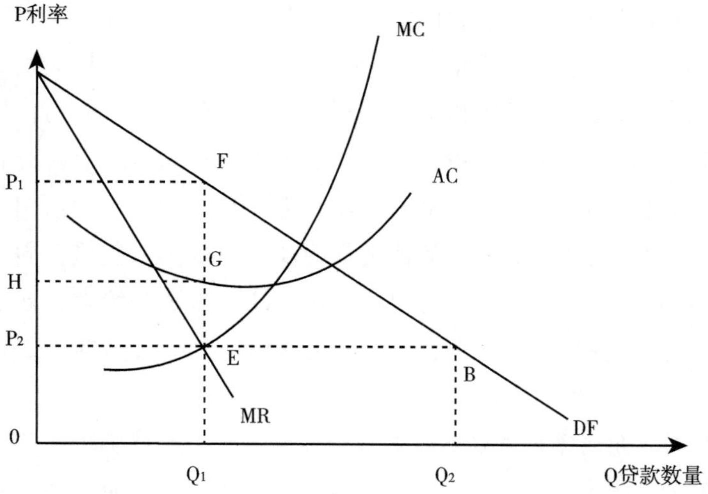


P：贷款利率；Q：贷款数量；DF：贷款需求曲线；MC：贷款边际成本；MR：贷款边际收益。

资料来源：钱水土，姚耀军．中国农村金融服务体系创新研究［M］．北京：中国经济出版社，2010.

**图 5-8 垄断市场下农村金融市场资金供需均衡模型**

图5-8显示，DF为农村信用社面临的需求曲线，是一条向右下方倾斜的曲线，垄断厂商农村信用社可以通过改变贷款量来控制市场价格即利率，销售量和市场价格成反方向的变动。MC为贷款边际成本，可根据企业的资金成本和管理费用测算。由于农村信用社垄断了正规金融市场的信贷供给，而在垄断环境中不存在供给曲线，它只是根据利润最大化原则来运作，当MC = MR，即边际成本等于边际收益时实现均衡，均衡点为E，对应的利率 $P_1$ 即为垄断价格，$Q_1$ 为垄断市场下的供应量。在信贷市场垄断条件下，贷款供给量要比完全竞争条件下的数量小。由于农村金融市场呈供不应求的局面，农民的利率弹性较小，需求刚性增长，$Ed < 1$，通过减少供给量可以增加总收益。在垄断条件下，信息不对称加剧了农村金融市场上的信贷配给失衡。农户得不到正规金融提供的贷款，转而求助于其他替代产品如民间借贷，而民间借贷不论在利率上，还是风险上都有比垄断产品高出很多的社会成本，造成社会效率的损失。①

**2. 制度原因：正规金融机构的功能缺失**

（1）农村信用社自身困难重重，不能满足农村金融需求

农村信用社作为目前农牧区的主要金融机构，是支持“三农”发展的主力军，是联系农牧民的纽带。但由于历史包袱沉重、发展缓慢、创新难度较大等原因，难以有效承担促进“三农”发展的重任。农村信用社的经营目标多元化，既有国家政策性、合作性的功能，又有追求自身利益的本质性，使信贷结构日益呈现严重的“非农化”和“城市化”倾向，使资金大量流向城镇，而真正需要农信社贷款的农牧民得不到贷款。同时，农村信用社的产权不清，使得资金的配置与运用缺乏激励和约束，处于无效率的状态。加之，体制困境约束、技术手段落后、资金实力弱等因素，在很大程度上削弱了金融服务的功能。

（2）国有商业银行难以回归农村金融市场，导致功能缺位

国有商业银行自身的发展定位及经营目标的要求，使得回归农村金融市场阻力较大。一是获取贷款抵押物较难。“三农”自身经济实力较弱，农村经济的弱质性导致大多数农牧民难以向银行提供可接受的抵押担保，即使银行接受了农户住房、农业生产资料、牲畜等抵押品，也难以找到一

① 胡明超．供求均衡视角下培育竞争性农村金融市场问题研究［J］．金融纵横，2008（5）．

个合适的市场处置，这就制约了国有商业银行向农村金融市场回归。二是农牧业经营风险较大。农牧业生产具有周期长、风险大、投资回报率低等特点，商业银行在利益的驱动下，不愿投资农业领域，而将重心集中于大城市、大企业和重点项目，而在农村大量撤并商业银行分支机构，同时又上收贷款审批权限，用高利率鼓励支行将资金上存，实行贷款终身责任制等措施，使基层机构的信贷业务萎缩，沦为“吸存机器”。农业银行在其他商业银行撤离后并没有及时填补网点和业务空白，同时，大量撤并县下营业网点。经营方向也从农村转向城市，引发了农村金融资源的“漏出”，直接导致了金融机构对农业信贷资金投放的逐年减少。

(3) 政策性金融服务功能弱化，支农力度不足

农业发展银行作为唯一的农业政策性金融机构，功能单一，基本上只承担国有粮棉油等流通环节的农产品政策性信贷收购业务。在支持农牧业产业化、农牧区综合开发、农牧区基础设施建设、农业科技创新与推广、农牧业产业化龙头企业信贷资本等诸多制约农村经济发展的关键环节和方面并无明确政策，其支持农牧业发展名不副实。同时，国有商业银行依然承担部分支农政策性业务，不利于政策性资金的统一管理和分配，降低了农业政策性资金的使用效率。而且，随着国家粮油流通体制的深入改革，粮棉油等农产品购销主体日益多元化，农业发展银行也试水商业性业务，这实际上是与商业银行争利，其最初定位的政策职能正在逐步流失。

(4) 邮政储蓄倒吸资金，成为农村资金外流的主要渠道

随着农牧业经济的发展，农村邮政储蓄存款增长迅速。其利用在农村网点多、分布广的特点，大量吸收农村储蓄并转存到上级行，直接分流了农村信用社的存款来源。虽然邮政储蓄在农村从“只存不贷”到提供农业贷款，且主要是小额信贷，每笔贷款数量非常有限。但在某种程度上，邮政储蓄导致了农村资金的大量外流，不但没有起到支农作用，反而成了农村资金最大的“抽血机”，支农效果不尽如人意。

(5) 民间金融规模巨大，形式多样，但规范不足

除财政支农资金投入外，当前“三农”发展资金供给主要由正规金融和非正规金融两条渠道提供。而由于农牧业在生产周期、自然条件等方面的劣势及其高风险特征，使得正规金融的非农化倾向非常明显，大量农村资金从农业领域流向非农业领域，从农村流向城镇，部分地区农村信用社

非农贷款已占贷款总额的半数以上，其支农资金供给能力十分有限。由于农户和小微企业数量众多、分布分散，所以其对金融服务的需求往往具有小额、多次、多样、短期、季节性、缺乏标准抵押品等特点。在这种情况下，相比较于正规金融渠道，分布广泛、分散、多元化的民间金融在满足大量分散农牧户和小微企业的金融服务需求方面有着明显的天然优势。但民间金融由于随意性强、信贷程序不规范等，也面临较大的风险。

（6）农业保险缺位，加剧农村金融供给紧张

现阶段农业保险尚处于探索阶段，缺乏必要的政策支持和法律法规，加之保险公司实行商业化运作，农业保险因其“低保额、低收入、低保障和高风险、高成本、高赔付”的特点，使得许多保险公司望而却步，对开展农业保险业务缺乏积极性和主动性。由于农业保险的缺位，在一定程度上提高了金融机构对农业、农村企业风险的评估，成为金融机构“惜贷”的重要原因，加剧了农村金融供给的紧张状况。

**3. 城乡发展的二元金融结构**

城乡发展的二元金融结构既是形成二元经济结构的原因，也是其结果。和城市金融相比，农村金融发展基础薄弱、农村金融体系不完善、农村金融资源总量配置不合理、农村金融体制改革滞后、农村金融创新不足等。农村正规金融的“城市化”发展倾向愈发明显，非正规金融虽然事实上是农村金融供给的主力军，却仍然受到制度制约和政策限制。可以说，几乎所有涉及农村金融的问题都可以从我国二元金融结构的形成中找到原因，于是有理由认为，国民经济非均衡发展、二元经济结构和二元金融结构的形成，是农村金融市场上供求失衡的根本原因。

综上所述，目前青海藏区农牧区普惠金融发展的基本状况是金融需求主体多样化、需求总量较大，结构复杂，而金融供给体系不健全，渠道单一、缺口大，供需总量、结构不平衡，供需对接困难。随着农牧业和农牧区经济社会的发展，农牧区对金融服务的需求呈现日益扩大及多元化趋势，虽然经过多方努力农牧区金融服务水平得到一定程度的改善，但依然不能满足农牧区经济社会发展的需要，与其旺盛的服务需求存在着较大差距。农牧区金融资金供给严重不足，农牧民贷款难、农牧区融资难已成为解决“三农三牧”问题和全面建设新农村新牧区的重要约束因素。

## 四、小结

（1）金融发展是促进青海藏区经济社会发展、农牧业增效和农牧民增收的重要因素。青海藏区农牧业发展水平低下、农牧民收入增长缓慢与发展滞后的农村金融密切相关，必须高度重视青海藏区农村金融发展及对“三农三牧”的支持与推进作用。

（2）青海藏区农村金融虽然获得了长足发展，但仍然不能满足新农村新牧区建设的需求。正规金融支持“三农三牧”的主力作用未充分显现出来，农牧业资金投入有限、农牧户和中小微企业融资难、融资贵的问题依然比较突出，金融服务和产品创新不足，资金外流现象严重；非正规金融虽然在很大程度上弥补了正规金融的不足，但发展极不规范，蕴含较大的风险因素。

（3）青海藏区农牧区金融需求呈现多元化的发展态势。农牧户、小微企业及龙头企业作为金融需求的主体，呈现需求旺盛的特点（偏远地区、贫困地区除外）；农牧区金融供给由于自然条件等因素的影响，致使金融体系不完善、金融服务总体不足、金融资源配置有限，农牧区金融服务普惠程度不够。农村金融供给不足和需求不足共生导致农牧区金融供求失衡，需要从供给和需求两个方面采取相应的措施来解决失衡问题，从而为农牧业发展和农牧民增收提供良好的金融环境。

# 第六部分

# 青海藏区普惠金融发展的客观基础

## 一、国外普惠金融发展的实践与启示

金融发展实践表明，从小额信贷问世到微型金融出现直至普惠金融的提出与发展，普惠金融已经经历了五十多年的发展历程，在不同国家的发展实践中，探索出了许多成功的模式，其发展经验对于青海藏区普惠金融的发展具有重要的借鉴意义。

### （一）国外普惠金融发展的实践

#### 1. 非政府组织模式——孟加拉乡村银行

孟加拉国是孟加拉乡村银行的起源地，孟加拉国是世界上最贫穷的国家之一，全国近一半人口生活在贫困线以下，传统的农业生产是国民经济的主体。1974 年，为了改善贫困人群的生活，孟加拉国吉大港大学的尤努斯教授从把 27 美元借给 42 个穷人开始，开启了针对贫困人群的小额信贷试验。1983 年，小额信贷实践得到了政府的认可，在政策支持下，尤努斯创办了孟加拉乡村银行——格莱珉银行，专门为穷人提供金融服务。目前，孟加拉乡村银行有 2565 个营业所，覆盖了 81379 个村庄，员工达 22124 名，共发放贷款 113.5 亿美元，回收贷款 101.1 亿美元，贷款余额 9.68 亿美元，还款率高达 96.67%，不良贷款率控制在 2% 以内。

孟加拉国是全球范围内普惠金融发展最成功的国家之一，经过几十年的努力和探索，已经形成了建立在小额信贷基础之上的相对完善的农村普惠金融服务体系。孟加拉乡村银行被誉为世界上规模最大、辐射面最广、效益最佳的普惠金融发展项目和扶贫开发方法之一，得到国际社会广泛的推崇，是发展农村普惠金融最典型的代表。孟加拉乡村银行模式是典型的非政府组织向穷人发放小额贷款以帮助其摆脱贫困的金融模式，通过向贫困群体发放小额贷款帮助其实现脱贫和自我发展。

孟加拉乡村银行模式的核心是确保小额贷款稳定运行的互助小组制度，这一制度促进了小组成员之间的相互监督，并形成了利益共同体，保证了商业贷款本息的安全和可持续性。该制度规定，会员小组由经济条件相近的五位贫困者在自愿基础上组成，银行发放贷款以小组为单位采用顺序放贷的形式，无须借款人提供抵押和担保品，贷款期限一般为一年，采用分期偿还的方式，一年内还清贷款，银行对借款人进行长期扶持，直至脱贫为止。孟加拉乡村银行贷款利率较高，其贷款利率主要分为四种：生产性目的的贷款利率为 20%，住房贷款为 5%，教育贷款为 5%，困难成员（乞丐）贷款利率为零。实践证明，贫困农民对于高利率是愿意承受而且是能够承受的，相对于高利贷，利率稍高的小额信贷成为贫困农民的最佳选择。高息政策虽然也使乡村银行支付较高的存款利息，但由于具有稳定且广泛的资金来源，进一步增强了其贷款能力，从而大大弱化了乡村银行对外部资金的依赖性，银行发展的可持续性明显增强，成为银行成功的关键因素之一。实行强制储蓄是孟加拉乡村银行的一大特色，为了获得贷款，强制借款人必须在银行存款，用于建立互助小组基金，存款人可获得较高的存款利息。实行强制储蓄对于孟加拉乡村银行的健康运行是至关重要的，银行 70% 的资金来自于借款人的强制储蓄和社会公众的储蓄存款，强制储蓄起到了替代抵押品的作用。这一方面降低了贫困者获得贷款的门槛，另一方面又在一定程度上保证了贷款的还款率，大大降低了贷款风险。

孟加拉乡村银行模式是国际上公认的、最成功的信贷扶贫方式之一。它以其扶贫面广、扶贫效果显著，且银行自身完全按市场机制运行，坚持可持续发展，彰显出旺盛的生命活力，被世界银行等国际组织在全球推广。其成功的经验：一是瞄准市场有效的需求，贫困群体庞大的小额信贷需求是其成功的营销市场环境；二是信贷业务实行差异化策略，为帮助穷人获得贷款，推出了无抵押贷款业务，完全不同于传统银行的运作方式；三是建立广泛的业务营销渠道，营业网点覆盖了几乎整个孟加拉国有信贷需求的人群；四是提供贴心服务，一流的金融服务成就了乡村银行。

**2. 正规金融机构模式——印尼人民银行乡村信贷部模式**

印度尼西亚人民银行（BRI）是世界上为农村提供普惠金融服务的最

大的国有商业性金融机构，向本国数百万农村居民提供了大量且可持续性的金融服务，同时在商业运作上也获得了巨大成功，是继孟加拉乡村银行之后的又一普惠金融运作模式的典范。

印度尼西亚人民银行小额信贷的运作是通过农村银行来实施的，农村银行作为单独的财务核算单位，主要分布在农村乡镇或农贸市场。为了降低运行成本，减少机构设置，雇佣的员工主要来自当地，充分利用了农村的人脉资源来解决由于信息不对称所引发的逆向选择与道德风险问题，使信贷人员无须花费过多的时间、精力对贷款进行贷前调查与贷后审查，提高了贷款的安全程度，交易费用大幅度降低，这是其良性循环并取得成功的基础。

BRI 的小额信贷实行分期还款机制，在期限设计上，尽量满足借款人的需要，贷款期限最短为 3 个月，最长为 18 个月，正常营运资金是 24 个月，投资贷款是 36 个月，最基本的偿还方式是按月等额偿还，还有到期一次性偿还的方式，如有特殊情况需要延期，最长可达 9 个月。为保证贷款人能够按期履行还款责任，农村银行规定，贷款人在贷款时先扣除其 10% 的还款保证金，并采取按月收息、分期分批收回贷款本金的做法，对按期还款者给予退息 0.5% 的优惠。这种基于“现金流”理念的贷款管理技术，既可以降低信贷违约风险并获得充足现金流维持健康的财务状况；还体现早期信贷预警功能，可以及早发现具有较大隐患的贷款，以便及时采取应对措施。同时，农村银行不仅在确认贷款人具有偿还能力的前提下才按照程序发放贷款，而且要求信贷员每周至少有一天要下乡回访客户，调查了解贷款人的生产经营和收入来源状况，以便随时掌握相关信息。

BRI 的乡村信贷部下设地区人民银行、基层银行和独立营业中心。独立营业中心是基本经营单位，独立核算，可以自主决定贷款规模、期限和抵押，执行贷款发放与回收。如果借款者在 6 个月内按时还款，银行将每月返还本金作为奖励，实行商业贷款利率；储蓄利率根据存款额确定，存款越多，利率越高。BRI 的乡村信贷部的高利率和高储蓄的政策，保证了金融机构财务上的可持续性。

**3. 非政府组织和金融机构联系密切模式**

印度国有开发银行——印度农业和农村发展银行是将非正规农户互助组与正规金融业务结合起来从事小额信贷业务的模式。该模式始于 1991 年，银行通过其业务部门员工和合作伙伴对由 15—20 名妇女组成的农户互助组进行脱贫动员和开展技能培训工作，按照要求农户互助组内部先期进行储蓄和借款活动，银行按照有关标准进行验收后，直接或通过基层商业银行间接向农户互助组发放贷款。银行对提供社会中介和金融中介服务的合作伙伴提供基础建设和员工培训支持，并对发放小额贷款的基层商业银行提供再贷款支持。该种模式自运行以来，已累计对国内 1200 万贫困家庭提供贷款，覆盖全国 200 多户的贫困家庭。

**4. 国家级小额信贷批发基金模式**

批发式小额信贷机构是孟加拉国一个成功的自主性批发小额信贷机构，受到了国际小额信贷产业界的广泛关注和推崇。孟加拉国政府于 1990 年设立了农村就业支持基金会，基金会的主要目标是：向符合条件的非政府及半政府组织、政府机构、志愿机构和团体、地方政府机构提供金融支持，与这些机构建立合作伙伴关系，共同为贫困群体提供多种服务，为他们提供增加收入的岗位和就业机会。基金会的性质为非营利性股份制公司，所开展的业务仅限于对符合其标准的合作机构提供用于建设和免于担保的小额信贷批发业务。目前，基金会已接纳 190 多家合作机构，已经为 200 多万贫困农户提供了 4. 11 亿美元的小额贷款。

基金会模式的扶贫小额信贷实践对我国扶贫小额信贷产业有直接的借鉴意义。如果在我国现有的正规金融机构中成立类似的这样一个机构，或者在已有的小额信贷机构中酝酿组建这样一个机构，将有利于进一步推动我国小额信贷事业规范、健康地成长。

**5. 巴西代理银行模式**

巴西独特的地理环境使得大银行在偏远的区域设立分支机构非常困难，于是巴西尝试利用一些非银行机构，如将人流聚集较多的药店、面包房、邮局、超市等发展为银行代理机构。通过将银行服务功能及业务分解外包给代理机构，使其经营金融与非金融业务，为顾客提供全方位的服务，如开立和管理简单的存款账户、开展邮政储蓄、信贷、保险和资金转账等各种业务。银行代理服务的重要特点是费用低、程序简化，大大提高了金融服务的效率。依托该种模式，巴西的金融服务扩展到大部分地区，也包括非常偏远的农村地区。当然，依托代理机构的商业银行必须对代理机构的经营行为全权负责。

在 2000—2008 年，巴西国内的银行账户和客户规模都增加了一倍多，这主要得益于代理银行模式的快速发展。与此同时，政府也出台了一系列支持代理银行发展的激励措施，促使代理银行以较低的营运成本开展业务活动，使业务覆盖到更广泛的范围，并以更丰富的形式为客户提供金融服务，努力改进贫困人群利用资金的方式。巴西代理银行模式的成功推出，鼓舞了秘鲁、哥伦比亚、墨西哥和智利等国家，这些国家纷纷借鉴巴西的经验，在本国也实施了代理银行模式。实践表明，建立40家银行代理机构的成本仅相当于建立一家银行分支机构。作为一种不通过分支机构提供银行服务的运营模式，代理银行制度具有低成本拓展金融覆盖率和提高农村资金可得性的优势。巴西代理银行制度为我国弥补农村金融服务空白提供了借鉴和启示。

**6. 印度普惠金融体系的发展实践**

从20世纪中期开始，印度政府和印度储备银行（RBI，印度中央银行）围绕构建普惠金融体系进行了大力的实践和探索，较为充分地挖掘了那些被传统金融体系所排斥的贫困群体的信贷机会，对于改善印度中低收入群体的融资状况起到了积极作用。从20世纪50年代信用合作体系的建立、60年代商业银行的介入、到七八十年代银行分支机构网络的扩张，印度已建立起覆盖全国的金融网络体系。主要包括印度储备银行、印度农业和农村开发银行、商业银行、地区农村银行、农村合作银行（即信贷合作社）和土地开发银行等，① 使金融服务更多地扩展到基层和偏远地区，有效地满足了部分农户家庭的金融需求。

为推进普惠金融发展，印度逐渐形成了政府主导，中央银行、政府、学校等相关部门共同努力、有效协作的②金融知识教育格局，不断加大金融知识的普及力度，以此增强中低收入群体的金融需求。一是RBI启动金融教育普及工程，主要向各类金融服务群体宣传和普及银行知识，涉及中央银行和商业银行的相关知识，并在其网站提供了13种不同语言的版本，以方便公众阅读。值得一提的是，“金融教育网”还为各个年龄段的孩子提供了基本的银行和其他金融知识。二是成立金融教育辅导中心。目前，印度已建立了150多个金融教育辅导中心，以免费的形式为城乡居民提供

① 杨雪．印度普惠金融体系发展实践及对我国的启示［J］．农村金融体系研究，2011（6）．
② 杨雪．印度普惠金融体系发展实践及对我国的启示［J］．农村金融体系研究，2011（6）．

金融教育，使普通居民能够充分了解金融机构所提供的不同种类的金融产品和服务，进而寻求适合自身的金融服务。三是开展普惠金融百分百行动，以降低客户享受金融服务的成本。RBI 要求各家银行为低收入客户提供一个免费或低成本的基本账户，以及推广最高额度为 2.5 万卢比的“通行信用卡”等，把更多的低收入群体纳入到金融服务体系中。

完善激励机制，鼓励银行为社会提供普惠金融服务。一是聘请银行业务联络员。2006 年以来，RBI 允许银行在为公众提供金融服务的过程中，聘请非政府组织、微型金融机构、退休银行雇员、退役军人、退休政府雇员及其他民间社会组织作为银行业务联络员，作为银行与客户之间的纽带。业务联络员的模式大大降低了银行提供金融服务的成本，密切了穷人与金融机构的联系。二是推广网络信息技术。RBI 鼓励商业银行在普惠金融服务实践中运用网络信息技术，以实现金融交易活动的安全性和审计的可操作性，并被跨系统交易的开放式标准广泛接受，如推广运用电子支付系统。三是解除对银行增设分支机构和 ATM 的限制。2009 年以来，RBI 对商业银行布局 ATM 从最初的审批制过渡到了全面放开，ATM 可根据银行业务进行合理布局。同时，5 万人口以下的乡镇商业银行可自由增设分支机构及营业网点，尤其是在县域扩张分支机构至少达到 1/3，银行如果要在主要城市中心设立分支机构，在基层县域扩张分支机构的数量将成为一个重要的考核指标。四是推动银行将普惠金融纳入其内部考核指标体系。RBI 强调，金融机构应当把普惠金融服务作为公司治理的一部分进行监督，并建立、完善与普惠金融相关的激励和约束机制。

### （二）国外普惠金融发展的启示

普惠金融的核心内容是可获得性的，就是在成本可负担的前提下，将金融服务拓展到欠发达地区和社会低收入人群，不断提高金融服务的可获得性，将贫困群体纳入到正规金融服务体系中。国家历来高度重视“三农”、小微企业和低收入人群等经济社会发展薄弱领域或弱势群体金融服务的可获得性问题，并在推动普惠金融方面做出了积极的探索，取得了一定的效果。十八届三中全会通过的《中共中央关于全面深化改革若干重大问题的决定》中明确提出要“发展普惠金融”。因此，充分借鉴国外普惠金融发展的成功经验和操作模式，扎实践行普惠金融的价值理念，对加快构建我国普惠金融体系，推动普惠金融纵深发展，具有非常重要的现实意义。

1．充分认识发展普惠金融的重要性

前联合国秘书长科菲·安南在2003年曾说过："严酷的现实是世界上大多数穷人仍然无法获得可持续的金融服务，无论是储蓄、信贷或是保险。我们所面临的巨大挑战是如何消除阻挡人们全面进入金融领域的那些障碍。""携起手来，我们能够而且必须建立普惠金融体系，帮助人们改善生活。"① 金融发展理论和国内外金融实践充分表明，普惠金融是实现社会公平增长的一个基本要素。从社会发展的全局来看，普惠金融发展对国家、社会以及金融机构自身都是一个共赢格局。从国家层面来看，完善的普惠金融体系有助于促进经济增长和减少贫困；从社会层面来看，普惠金融的健康发展推动了公众生活质量的持续改善，更重要的是，低成本的金融服务能够在很大程度上增强贫困群体对抗疾病、死亡、失业以及意外灾祸等突发事件的处理能力，并使他们能够享受到公平的金融服务，有利于整个社会的稳定；从银行自身层面来看，充裕的且低成本的小额资金来源有助于降低银行机构对大额存款的依赖程度，进而可以更好地加强对流动性风险的管理，改善银行资产负债的错配现象，并加快推进中间业务的发展。

2．加强普通民众金融知识教育

普惠金融的健康可持续发展，有赖于普通阶层和低收入群体的金融服务需求。为此，应进一步强化金融教育，尽可能将基本的金融课程纳入国民教育体系中，培养公民的金融意识，着力提高全民的金融素质。同时，政府相关部门应加强与各部门的协调，整合现有的教育资源，促进金融教育事业的创新与发展。我们要充分发挥中国金融教育发展基金会等公益性组织的作用，加强与金融行业协会、高等学校、科研机构以及世界银行扶贫协商小组（CGAP）等国际组织的交流与合作，加强金融教育培训师资队伍建设，利用金融扶贫平台，广泛开展金融知识进农村、进社区活动，强化农牧民和乡村干部的金融意识，提升农牧民运用金融知识脱贫致富的能力，促进农村金融生态和信用环境的改善。

3．推广小组联保贷款制度

在农牧区普遍缺乏抵押品的条件下，推广小组联保贷款制度是缓解农

---

① 《小额信贷在中国》丛书编委会．小额信贷在中国——国际实践中的小额信贷［M］．北京：中国财政经济出版社，2013.

牧民贷款难的一种有效方式。孟加拉乡村银行的小组联保贷款彻底颠覆了传统的信贷抵押机制，抵押担保制度由内生性的激励机制所取代。联保小组建立在信用基础之上，由不能提供担保或者抵押的低收入家庭组成，成员之间互相监督、互相制约。小组联保贷款模式改变了传统的银行与借款者之间的监督与被监督关系，在一定程度上缓解了农牧区借贷双方所存在的信息不对称问题，大大降低了农牧区金融机构的运营风险。同时，用联保小组的形式替代贷款所需要的抵押和担保不仅降低了还款风险，而且保证了目标客户的还款率。同时，通过建立严密的风险防控体系，以小组成员之间相互担保的方式来对信贷资金进行风险监控和风险转移，可以有效规避信贷风险。

### 4. 以市场为基础减少政府干预

农牧区普惠金融机构的可持续发展不能单单依靠政府的财政补贴，而必须要坚持以市场需求为基础，逐步减少政府干预，体现政府扶贫与小额信贷在资源配置中的不同功能，允许小额信贷机构在法律允许的范围内自主决定利率，取消政府的小额信贷贴息政策，建立小额信贷担保基金，引导各类小额信贷机构遵循商业原则从事经营活动，实现政府扶贫与小额信贷经营的分工与协调。营利性和稳定的后续资金来源是农村普惠金融机构发展的重要保障，由于农村普惠金融所提供的小额贷款具有额度小、频次高、分散化严重的特点，其经营成本和维护成本也高于大额贷款。因此，必须实行较高的贷款利率才能补偿其资金成本、管理费用，以及与通货膨胀有关的资金损失和贷款损失，从而使农牧区普惠金融机构实现盈亏平衡。孟加拉乡村银行成功的关键因素之一就是实行较高的市场利率水平，其贷款年利率维持在20%左右，而印度尼西亚人民银行乡村信贷部实行的贷款年利率更是高达40%左右。二者也都因此实现了盈亏平衡，保障了自身的可持续发展。地方政府在减少干预的同时，应致力于营造有利的农牧区金融发展环境，从而吸引商业性金融或民间资本投资于农牧区金融市场。

### 5. 建立多元化的普惠金融体系

普惠金融本身决定了其发展必须实行多元化体系，以囊括贫困者、高中低收入者和大中小微企业等一切社会群体。在这个组织体系中，非政府组织是主导力量。其遵循市场为基础的原则，包括政府、企业、金融机构在内的多种组织及其运行形式，相互配合，各司其职，各负其责，共同形成一个多层次、多领域的组织和制度体系。首先，在构建多元化、广覆盖的农村金融服务体系的基础上，加强正规金融机构与农村资金互助社、小额贷款公司等民间金融组织的业务互联，实现统筹发展。资金互助社等民间金融组织利用自身的优势，可以有效满足农牧民小额、分散的金融需求，正规金融机构则可以利用民间金融组织在信息、人脉资源等优势；向农村提供金融服务，通过业务互联实现两者的优势互补。一方面，有助于降低正规金融机构为农牧区提供金融服务的成本，促进更多资金流向农村；另一方面，促使民间金融组织努力改善内部治理结构、提升经营管理水平、拓宽资金来源渠道。其次，探索组建针对弱势群体的政策性金融机构，继续发展村镇银行等新型农村金融机构，大力推进贴近社区，服务“三农”、小微企业和低收入群体的社区银行、自助银行、金融便利店等新型网点模式。

6. **运用信息技术降低金融服务成本**

印度普惠金融发展实践表明，设立业务联络员和运用信息技术是降低金融服务供给成本的两大手段。针对边远地区的金融服务空白区域，可借鉴印度等国家的经验，通过设立便民服务点、流动服务站；组建支农联络员队伍等方式，最大限度地为当地提供普惠性金融服务。农村金融机构应根据农村手机和固定电话普及率比较高的情况，积极采用信息技术手段，推广使用银行卡等现代化金融工具，延伸金融服务的时间和空间，着力提高农户获得金融服务的便利性并降低成本。

7. **建立农牧区普惠金融管理制度**

为保障农牧区普惠金融健康、持续地发展，针对农牧区普惠金融机构的发展实际，需要建立比较完善的内部管理机制。其原因在于农牧区普惠金融服务的客户风险承受能力较差，普惠金融机构的发展历史较短，欠缺风险控制的经验，风险一般比商业银行高。首先，应该建立完善的农牧区普惠金融机构监管机制，且在设计农牧区普惠金融监管体系时必须兼顾鼓励性与审慎性的原则。目前许多国家都构建了相对完善的审慎性监管框架，在资本金、资本充足率、准备金及流动性要求等监管指标方面采用了比较严格的管控标准。同时，还应该健全农牧区普惠金融机构的外部监管体系，从不同层面实施有针对性的管理措施，保障机构的正常运作。其次，农牧区普惠金融机构需要配备专业素质较高的工作人员。农牧区普惠金融机构应吸纳专业技能和风险意识较强的管理人员和工作人员参与其经营活动。可根据服务区域的发展状况，为客户提供更加便利和灵活、符合市场需求的金融产品与服务，从而保证农牧区普惠金融机构的高效运转，提高自身竞争力，促进可持续发展。最后，要制定科学合理的管理制度和有效的激励机制。注重对员工的继续教育、职务职称晋升以及对贷款客户的激励，调动员工和贷款客户的积极性。对在岗位上做出突出贡献的员工提供晋升的机会，同时加强对员工能力的培训，把员工培训与企业自身的发展紧密地结合起来使其不断提高工作绩效，提升服务水平和业务质量。

## 二、青海藏区普惠金融发展的经济和政策环境

### （一）青海藏区普惠金融发展的经济环境

改革开放以来，青海经济取得了长足发展，综合实力大大增强，结构调整成效显著，人民生活水平显著提高。

#### 1. 总量快速扩张，实力显著增强

改革开放以来，青海经济发展速度明显加快，质量效益不断提高，经济实力跃上新台阶。特别是从1997年开始，生产总值增速开始超过全国平均水平；2000年以来连续保持10%以上的增长速度；西部大开发以来的15年（2000—2014年）年均增长12.6%。2014年，全省生产总值达2301.12亿元，增速位居全国第10位、西部十二省区第7位、西北省区第3位。人均生产总值由1978年的428元增加到2014年的40004.17元，增长92.47倍，年均增长13.43%。财政收入规模不断扩大，1978年全省总财力7.03亿元，2014年增加到1502亿元，增长了212.66倍，年均增长16.07%。

#### 2. 产业结构日趋合理，所有制结构趋于多元化

三次产业结构由1978年的23.6∶49.6∶26.8调整为2014年的9.4∶53.5∶37.1，第一产业下降14.2个百分点，第二产业上升3.9个百分点，第三产业上升10.3个百分点。与此同时，个体经济、私营经济、外商投资、股份制经济得到较快发展，打破了公有制经济一统天下的局面。1978年，在全部就业人员中，国有经济和集体经济从业人员占86.54%，私营经济和个体经济占13.46%。2014年，私营经济和个体经济达22.6%，比

1978 年提高 9.14 个百分点；非公有制企业从业人员约 70 余万人，分别占全省总人口和就业劳动力的 13.16% 和 24%；全年实现规模以上非公有制经济增加值 40.66 亿元，非公有制经济占全省 GDP 的比重达到 33.1%。

**3. 农牧业稳定发展，农畜产品产量大幅提升**

"十二五"以来，青海省始终把保障粮食等重要农畜产品有效供给作为首要任务，加大政策资金支持力度，充分调动各级政府重农抓粮和农民群众务农种粮的积极性，实现了粮食连年增产。2014 年，粮食产量达到 104.81 万吨，已连续七年保持百万吨以上水平，比 1978 年增长 0.13 倍。畜牧业在控制或减少牲畜存栏数的情况下，加快畜群结构调整，加快牲畜出栏，提高畜牧业商品率。畜牧业生产获得持续、稳定发展，为改善人民生活，活跃城乡市场提供了丰富的畜产品资源。2014 年，全省第一产业增加值达到 215.93 亿元，比 1978 年增长 57.36 倍，年均增长 11.96%。

**4. 工业经济迅猛发展，工业成为经济发展的主导力量**

改革开放后，青海省提出"开发资源、振兴青海"的口号。青海工业发展进入新的阶段，尤其是随着对省情认识的不断深入，青海工业经济发展的战略方针不断调整，优势产业不断得到发展壮大。同时，加大企业改制力度，通过建立现代企业制度、推进企业股份制改造等方式，青海工业经济总量持续扩大，生产能力和活力不断增强，逐步走上了快速发展的新轨道。2014 年，全省规模以上工业企业达到 568 个，工业总产值达到 2655.86 亿元，是 1977 年的 305.7 倍；工业增加值达到 1112.49 亿元，比 1978 年增长了 198.73 倍；2014 年，全省全部工业增加值占 GDP 的比重高达 41.45%，比 1978 年的 35.8% 提高 5.65 个百分点，工业在经济发展中的主导地位不断增强。同时，还解决了大量的城镇人口和农村剩余劳动力的就业问题，大大缓解了就业压力。2014 年末，规模以上工业原煤开采能力达到 2045 万吨，原油开采能力达到 235 万吨，发电设备容量达到 1600 万千瓦，水泥生产能力 2428 万吨，钢材生产能力 200 万吨，铁合金生产能力 261 万吨，电解铝生产能力 222 万吨。工业供给能力的增长，从根本上改变了青海省长期工业品短缺的局面。经过 30 多年的发展，青海工业形成了以十大特色优势产业为主的现代工业体系，为加快青海工业化进程发挥了巨大作用。

5. **城乡居民收入快速增长，生活水平迈进小康**

青海省城镇居民人均可支配收入由1984年的不足700元（684.8元）增加到2014年的22306.57元，增长了31.57倍，年均增长12.31%；农牧民人均纯收入由1980年的204.31元增加到2013年的6196.39元，增长了29.3倍，年均增长10.9%；农村居民人均可支配收入达到7283元。城乡居民储蓄存款由1949年的0.2万元增加到2014年的11640.73亿元，城乡居民人均储蓄存款从0.001元增加到28259元。消费结构基本改变了多年来以吃、穿等生存支出为主的单一格局，住、用、行和文化娱乐等享受和发展方面的消费支出明显提高。2014年，城镇居民消费性支出中用于吃和穿的支出比重为39.9%，比1984年的67.5%下降27.6个百分点，恩格尔系数下降21.6个百分点。农村居民生活消费支出中用于吃和穿的支出比重为39.4%，比1984年的78.4%下降了39个百分点，恩格尔系数比1984年下降了30.8个百分点。

6. **金融服务水平稳步提升，促进地区经济社会发展**

金融服务体系逐渐完善。青海省是一个资源大省，经济穷省。1978年末，全省金融机构数不足300个，从业人员仅3500余人；全省金融机构各项存款余额为11.36亿元，各项贷款余额为7.01亿元，金融市场基本空白。青海金融业就是从这样一个低水平的起点上开始发展。第一，形成以工、农、中、建、交、邮六家国有银行为主体，政策性银行与商业性银行分离，多类型、多层次金融机构并存的现代金融机构体系。第二，体制僵化的国有专业银行逐渐向国有控股商业银行转变，业务范围由单一的信贷业务转变为资产业务、负债业务和中间业务并驾齐驱，本币业务与外汇业务一体化经营。第三，传统、落后、低效的手工操作转变为各项业务操作和客户信息管理电子化。第四，资本市场从无到有，一批优质企业通过发行股票上市并面向社会直接融资，债券、股票、基金、期货成为法人机构和社会公众进行投资的重要选择之一。第五，保险市场由单一的国有保险转变为财险、寿险分业经营；多主体、多险种并存；企业、机关、团体、个人、城市、农村保险业务全面发展。银行、证券、保险业务快速发展，互动共赢，为青海的经济社会发展做出了重要贡献。截至2014年末，青海银行业金融机构总数达47家，保险业金融机构达15家，证券机构公司及营业部达15家；全省金融业实现增加值174.88亿元，金融业增加值占

GDP 的比重为 7.6%；金融机构人民币存、贷款余额分别为 4529.87 亿元和 4171.73 亿元，年均分别增长 19.75% 和 20.39%。金融机构和营业网点遍布城乡，初步形成了银行、证券、保险等多种金融机构并存，全国性、区域性、地方性机构多元发展的金融组织体系，金融服务的覆盖面不断扩大。

农牧区金融服务覆盖面不断扩大。近年来，青海省金融业不断优化服务网点布局，同时加强电子服务渠道建设，努力填补农牧区金融服务空白，农牧区金融服务环境日趋改善。一是农牧区金融服务网点不断增加。截至 2014 年末，全省共设立惠农金融服务点 3412 个，覆盖人口 100 多万，3000 余个村镇，布放机具 3412 台，为农牧区百姓办理业务 50.3 万笔，金额 2.2 亿元，实现了全省 153 个银行网点空白乡镇基础金融服务全覆盖。二是涉农贷款规模不断扩大。截至 2014 年末，全省金融机构涉农贷款余额 1519.26 亿元，同比增长 16.03%。三是农牧区保险服务覆盖率及险种不断扩大。以服务扶贫开发战略和农牧业现代化战略为重点，加大农业保险提标、扩面、增品力度，努力提高农业保险保障范围和水平，政策性农业保险从“十一五”末的 8 种增加到目前的 20 种，藏系羊、牦牛等青海特色保险品种不断丰富，承保区域不断扩大。

出台包容性农村金融政策。根据青海省农牧区经济金融发展特点，为进一步优化农牧区金融生态环境，研究出台了《农牧区信用体系建设经济金融优惠办法》《农牧区互助资金管理办法》等制度，按照信用等级，对信用户、信用专业合作社、信用农业产业化龙头企业，实施了“贷款优先、利率优惠、额度放宽、期限优惠、手续简便”等多种信贷优惠政策，实行贷款“一次核定、随用随贷、余额控制、周转使用”的管理办法。

不断创新金融支农模式。依托信用创建，开发出了“信用户 + 农户联保 + 信用专业合作社”“农户联保 + 担保基金 + 特色农业 + 银行信贷”“担保公司 + 农村合作组织 + 信贷”“一县一品一特色”“协会 + 农户 + 银行”等金融支农模式，金融全面支持农牧产业化、现代化和农牧民增收致富。同时，打造以“银行卡 + POS 机”为平台的支付服务模式，选取金融服务缺失乡镇（村）的供销社、电信收费点、村委会为代理商户，建设投入小、成本低的惠农金融服务点，延伸银行服务网点的触角，方便农牧民“就近享受金融服务、就近领取各项政策补贴、就近了解金融政策”。

健全立体化的金融支农风险补偿机制。发挥财政撬动作用，省、县财政按1：1的比例出资建立了农户小额信用贷款风险补偿资金，对成长型与带动产业链的农业产业化龙头企业贷款给予财政贴息和风险补偿，形成了以财政县级支农信贷担保为主体、多种形式农村信用联保机制为补充的立体化金融支农风险分担与补偿机制。截至2014年末，支农担保资金从1.47亿元增加到3.26亿元，累计撬动支农贷款58.1亿元。在发挥财政资金导向作用的同时，有效撬动了银行信贷资金向“三农三牧”等金融服务薄弱领域的投放。

普惠金融力度不断扩展。青海省全面贯彻党中央、国务院关于普惠金融发展的决策部署，结合省情实际，政府和金融机构围绕普惠金融发展进行了积极有效的探索和实践，初步形成了具有欠发达民族地区特色的“青海普惠金融模式”，有效助推了青海经济社会的发展。一是在全国范围内首创“双基联动”合作贷款模式，有效提升了农村基础金融服务的覆盖面和可得性，实现了基础金融服务均等化。二是加快实施金融精准扶贫，有效对接产业扶贫、异地扶贫搬迁，建立精准扶贫金融服务档案，完善精准扶贫小额贷款保证机制，创新扶贫开发贷款管理机制，建立了多元化的扶贫金融服务体系，目前已覆盖全省42个县（市、区）。三是发挥政策性融资担保作用，先后组建省信保集团、省农牧业信贷担保公司、扶贫开发公司、各市州融资平台等政策担保平台及公司。担保机构通过扩大规模、创新产品，在支持中小微企业、“菜篮子”工程、“三农三牧”扩大融资方面发挥了积极作用。四是各级人民银行综合运用再贷款、再贴现和存款准备金率等多种手段，组织、鼓励、引导和支持金融机构加大对涉农涉牧、小微企业和弱势群体的支持力度，薄弱领域信贷投入进一步加大。同时建立了下岗失业人员再就业的资金帮扶机制、风险补偿与市场化运作的资金助学机制、大学生创业的资金帮扶机制、脱贫致富的资金救助机制。

### （二）青海藏区普惠金融发展的政策环境

发展普惠金融需要一个整体政策的支持，这些政策的制定保证了一个有利于普惠金融发展的良好的政策环境。自2004年以来，连续十一个“中央一号”文件都是针对“三农”问题，提出通过积极探索适合“三农”发展特点的金融服务和产品，促进金融机构多元化，培育竞争性农村金融机构体系地方化、小型化的路径，促进小额信贷、村镇银行等普惠金融机构发展，加快金融制度创新，逐步消除农村地区金融排斥，推进农村普惠金融体系建设的进程。

**1. 中央出台的有关政策性文件**

2004 年中央 1 号文件《关于促进农民增加收入若干政策的意见》提出，“要求从农村实际和农民需要出发，按照有利于增加农户和企业贷款，有利于改善农村金融服务的要求，加快改革和创新农村金融体制。”

2005 年中央 1 号文件《关于进一步加强农村工作提高农业综合生产能力若干政策的意见》指出，“要求培育竞争性的农村金融市场，在有效防范金融风险的前提下，尽快启动试点工作。有条件的地方，可以探索建立更加贴近农民和农村需要、由自然人或企业发起的小额信贷组织。”

2006 年中央 1 号文件《关于推进社会主义新农村建设的若干意见》指出，“鼓励在县域内设立多种所有制的社区金融机构，允许私有资本、外资等参股，引导农户发展资金互助组织。”

2007 年中央 1 号文件《关于积极发展现代农业扎实推进社会主义新农村建设的若干意见》提出，“大力发展农村小额贷款，在贫困地区先行开展发展农村多种所有制金融组织的试点。”

2008 年中央 1 号文件《关于切实加强农业基础设施建设进一步促进农业发展农民增收的若干意见》指出，“要加快推进调整放宽农村地区银行业金融机构准入政策试点工作。”

2009 年中央 1 号文件《关于促进农业稳定发展农民持续增收的若干意见》指出，“在加强监管、防范风险的前提下，加快发展多种形式新型农村金融组织和以服务农村为主的地区性中小银行。”

2010 年中央 1 号文件《关于加大统筹城乡发展力度进一步夯实农业农村发展基础的若干意见》指出，“加快培育村镇银行、贷款公司、农村资金互助社，引导社会资金投资设立适应‘三农’需要的各类新型金融组织。”

2011 年中央 1 号文件《关于加快水利改革发展的决定》提出，“支持符合条件的水利企业上市和发行债券，探索发展大型水利设备设施的融资租赁业务，鼓励和支持发展洪水保险。”

2012 年中央 1 号文件《关于加快推进农业科技创新持续增强农产品供给保障能力的若干意见》指出，“提升农村金融服务水平，鼓励民间资本进入农村金融服务领域，支持商业银行到中西部地区县域设立村镇银行。”

2013 年中央 1 号文件《关于加快发展现代农业进一步增强农村发展活力的若干意见》指出，“改善农村金融服务，加强国家对农村金融改革发展的扶持和引导，确实加大商业性金融支农的力度，充分发挥政策性金融和合作性金融的作用。落实县域金融监管涉农贷款增量奖励、农村金融结构定向费用补贴、农户贷款税收优惠、小额贷款担保贴息等政策。”

2014 年中央 1 号文件《关于全面深化农村金融改革加快促进农业现代化的若干意见》指出，“加快农村金融制度创新，强化金融机构服务‘三农’职责，发展新型农村合作金融组织，加大农业保险支持力度。”

十八届三中全会正式提出“发展普惠金融”，将普惠金融上升到国家战略层面，这一改革目标的确立，为青海藏区发展普惠金融提出了明确指引。

**2. 国家支持青海藏区的相关政策**

近年来，党中央、国务院对青海藏区的发展高度重视和关注，从经济上、政策上、项目上给予大力支持和帮助，青海藏区经济社会得到了巨大发展。2008 年以来，中央出台了一系列支持青海藏区发展的政策措施。国务院《关于支持青海等省藏区经济社会发展的若干意见》和中共中央、国务院第五次西藏工作座谈会《关于推进西藏跨越式发展和长治久安的意见》与《关于加快四川云南甘肃青海四省藏区经济社会发展的意见》精神，为青海藏区经济社会发展提供了政策依据。

2008 年 10 月 15 日，国务院《关于支持青海等省藏区经济社会发展的若干意见》，作为指导藏区加快建设全面小康社会、实现民族地区长治久安的纲领性文件，从国家层面提出了一整套非常符合青海藏区实际的发展方向、重点领域、主要任务、重大项目和支持政策。其既有改善生态环境的任务，也有加快藏区经济社会发展的规划，更有人民生活水平、人均基本公共服务接近或达到全国平均水平等与人民生活幸福指数密切相关的目标，具有很强的指导性、针对性和可操作性。

2010 年，中央第五次西藏工作座谈会后，确定了 6 个发达省市、21 个中央国家部门和 13 家中央企业对口支援青海藏区 6 州、33 个县，为青海藏区经济社会发展带来了新的机遇。

2011 年 6 月 1 日，国务院发布《关于促进牧区又好又快发展的若干意见》，指出促进牧区经济发展，必须要“鼓励银行业金融机构加大对牧区金融服务的力度，……，引导银行业金融机构增加牧区特别是边远牧区服务网点，消除牧区金融服务空白乡镇。支持融资性担保公司发展牧区业务”。

2012年6月，经国务院批准，国家发改委印发了《“十二五”支持青海省藏区经济社会发展规划建设项目方案》。自规划方案实施以来，青海省藏区经济社会薄弱环节和民生事业发展等重点领域建设投入力度不断加大，一大批重点建设项目相继建设实施，有力支持了藏区经济社会持续健康发展。

**3. 青海省地方性法规**

2010年5月，青海省出台了《关于促进金融业发展的意见》，提出“推进农牧金融业务创新，进一步完善金融支农、惠农、助农的金融政策，引导金融机构建立信贷‘绿色通道’，简化贷款操作流程，提高贷款发放效率，为农牧区提供方便、快捷、高效的金融服务。加快组建新型农村金融机构，提高农牧区金融网点和服务覆盖率，引导商业银行加大对农牧区和县域经济的信贷支持力度。”

2011年9月，青海省出台了《关于解决金融机构空白乡镇提高农村金融服务水平实施意见的通知》，提出“以实现全省乡镇金融服务全覆盖为目标，以加强农村金融服务为重点，鼓励银行业机构到金融机构空白乡镇设立分支机构或服务网点，向多层次、广覆盖、可持续的农村金融体系方向发展，使涉农金融机构扎根边远乡镇，长期服务‘三农’，为民族贫困地区全面建设小康社会提供有力的资金支持和金融服务。”

2012年3月，青海省出台了《支持小型和微型企业发展的若干政策措施》，提出了“银行业金融机构加大对小微企业的融资支持、开辟小微企业贷款‘绿色通道’、积极拓展小微企业金融服务范围、支持商业银行进一步扩大小微企业金融服务网点覆盖面”等措施，以有效缓解小微企业融资难问题。

2012年11月，青海省出台了《2012年青海藏区藏系羊、牦牛保险试点实施方案》，试点采取整县统保的方式进行，将50万只藏系羊、30万头牦牛全部纳入投保范围，享受保险保费补贴政策。其保额为每只藏系羊300元，每头牦牛2000元，保费按6%的费率收取，其中中央财政补贴40%，省级财政补贴50%，县级财政补贴5%，牧户（合作组织）承担

5%。对藏系羊、牦牛实行保险保费补贴政策，有利于保障牧民群众稳定增收，有利于促进青海省现代草地畜牧业发展，对青海藏区经济发展、民族团结、社会稳定、生态环境以及社会主义新藏区的建设都具有十分重要的意义。

2014 年 4 月，青海省发布了《青海省深入推动金融改革发展的若干政策措施》，提出"加快全省金融业改革创新，发挥金融在坚持正确方向、全面深化改革、奋力打造'三区'、建设全面小康战略任务中的支撑和保障作用，要全面提升农村金融服务水平。"要求牢牢把握金融服务实体经济的本质要求，把加强薄弱领域的金融服务作为金融服务民生的切入点，为青海省促进普惠金融发展提供了有力保证。

## 三、青海藏区普惠金融发展的供给者和需求主体

### （一）青海藏区普惠金融供给者的多样化

世界银行集团国际金融公司（IFC）赖金昌（2007）指出，中国的普惠金融体系可以分为五个层次，即小额信贷项目、备案小额金融机构、类似于持照小额金融机构、小额金融银行和传统意义上的商业银行。由于中国范围很大，人口很多，各地的差别很大，这五个层次都应该允许存在，都应该发展。中国应该鼓励这五类金融机构的发展，建立良好的监管框架，允许这些机构全面发展，这套普惠金融体系才是全面的。中国的目标应该是建立一个全面的、多层次的、多样化的小额信贷供给体系。①

第一层次：小额信贷项目。其特征是：它们不是金融机构，以募集来的资金进行运作。

第二层次：备案小额金融机构。其特征是：小额信贷项目达到一定规模以后可以变成一个备案型的小额金融机构。因为其规模比较小，针对的人群也是比较低端的，所以平时不需要受严格的监管。

第三层次：类似于持照小额金融机构。其特征是：比第二层次更大一点的机构，它们不可以吸收存款，可以是一个纯粹的放贷机构，允许它们向商业银行借款补充资金，类似于今天的小额贷款公司。

第四层次：小额金融银行。其特征是：服务于一定区域和范围内的人

① 焦瑾璞，陈瑾．建设中国普惠金融体系［M］．北京：中国金融出版社，2009.

群，它们还不是那种特别大的商业银行，类似于今天的村镇银行。

第五层次：传统意义上的商业银行。其特征是：机构较大，资本金要求严格，监管严格，可以开发出小额信贷这样的产品，如农行、农村信用社、邮储银行等。

经过20多年的发展，青海藏区已初步形成了基本的普惠金融体系。普惠金融的供给者主要包括非政府组织操作的小额信贷机构、政府以扶贫名义开展的小额信贷、新型农村金融机构以及正规金融机构等，呈现出多样化、多层次的特征，有效推动了普惠金融的发展。

**1. NGO 操作的小额信贷机构**

青海省从1995年开始使用国际无偿援助资金，采用孟加拉乡村银行模式结合青海实际进行小额信贷扶贫工作，先后实施了澳大利亚无偿援助青海社区发展项目、联合国开发计划署（UNDP）援助青海省扶贫与人类可持续发展项目、联合国儿童基金会（UNICEF）/中国合作方案贫困地区儿童规划与发展项目（LPAC）。这些项目大多以小额信贷的方式，与其他项目目标结合，面向特定人群开展扶贫工作。在项目实施过程中，成立了UNDP与中国国际经济技术交流中心管理的乡村发展协会，这是小额信贷的主要组织形式，如同仁县乡村发展协会、贵德县乡村发展协会和湟源县乡村发展协会以及大通县、贵南县和尖扎县LPAC项目办公室。这些机构有如下特征：资金来源单一，基本来自于捐赠资金，一般不吸收存款；贷款规模很小，主要面向贫困农户及下岗失业人员等；贷款程序简单。项目启动以来，乡村发展协会的贷款余额达520.7万元，有效客户2031人。大通县LPAC项目实施以来，累计贷款1052.72万元，覆盖12个村，资金回收率达到100%。

**2. 政府部门以扶贫名义开展的小额信贷**

2001年以来，青海省借助小额信贷这一金融工具，以实现扶贫攻坚为宗旨，以国家财政资金和扶贫贴息贷款为资金来源，依托农业银行、农信社等开展小额信贷，重点支持了以依托当地优势资源发展起来的农牧区种养业、农牧业产业化企业和基础设施建设，贫困农牧民收入稳定增长。从2001—2009年，累计投放信贷扶贫资金29.74亿元，直接或间接受益者达65.42万人，涉及全省40个县（市）、2543个贫困村中的197.67万贫困人口。2010年以来，针对贫困农户贷款难、贷款贵，产业发展资金短缺等问题，与有关部门积极探索“补改贷”扶贫资金运行模式。截至2014年，引导银行贴息贷款17.2亿元。

3. 新型农村金融机构

随着农村金融改革的不断深入，村镇银行、小额贷款公司、农村资金互助社等新型农村金融机构是典型的专业性小额信贷服务机构。截至2014年末，青海省已成立2家农村资金互助社（乐都县雨润镇兴乐农村资金互助社、玉树称多县清水河镇富民农村资金互助社）、1家村镇银行（大通国开村镇银行）和85家小额贷款公司。其中，兴乐农村资金互助社累计自然人股东为421个，持股数额为59.41万元，累计办理社员储蓄存款2893户，存款近3万笔，办理社员互助融资贷款735笔，贷款489户，发生贷款额近4000万元，对解决当地农民信贷难问题起到了很大作用。其发展较快的原因在于农民的信用合作与专业合作结合度很高，农村金融与产业发展得以匹配。[①] 85家小额贷款公司累计发放贷款288.61亿元，贷款余额超过省内部分单一股份制银行全年规模，累计为“三农”、小微企业及个人工商户发放贷款总额230.89亿元，占贷款总额的80%。大通国开村镇银行积极探索强农惠农融资新模式，以“解决中小企业融资贷款难，全力支持中小企业发展”为已任，扎根县域、深入基层，增强了“三农”市场的金融力量。截至2014年末，大通国开村镇银行农户贷款2400余户，农民合作社10户，累计发放涉农贷款14.68亿元，涉农贷款占贷款总额的56%，充分发挥了“国开农贷”模式对农户、农村、农业发展的推动作用。

4. 正规金融机构小额信贷

青海省农村信用社、农行分支机构与当地政府积极配合，大力开展信用乡（镇）、信用村、信用户创建活动，通过信用评级、年度考核、信用升级等激励措施，引导、督促农牧民积极发展生产、按时还款，促进了借贷双方的良性循环。在信用环境日趋改善的条件下，银行业金融机构也在广大农牧区积极开展小额信贷业务，农业发展银行分支机构进行小企业贷款试点，邮政储蓄机构的一些网点也开始了小额质押贷款业务。邮储银行以及农村信用社作为青海地区小额信贷的主力机构，针对农牧民小额贷款

① 王曙光．普惠金融——中国农村金融重建中的制度创新与法律框架［M］．北京：北京大学出版社，2013.

“量小、农户贷款能力差”的特点，开发了农户联保小额贷款产品。农户联保小额贷款产品是2—4户农牧民只要组成一个联保小组，经过银行审查，每户就可拿到最高5万元、贷款期可达1年的小额贷款。

综上所述，青海藏区农牧区利用小额信贷支持农业和农村经济发展、促进农牧民增收方面取得了一定成效。农牧户小额信用贷款主要由邮政储蓄银行、农村信用社承担，农业银行各分支机构推行小额信用贷款工作居次，2009年启动的小额贷款公司进一步填补了传统金融机构的市场空白。多层次小额信贷投放的增加为农牧民发展生产、脱贫致富提供了有力的资金支持。同时，小额信贷覆盖面大幅提高，也有效地解决了农牧民、下岗失业人员和贫困生的资金需求。

经过多年的努力，青海藏区农牧区金融供给状况有了较大的改善，但存在的关键问题则是现有各类金融机构经过长期的发展，到目前仍然无法为贫困的农牧户和农牧企业提供充分的金融服务，以及金融服务难以普遍惠及农牧区中的贫困和弱势群体。青海藏区普惠金融发展处于小额信贷的起步阶段，小额信贷机构的服务对象主要集中于普通贫困群体，还没有完全覆盖到那些特别贫困、特别弱势的群体，金融服务深度很低，这也是要提倡大力推动青海藏区普惠金融发展的重要原因。目前，农牧区普惠金融服务供给不足主要表现在以下几方面：

一是农牧区金融服务普惠程度不高。目前，与城市金融发展相似，农牧区金融服务特色不鲜明，导致同质化竞争现象突出，几乎所有的涉农金融服务的目标客户主要定位于收入中等偏上的农牧户，收入偏低的农牧户很难享受到正常的金融服务，金融服务尚未覆盖到所有群体。一些收入水平较低或收入不稳定，但对资金需求量较大的农村牧区经济组织、专业合作社、小微企业贷款依然较难。这种同质化竞争也体现在贷款条件上，对农户大额贷款通常要求有担保、有抵押物、有信用评级。小额贷款公司发放的贷款中有90%以上要求抵押或担保，且利率高、手续烦琐、程序复杂、贷款额度小。农村合作金融机构发放的贷款中有87%需要抵押或担保，发放的小额信用贷款占比较小。同时，银行对贷款抵押物要求极为苛刻，对没有房产证的温棚、厂房、农产品和流转土地都视作是无效抵押物，究其原因，主要在于农牧区特别是偏远牧区，人口稀少、居住分散、交通条件差，金融服务涉及地域辽阔、服务和经营管理成本高，增加了金融机构的综合成本，使其不愿发放小额贷款。而且在农村牧区抵押品普遍不符合要求，加之担保机构与农牧业保险缺位，金融机构发放贷款时存在“畏贷”情绪。金融机构在服务农村牧区时，首先考虑的是自身存续问题，难以承受太高风险，致使金融服务的广度受限。

二是农牧区金融生态环境差，金融风险较大。现阶段，农牧业生产收益率低，增收缓慢，农牧民收入的大部分用于建房、治病、子女教育等家庭正常开支，致使贷款无法按时归还，这是基层涉农金融机构不良贷款率较高的根本原因。部分地区的农牧民信用观念淡薄，把小额信贷当成了扶贫贷款。他们努力争取贷款，取得贷款后不按时偿还或以贷还贷，使农信社不良贷款规模越来越大；部分信用社过分依靠当地乡村干部，为达不到信用等级条件的农牧户提供贷款，影响贷款如期回收；农信社工作人员专业素质低，发放贷款后的管理、协调能力较差，影响了小额贷款的回收；农牧民大多属于贫困户，贷款基本没有抵押物，整体抗风险能力差；另外，缺乏有效的、低成本的信贷信息采集系统。现阶段农牧区金融生态环境尚未得到根本改善，金融机构收紧了小额信贷发放规模，支农积极性普遍不高，在一定程度上制约了农牧区普惠金融的发展。

三是农牧民金融知识匮乏，缺乏基本的金融素养是阻碍普惠金融发展的主要“瓶颈”。目前，青海农牧区农牧民金融知识普及度很低，尤其在偏远的农村牧区、山区，很多农牧民对基本的金融产品与服务不了解，对金融在生产和生活中的作用知之甚少，更没有意识到金融产品可以帮他们进行资产配置和投资。农牧民受教育程度不高，对金融产品和服务的重要性认识不够，积极获得金融服务的主动性欠缺，这也是制约普惠金融可持续发展的主要因素。

### （二）青海藏区普惠金融发展的需求主体

从金融服务需求产生的角度而言，其需求主体主要包括贫困人口、失业人群、农户、企业和政府。并且，金融服务需求也是多种多样的，既有信贷需求，也有储蓄、保险、理财和投资等方面的需求。其中，信贷需求是最基本、最重要的需求。青海独特的自然环境，造成了农牧区经济发展的区位差异性较大，农牧户和农牧企业从事经济活动的内容、形式和规模不同，存在着严重的不平衡，金融需求也表现出多层次的特征。

第一层次的需求主体：农牧户。根据诱发金融需求的原因、特征及目标的不同，可把青海藏区农牧户划分为贫困农牧户、一般农牧户、市场型农牧户三大类。①贫困农牧户。贫困农牧户是一类特殊的金融需求主体，由于家庭经济基础薄弱，发展生产和维持生活的资金较为短缺。这类群体的信贷需求主要是满足生活开支以及小规模种养生产贷款需求，额度小、时间短、贷款频次多，很难从正规商业性金融机构得到资金，只能以政府财政扶贫资金、政策性金融以及小额信贷等方式得到满足。②一般农牧户。这类农牧户生活温饱问题已基本解决，主要是满足小规模种养生产以及住房、子女教育等生活开支方面的需求，贷款额度不大而且比较分散，有一定的偿还能力，一般可以通过民间小额贷款、合作社小额信用贷款以及少量商业性信贷得到满足。③市场型农牧户。这类农牧户开始从事专业化规模生产和商业流通活动等，对信贷资金的需求旺盛，贷款规模较大，还款能力较强，满足市场型农牧户资金需求的方式和手段，有自有资金小额信贷、合作金融以及商业信贷。但在现有的农牧区金融发展环境下，农牧户从正规金融机构申请贷款仍然面临不少困难。

第二层次的需求主体：企业。农牧区的企业一般包括小微企业、小型企业、有一定规模的企业和龙头企业。农牧企业一般立足于当地资源发展起来，由于市场的不确定性因素较多，企业经营活动存在着较大的风险。①小微企业和小型企业。小微企业和小型企业处于市场开拓、扩大规模阶段，贷款额度小，资金需求频繁，未来不确定因素较多，风险很大，一般可利用民间金融、风险投资、商业信贷、政策金融及小额信贷等方式来满足。②有一定规模的企业。此类企业主要是基本的生产贷款需求，贷款额度大，还款能力较强，但有一定的风险，可通过商业信贷、政策金融和小额信贷方式满足其需求。③农牧产业化龙头企业。目前，龙头企业一般采取“公司＋基地＋农户”的经营模式，以其特殊的产业链带动效应和品牌效应，对农牧民增收产生持续的影响力，其生产经营活动以种养殖业、加工当地农牧业资源为主，并呈现专业化、规模化的发展趋势。因此，对信贷资金的需求程度较高，还款能力较强，但易受市场需求变化、价格波动等因素影响，有较大的市场风险，一般通过商业信贷、政策性金融等方式来满足信贷需求。青海农牧区各类型的企业大多处于发展初期，生产经营和市场培育存在较大的变数，缺乏成熟的承贷主体，金融机构发放贷款相对较为谨慎，无法给予充足的信贷支持，生产资金短缺仍然是农牧区各类企业发展过程中共同存在的主要制约因素。

第三层次的需求主体：政府。各级政府的信贷需求主要是满足新农村、新牧区建设方面的需求，如基础设施建设、村容村貌整治、环境保护等，可通过债券、BOT 及 PPP 等方式来满足其资金需求。

**1. 需求主体的数量界定**

青海藏区随着资源优势逐步向经济优势转化，农牧业产业化、市场化程度的逐步提高，对金融支持的需求也愈发旺盛。普惠金融潜在的需求主体主要包括贫困人口、农牧民、专业合作社、小微企业及农牧业产业化龙头企业等，这些需求主体需要借助普惠金融的发展，来满足自身对金融服务和金融产品的需求。

（1）贫困人口

青海省的发展不平衡问题依旧突出，截至 2014 年末，青海省依然有 60 余万的贫困人口（按人均收入 2300 元的国家扶贫标准），有 15 个国家扶贫开发工作重点县、1622 个贫困村，涉及六盘山连片特困地区、四省藏区连片特困地区。青海省受区域整体贫困与民族地区发展滞后并存、人口素质偏低与公共服务滞后并存“三重矛盾”的制约，一直是中国扶贫开发任务重、难度大的最典型省份。贫困人口脱贫，离不开金融支持。因此，必须建立多元化的金融精准扶贫服务体系，以有生产经营能力、金融服务需求的贫困户为金融扶贫主攻目标，以扶贫开发各类经营主体为主要对象，通过加大信贷支持力度，建立多元化的精准扶贫金融服务体系，从而实现全面推行精准扶贫金融服务，助推青海省实现三年整体脱贫的目标。

（2）农牧区小额信贷需求群体庞大

截至 2014 年末，青海省有 365 个乡镇、3183 个村庄、乡村人口 293 万人、64 万农牧户，辽阔的农牧区本身就是具有巨大潜力的市场。随着新农村新牧区建设进程的深入推进，农牧业增产、农牧民增收及农牧区发展需要巨大的资金支持，小额信贷具有潜在的发展空间。除此之外，农牧民除了最基本的存贷款需求以外，还有其他多方面的金融需求，包括金融信息服务需求、理财增值服务需求、财富管理服务需求、投资金融资产需求及保险保障需求等。

（3）小微企业

截至 2014 年末，青海省共有小微企业 16854 户，涉及农副产品加工、民族服饰加工、建材、有色金属、交通、餐饮等行业，占全省企业总数的93.9%，从业人员约占全省企业从业人员的一半，并且创造了高达80%的就业岗位、60%的国内生产总值以及50%的税收。小微企业在促进经济增长、增加就业、科技创新与促进社会和谐稳定方面具有不可替代的作用，这已在发达地区经济发展中反复证明过。但青海省小微企业由于发展基础薄弱、技术创新能力不强、高端人才短缺等，长期以来，小微企业贷款难的现象一直存在，致使小微企业普遍存在投资金额少、规模小、经营规模不够稳定，风险承受能力较差等问题，这在一定程度上阻碍了小微企业的健康发展。

（4）农牧业产业化龙头企业

近年来，青海省以农牧业十大特色产业为重点，积极打造产业化龙头企业，采取优化发展环境、夯实发展基础、壮大龙头规模、搭建发展平台等措施，推动农牧业产业化经营，基本形成了以牛羊肉、绒毛、油菜籽、马铃薯加工为主导，以乳品、青稞、饲料、沙棘、蔬菜加工为骨干的农牧业产业化经营格局。全省各类农牧业产业化龙头企业达394家，其中国家级17家、省级76家、市州级301家。以高原特色、生态绿色为标志的农产品加工业成为农牧业经济的主力军。农牧业产业化龙头企业未来在推动农牧业发展和农牧民增收方面发挥着独特的作用，是农牧区新的经济增长点，同时也将成为农牧区普惠金融支持的重点方向。

（5）农牧民专业合作社

青海省农牧民专业合作社发展经历了从无到有、由小到大的渐进过程，特别是近几年，形成了雨后春笋般的强劲发展态势。截至2014年末，农牧民专业合作社达到6719家，入社成员已达到43万人，带动农户21万户，参与合作社的农牧户占到全省农牧户的1/3，特别是牧区883个纯牧业村生态畜牧业合作社实现了全覆盖，合作社正在成为现代农牧业新的经营主体。发展农牧民专业合作社提高了青海省农牧民的组织化程度，使一家一户生产向规模化生产发展，有利于提高市场竞争力，促进农牧民增收。但专业合作社目前仍然处在发展的初级阶段，在发展进程中普遍遭遇了融资难的问题，致使合作社规模小、带动能力不强，农畜产品加工率远远低于全国平均水平。因此，迫切需要借助普惠金融发展解决资金短缺从而制约可持续发展的问题。

### 2. 市场空间预测

(1) 农牧区有较大的市场空间

第一，农牧户的资金需求较大。问卷调查表明，农牧户的贷款需求是比较旺盛的，样本农户中有60%以上有贷款需求，而如果有相应的技术培训，有贷款需求的农户比例则可达到70%以上。第二，农牧区民间借贷较为活跃，间接表明农牧区小额信贷市场空间的存在。第三，国有商业银行大量收缩和撤并县以下的机构，给小额信贷及相关普惠金融服务留下了较大的市场空间。第四，农牧区农信社的存贷比普遍较高，说明农牧区资金需求较大，存在较大的市场空间，通过对海北藏族自治州所属的四个县农信社、海南藏族自治州所属的五个县农信社的调研结果，其平均存贷比都在90%以上。

(2) 中小企业、小微企业融资市场空间较大

"十二五"以来，中小企业尤其是小微企业数量增长较快，但在企业融资方面，由于经济发展面临下行压力，中小企业、小微企业融资难、融资贵问题仍然比较突出。通过调研发现，众多的中小微企业融资来源基本为内部融资，90%以上的创业资金都是由业主、亲戚朋友等提供，生产经营活动所需的资金基本靠内部留存收益来解决。由于受贷款条件等因素的制约，外源融资所占比重极低。

(3) 农牧业产业化发展前景广阔

通过农牧业产业化发展，可以大幅增加农畜产品附加值，增强农牧业整体素质和效益；提高农牧业生产组织化程度，增强产品品牌效应；推动现代农牧业发展，实现农牧民增收脱贫。近年来，青海省采取多种措施，积极扶持和培育壮大龙头企业，如进一步优化发展环境、夯实发展基础、壮大龙头规模、搭建发展平台等措施，有力地促进了全省农牧业产业化经营，已基本形成了以牛羊肉、绒毛、油菜籽、马铃薯加工为主导，以乳品、青稞、饲料、沙棘、蔬菜加工为骨干的农牧业产业化经营格局，将在带动农牧民增收、提高农产品市场竞争力等方面发挥积极作用。因此，农牧业产业化发展是青海藏区农牧业发展的必然选择，同时也为普惠金融可持续发展提供良好的平台。

(4) 专业合作社健康发展需要金融强有力的支持

目前，专业合作社作为现代农牧业一种新型的经营主体，其发展势头

强劲，参与合作社的农牧户占总户数的1/3以上，有效地提高了农牧民组织化程度，为农牧业生产效益的提升提供了有力的支撑。全省各地通过培育种植合作社、养殖合作社、生态畜牧业合作社、农畜产品营销合作社、农牧业经营服务合作社等，不仅扩大了种植、养殖和销售服务规模，促进了资源优化重组，特别是针对草场退化、牲畜品质下降、牧民增收趋缓等实际，以组建生态畜牧业合作社为切入点，全力推进生态畜牧业建设，对优化重组畜牧业资源，转变草原畜牧业发展，拓宽牧民收入渠道等发挥了重要作用。专业合作社在快速发展的同时，需要加强规范化建设，以提升合作社带动服务能力。大力培养合作社领头人，落实好大学生村官领办创办合作社项目，通过制定完善财税、土地、金融等方面的优惠政策，引导大学毕业生到合作社创业就业。此外，逐步建立以市场为导向农牧民专业合作社的全产业链模式，也是今后农牧民专业合作社的一个重要方向。这些目标的实现，需要普惠金融的鼎力支持。

（5）新农村、新牧区建设融资需求较大

目前，青海省农牧业和农牧区发展仍然处在较为滞后的阶段。农牧业基础设施落后、基本公共服务供给短缺、农牧区社会事业发展滞后、农牧民收入增长缓慢、城乡居民收入差距扩大的矛盾依然突出，在很大程度上制约着工业化、城镇化的进程。解决这些问题，需要多方面的政策支持。其中，加大资金投入是关键，政府也明确要求从建设资金、财政支出、银行信贷等方面切实向牧区倾斜。加大对社会主义新农村、新牧区建设的资金投入，除了国家财政投入外，更多的是要依靠农村金融，要通过深化农村金融体制改革，完善普惠金融体系，建立农牧区信贷投入稳定增长的机制。

综上分析，青海藏区农牧区普惠金融发展的需求主体主要包括贫困人口、中小企业、小微企业、农牧民专业合作社、龙头企业及政府等，其金融服务需求呈现多样化的特点。因此，农牧区普惠金融供给要针对不同层次的需求主体，创新供给方式和服务手段，最大限度地满足各需求主体的金融服务需求。

## 四、小结

（1）国外普惠金融发展的实践以及成功的模式，为青海藏区普惠金融的发展提供了重要的指导意义。小组联保贷款制度、构建普惠性的金融体系、信息技术在金融服务中的应用等在农牧区的金融实践中逐步显现，为服务“三农三牧”和农牧民增收提供了良好的金融环境。

（2）青海藏区经过30多年的改革开放，经济社会发展实力明显增强，为普惠金融的发展提供了坚实的基础；中央、地方及监管部门所出台的相关政策法规，为普惠金融的健康发展提供了有力的保障。青海藏区应积极贯彻落实相关政策精神，加快推进普惠金融发展的进程。

（3）青海藏区普惠金融的供给者和需求主体多样化、多层次的特征，为普惠金融提供了一个广阔的发展空间。因此，需要根据农牧业发展和农牧民增收对金融支持的要求，强力推进普惠金融发展，增加有效金融供给，最大限度地满足农牧业和农牧民的金融需求。

# 第七部分

# 青海藏区普惠金融促进农牧民增收的对策建议

实证研究表明，金融支持是农牧民增收的重要因素，金融发展有利于农牧民收入的增长。青海藏区必须通过发展普惠金融，努力构建普惠金融服务体系，改善农牧区金融服务环境，增加农村金融供给，为农牧业生产发展和农牧民收入增长提供充足的资金保障。

## 一、青海藏区普惠农村金融体系的构建

要从根本上解决青海藏区农牧民收入增长的问题，必须根据农牧区经济金融发展的实际，加快构建多层次、广覆盖、多样化、可持续的普惠农村金融体系，有效改善农牧区资金供需矛盾，促进农牧区经济发展，为农牧民增收提供良好的金融服务平台。

### （一）完善农牧区普惠金融组织体系

#### 1. 科学合理布局基层金融服务网点

根据农牧区基层金融服务网点不足的情况，为有效解决农牧民金融服务可得性不高的问题，必须加快农牧区金融服务网点的布局和建设，坚持服务和网点下沉，使农牧民能够尽快享受到方便、快捷、安全的金融服务。监管部门可引导金融机构在规避风险的前提下，以全方位为农牧民提供优质金融服务为目标，科学规划、加大投入，向农牧区下沉网点，合理地将营业网点布局、金融资源、服务设施等向偏远的乡村延伸，适时增设县域分支机构、惠农金融服务网点及自助金融服务终端等，推进基础金融服务“村村通”，对自然条件差且人口稀少、无法设立营业网点和惠农金

融服务点的乡镇和村社，鼓励金融机构以流动服务车、流动营业网点的形式，定期将金融服务送到农牧民手中，努力实现金融服务载体在农牧区乡镇、行政村的全覆盖。同时，注重网点建设，尽可能把所有网点建设成“布局合理、规范统一”的服务窗口，进一步提升金融服务质量。

**2. 积极培育和发展新型普惠金融机构**

农牧区金融需求主体呈现分散、多元化的特征，监管部门要根据农牧区金融需求多样性的特点，降低农村金融市场的准入门槛，鼓励经济发展条件较好的地区，在严格监管、有效防范金融风险的前提下，通过吸引社会资本和外资，允许各类经济主体创办直接为“三农”服务的多种所有制形式的金融组织。允许国有资本、私有资本、外资和国际慈善组织共同参股，设立融资担保机构或基金、典当机构、村镇银行、小额贷款公司和农村资金互助合作社等多种普惠金融机构，弥补正规金融的不足，逐步形成多元化的农村金融机构格局。

**3. 探索建立农业产业投资基金**

农业产业投资基金作为一种金融创新工具，以创新的理念和手段实现产业市场与资本市场的有机结合，为农业创新企业、企业重组和农业基础设施建设等提供大量的资金。目前，社会资本主导的农业产业投资基金不但缺乏雄厚的资金实力，而且资金投向存在严重的非农倾向，对涉农项目的支持作用非常有限。在这种情况下，由政府牵头会同相关部门，设立真正意义上的、规范运作的农业产业投资基金，不仅能够有效支持农业的健康发展，而且对于社会资本起到一种导向作用。从农牧区的情况来看，建议由农牧业管理部门会同财政部门共同发起成立农业产业发展引导基金。引导基金由财政部门出资，通过吸引社会资本，合作设立农业产业投资子基金，支持现代农牧业发展。子基金全额用于投资辖区内的农业企业或农业项目，符合条件的股权投资管理机构或投资企业均可作为申请者，向引导基金申请合作设立子基金。引导基金在子基金中参股但不控股，出资比例不高于 50% 。

**4. 构建涉农民间投融资服务平台**

积极探索以地方政府为主导、企业积极参与的形式，构建民间投融资服务平台，为投资人和借款人提供一站式服务，缓解农民融资难和民间资金投资难的矛盾，构建民间融资诚信体系，引导民间投融资的规范化、阳光化。可由政府牵头组建成立民间投融资服务中心，将该中心定位于服务类公益性民办非企业单位，通过互联网平台开设涉农投融资网，免费向社会提供服务。服务中心的业务范围包括民间借贷的资金供需信息登记及发布、民间借贷交易撮合服务、接受委托办理借贷业务、理财咨询等。但不参与吸储、担保、债务追偿业务。为确保服务中心规范运营、实现借贷双方的互惠互利，需引进具有国家规定资质的担保机构、公证机构、税务师事务所、律师事务所、银行征信查询系统等相关配套的服务机构，借助专业团队就民间借贷的合法性和风险把控形成强有力的配套服务体系，减少借贷双方法律纠纷和借贷风险，以此规范非正规金融，使其健康发展。

### （二）强化涉农金融机构服务“三农”功能

#### 1. 坚持农村信用社服务“三农”的市场定位

青海省农村信用联社作为拥有371家机构网点，省内应用网点最多、覆盖面最广、服务最贴近基层的地方性金融机构，承担了农村地区主要的支农责任。目前，青海省农村信用社已成功改制七家农村商业银行（格尔木农村商业银行、柴达木农村商业银行、玉树农村商业银行，西宁农村商业银行、互助农村商业银行、大通农村商业银行、共和农村商业银行），其余农信社仍然属于合作制农村金融性质。为适应现代农牧业发展的需要，应继续深化农村信用社改革，加快推动尚未改制的农村信用社向产权清晰、法人治理结构完善、实现可持续发展的现代金融机构转轨，推动解决农信社固定资产确权、不良贷款清收、清产核资、引进战略投资者、优化股权结构等基础性工作，创新金融产品、强化服务内涵、拓展服务领域，全面提高金融支农服务的质量和效力，使其扎根农村、贴近农民，真正成为农村经济金融服务的主平台，促进区域经济协调发展。与此同时，增强农信社的服务功能，在担保机制、新产品研发、信息系统建设等方面为基层联社提供服务，加快职能转换，优化协调指导，整合放大服务“三农”的能力。作为农牧服务“三农”的主力军，农村信用社必须始终坚持服务“三农”的市场定位，面向农户、小微企业、农业产业化配置信贷资源，按照涉农贷款不低于上年同期水平、涉农贷款增幅不低于贷款总体增幅的要求，坚持支农定位，强化支农力度；并随着经营实力的不断增强，逐步提升服务“三农”的效率和水平。

2. 强化农业银行支持农村经济发展的骨干和支柱作用

目前，农业银行服务“三农”面临风险大、成本高的问题，必须着力解决好服务“三农”与商业运作之间的矛盾，使服务“三农”与提升农行市场价值协调发展，重点满足县域有效金融的需求。在推进现代农牧业建设、推动农牧区经济发展和促进农牧民增收的同时，努力实现自身的良性发展和价值最大化，妥善处理好追求经济效益与承担社会责任的关系，积极为新农村新牧区建设提供高质量、全方位的金融服务。以深化“三农金融事业部”改革为契机，提升服务“三农”功能，强化农业银行支持农村经济发展的骨干和支柱作用。2009 年 8 月，农业银行青海省分行选择了海北分行、湟源县支行、互助县支行三个经营行，开展县域“三农”事业分部试点工作。在 6 年多的试点中，“三农”信贷投入力度逐步加大，惠农卡和农户小额贷款覆盖面不断拓宽，服务县域经济的能力得以强化，“三农”金融服务创新意识大为增强，服务“三农”事业取得了积极成效。为此，应进一步深化“三农金融事业部”改革。一方面，可考虑扩大试点区域，选择更多的县域支行进行试点，发挥金融支持“三农”的效应。另一方面，完善试点县域支行运行机制，充分发挥机构网点连接城乡的协同效应，加大“三农”信贷投放和资源配置力度。

3. 增强农业发展银行政策性功能定位

农发行青海省分行要进一步强化政策性服务功能，适应青海藏区新农村、新牧区建设的要求，坚持履行支农责任，加大支农支牧力度，全力服务“三农”发展。加大粮油产业扶贫力度，积极探索以粮油收储为核心的全产业链信贷支持模式，立足省内资源优势和特色产业，积极支持实体经济稳健发展，兼顾小微企业均衡发展。同时，要做强以农业农村基础设施建设和水利建设为重点的中长期信贷业务，依据全省城乡统筹发展规划，突出政策导向，不断改进金融服务，重点支持符合国家政策、各级政府关切、改善农村生产生活条件的住房、道路、环境等新农村、新牧区建设项目；全力实施“农牧普惠工程”，创新项目投融资模式，加大对县域实体经济的支持力度。进一步加大旅游扶贫和生态扶贫的信贷支持力度，充分发挥农业发展银行旅游扶贫贷款、生态扶贫贷款等专项扶贫贷款的政策优势，围绕全省建设贫困村旅游项目规划和三江源生态自然保护区建设，一方面积极支持贫困地区生态建设与生态产业发展，助推贫困人口实现生态补偿脱贫，提升生态产业对贫困人口的增收带动能力。另一方面依托青海省得天独厚的旅游资源开展旅游扶贫，通过旅游资源开发建设美丽乡村，借助旅游产业的市场优势、产业活力及带动作用帮助农牧民脱贫致富。

4. **增强邮政储蓄银行普惠金融的服务功能**

自建行以来，邮储银行青海省分行在普惠金融领域进行了不断探索和实践，取得了长足的发展。但制约邮储银行全力开展普惠金融服务的一些根本因素依然存在，信息不对称、服务成本高企、风险补偿能力弱以及专业人才的匮乏等，都对银行的传统信息技术、盈利能力、风险管控水平以及业务拓展能力构成了很大挑战。在未来的发展进程中，邮储银行必须全面深化改革，进一步解放思想，加强金融创新，增强自身活力。同时，应专注发展普惠金融，做有特色的大型零售商业银行，以特色服务加大金融支农惠农力度，满足不同层次的需求。还要顺应农牧业生产模式调整、农牧民生活方式变化、农牧区金融服务需求旺盛的发展趋势，针对不同地区、不同环节和不同主体金融服务需求特点，在不放松风险管理要求的前提下，加大涉农金融产品和服务的开发与创新力度，通过降低门槛、优化流程、简化手续，不断提高与低端客户金融需求的匹配度，拉近金融服务与低端客户的距离，有效满足农牧区多层次、多样化的金融服务需求。

5. **明确新型农村金融机构的支农定位**

新型农村金融机构必须坚持支农定位，不得偏离支农的主要方向，要遵循“小额、分散”的信贷原则，立足为“三农”和中小微企业服务，不断创新金融服务模式，做好基础金融的全面覆盖。一方面，根据“三农”业务风险较大的特点，充分利用地方基层政权和乡镇能人的信息资源，建立新型农村金融机构虚拟的“基层金融服务站”，更好地服务农村发展，防范信贷风险；另一方面，依托主发起金融机构已提供金融服务的涉农中小微企业，积极开展“生产链企业贷款”“商圈贷”等信贷业务，支持企业生产发展，实现经济效益。为进一步拓宽支农资金来源，可积极争取人民银行支农再贷款资金，解决季节性支农资金紧缺问题。

### （三）建立贷款风险补偿与担保机制

目前，农村信贷资金投入不足，除农村普惠金融制度缺失外，农村融资风险补偿与担保机制不健全也是其重要原因。因此，建立由政府部门主导、金融机构配合、中介机构配套服务的风险补偿、融资担保机制，有助于化解农牧户及农村中小企业融资难的问题。

**1. 建立涉农贷款风险补偿基金**

农牧民收入水平较低且收入增长不稳定，银行类金融机构从规避风险和收益目标的角度出发，一般不愿向农牧民，尤其是低收入家庭提供贷款，这会影响农牧民正常的生活和生产经营活动，使农牧民陷入低收入的困境。为解除金融机构发放涉农贷款的“后顾之忧”，各级政府每年应从财政支农资金预算中安排一定数额的专项资金，建立农业贷款风险补偿基金，对确因自然灾害或银行以及其他金融机构无过错产生的农业信贷资金本息损失，给予金融机构一定比例的风险补偿，以降低贷款风险，从而鼓励和支持金融机构将更多的信贷资金投向“三农”和小微企业，缓解“三农”融资难问题，这将有利于农牧业发展和农牧民增收。

**2. 完善农牧业信贷担保体系**

按照《关于财政支持建立农业信贷担保体系的指导意见》的有关精神，建立不以盈利为目的的政策性融资担保体系，搭建起商业金融和农业发展之间的桥梁，有效地解决农民“贷款难”与银行“难贷款”的问题，真正实现农业产业上水平、金融发展可持续、财政补贴高效率、农民最终得实惠，这在国际上也是经常使用的政策路径。① 通过财政部门出资成立省级农业信贷担保机构，发挥财政资金“四两拨千斤”的引导和杠杆作用，建立“政府、银行、担保公司”的合作机制，构建银行、担保机构及农业经营主体相互支撑的融资担保体系，形成财政与金融协同支持“三农”的新格局，通过转换资金投入方式，撬动金融资本支持现代农牧业建设。同时，鼓励引导综合实力较强的产业化龙头企业、专业合作社、家庭农场等联合组建专门的涉农担保机构，开展互助担保业务；鼓励其他各类担保公司为“三农三牧”提供融资担保，降低农牧业生产的融资难度和成本，形成国家、社会、合作成员与农户多主体分担的农牧业信贷担保机制。

### （四）建立农牧业风险保障机制

进一步扩大政策性农业保险的试点范围，并尽快实现政策性农业保险全覆盖，提高保障水平。建立青海省农业保险创新实验区，推广“农牧户＋财

---

① 曹茸，高飞．农业部推动建立农业信贷担保体系探析［J］．农民日报，2015－12－24.

政+保险+银行”的全方位联动模式，逐步扩大蔬菜价格指数保险和农村住房自然灾害保险试点范围，推动设施大棚、活体动物、苗木、农业订单等全面投保，进一步增强农牧民抗风险的能力。大力发展藏系羊、牦牛、冷水鱼、枸杞等保险，力争试点开办中药材和饲草料保险，支持农牧民发展高原特色产业。推出银行贷款、保险公司保险、政府保费补贴，发生灾害时以保险赔偿作为贷款偿还保障的保险新模式；建立保险与银行信贷风险管理的协同机制，银行业金融机构优先满足参与政策性农业保险的农牧户融资需求，使保险、银行和农牧户成为利益共同体。各保险机构要创新发展服务于农牧业产业化、农牧区经济合作组织、专业市场和产业集群的保险业务，有效发挥保险的保障作用。

### （五）建立农牧区资金回流机制

农牧区资金回流机制的重点是解决农业银行和邮政储蓄资金的回流问题。一是借鉴国际经验，制定出台《社区再投资法》，强制规定商业银行的县支行必须将吸收的本地区的一定比例的存款，用于当地发放农牧业贷款。二是深化邮政储蓄改革，引导邮储资金回流。政府应适当引导，加强邮储与农发行、小额贷款机构和农信社等机构的合作，有偿拆借其储蓄资金，真正将邮储资金用于农牧业生产领域或相关涉农项目，切实解决农牧区资金严重外流的问题。

## 二、青海藏区普惠金融促进农牧民增收的对策建议

### （一）健全和完善支农惠农的金融信贷机制，扶持农牧业健康发展

在工业化初期，国家通过工农产品价格剪刀差的形式，从农牧区抽走了大量资金用于工业化建设。在新的历史发展时期，改革完善现有农村金融信贷机制，制定对金融支农支牧的保护、促进和补偿政策，对农牧业给予有效的扶持，为农牧民增收奠定坚实的基础。

#### 1. 引导金融机构加大对农牧业的投入力度

当前，一些农村基层金融机构，不仅未给农村牧区提供资金支持，反而将农村牧区存款抽向城市，造成农村牧区资金供求失衡。人民银行各分支机构要创新工作方式，增强“窗口指导”的功效，激励和督促商业银

行、农村信用社、邮储银行等加大对农牧业生产的信贷支持力度，将金融机构资金“抽水机”变为“供水泵”，增强金融支持服务“三农”的能力。鼓励农业发展银行在确保政策性金融业务的前提下，稳步增加支持现代农牧业产业发展的贷款规模，开发农牧业综合性贷款、农牧业科技创新贷款等信贷业务，进一步拓宽政策性信贷支持农牧业生产的覆盖面。同时，鼓励其他涉农金融机构健全和完善增强农牧业综合实力的资金投入的长效机制，全面有效实施农牧业信贷政策，在授信额度和信贷投放规模上向农牧业产业化龙头企业倾斜，为农牧业产业化的可持续发展提供良好的融资平台。

**2. 逐步建立和完善县域农牧业信贷服务激励机制**

各级地方政府通过财政出资，建立专项奖励基金，对县域金融机构形成的农牧业贷款增量给予奖励，引导金融机构将资金投向“三农”领域，激发支持农牧业发展的积极性。对涉农贷款定向实行税收减免和费用补贴，引导更多信贷资金投向农牧区；对涉农金融机构给予财政补贴，保证预期合理的利润水平，放宽金融机构对涉农贷款的呆账核销条件，支持金融机构及时化解信贷风险。

**3. 增强县域涉农金融机构的融资功能**

各金融机构省（市）级分行要适时根据国家货币信贷政策调控目标，及时调整和规范信贷审批管理操作流程，严格执行风险考核指标，消除风险隐患，对不良资产率低、金融生态环境优良、农牧业区位优势明显的区域，可以酌情下放贷款审批权限，由传统的信贷申报审批制改为动态的贷款备案制，扩大县域金融机构的信贷自主权，增强其融资能力，切实将有限的信贷资金投向农牧区经济社会发展的薄弱环节和扶持领域，真正解决农牧业专业合作社、家庭农牧场、农牧业产业化龙头企业、创新型农牧业企业、种养大户等面临的融资难、融资贵等问题，稳步提高县域金融机构贷款中涉农贷款的总量和比重，提升金融机构在农牧业经济发展中的地位和影响力。

**4. 进一步加强县域信贷政策的评估和监测工作**

为进一步遏制农牧区信贷资金流向城市和发达地区的现象，地方金融工作办公室要强化县域信贷政策实施导向评估和贷款投向、增量变动状况的监督监测工作，将县域农牧业贷款规模增长、农牧业贷款的增量状况及支持力度纳入到信贷政策实施效果的评估范围中，客观设定相关指标对县域金融机构的支农支牧效果进行监测和考核，限制县域金融机构将在当地吸存的资金划转到异地机构，力求实现县域金融机构涉农贷款保持合理的增长水平。

### （二）积极推动金融资源的有效配置，着力支持现代农牧业发展

青海藏区农牧业经济发展滞后、农牧民收入水平不高，一个重要的原因就是资金短缺及由此所反映出来的金融资源供给的严重不足和资源配置失衡且效率低下。因此，合理配置金融资源就成为促进现代农牧业经济发展和农牧民增收的关键，必须结合农牧区金融发展的实践，对现有的金融资源进行合理配置，最大限度地满足现代农牧业发展和农牧民收入增长对资金的需求。

#### 1. 加强对专业合作社的支持，满足多样化金融需求

农牧民专业合作社是带动农牧户进入金融市场的基本主体，是发展农村集体经济的新型实体，是创新农牧区社会管理的有效载体。目前，农牧民专业合作社创办类型和经营方式呈现多样化的发展态势，金融机构应努力满足不同类型的专业合作社的金融需求。对以土地、草场为入股形式的专业合作社推广土地、草场流转等多种经营权质押信贷产品；对农村能人领办型的专业合作社可推广以大户和带头人为核心的农牧户种养殖业订单贷款、联保贷款和组合担保贷款；对龙头企业带动型的专业合作社可推广“公司＋合作社＋社员”的信贷模式，提供企业为社员担保、订单质押和仓单质押等组合贷款。通过对专业合作社的信贷支持，为农牧民增收搭建良好的平台。

#### 2. 引导农牧区产业结构调整，形成新的收入增长点

现阶段农牧业产业结构不合理，使得农牧业劳动生产率低下，农牧民收入增长缓慢，为此，金融资源的配置应服务于农牧区产业结构的调整和优化，为农牧民收入增长开辟新的领域。一是重点支持特色农牧业。以信贷投放引导农牧民根据当地资源优势和生产、技术条件，培育特色优势产业，提高生产集约化、专业化程度，打造体现区域资源优势的主导产业，实现产业规模效益。二是选择产业化龙头企业进行重点扶持。加大对以收购、加工、销售为一体的大型龙头企业的资金支持，促使其尽快上规模、上档次，增强影响力和辐射带动能力，从而吸收更多的农牧民就业，提高

农牧民收入。三是支持农牧区三次产业融合发展。加大对农产品加工和销售、餐饮、休闲以及其他服务业的扶持，实现农业产业链延伸、产业范围扩展和农牧民增加收入，提高农牧民非农收入水平。四是加大对农牧业基础设施建设的支持力度。在实施生态重建的过程中，要加强对农牧业生产基础设施建设的支持，夯实农牧业基础设施薄弱环节，增强农牧业抵御自然灾害的能力，提高农牧业综合生产能力和竞争实力，抵消退耕还林、退牧还草政策对农牧民收入的影响，力求实现农牧民收入稳定增长。

**3. 加大对新型农牧业经营体系信贷支持，促进现代农牧业发展**

新型农牧业经营体系的构建，关键是围绕现代农牧业建设，创新农牧业生产经营体制，逐步建立起以家庭承包经营为基础，以专业大户、家庭农场为骨干，以龙头企业为纽带，以各类社会化服务组织为保障的新型农牧业经营体系，促进农牧业生产经营的集约化、专业化、组织化和社会化。金融机构应积极研究新型农牧业经营体系金融需求的特征，结合农牧业发展实际开发和创新差异化的金融产品。积极探索以符合条件的新型农牧业经营主体为平台，扩大信用贷款发放，建立绿色通道，精简审贷流程，全方位满足新型农牧业经营主体的信贷需求。坚持“宜场则场、宜户则户、以企则企、宜社则社”的原则，针对农场与专业合作社等提供配套的金融服务，通过强化金融支持，促进农牧业集约化、规模化、产业化发展。

### （三）增强金融服务的针对性，全方位服务农牧民增收

青海藏区长期以来受自然环境和区域经济发展的影响，经济总量小，农业基础薄弱，农村发展滞后，农牧民增收困难。以种养殖业为主的农牧民依然以传统农牧业为主，过着自给自足的生活，经济收入低、生活条件差、长期徘徊在温饱线上，脱贫致富的压力很大；外出务工的农牧民由于受时间短、季节性强等因素的影响，收入极不稳定，无法从根本上改变贫穷落后的局面；个体经营者由于农牧区市场发育程度低，规模效应难以显现，收入基本处于保本微利状态。为此，应针对农牧区发展中的薄弱环节予以有效的金融支持，增强金融服务的针对性，全方位服务农牧民增收。

**1. 满足农牧民自主创业的资金需求，助推创业增收致富**

随着城镇化和生态环保建设进程的稳步推进，农牧民创收渠道发生了巨大的变化，除了传统的种养殖业收入以外，非农收入也成为农牧民新的

收入增长点。金融要根据农牧区发展的新形势和新要求，支持农牧民通过提升素质自主创业，以创业带动就业，通过创业来致富。一是支持青壮年农牧民外出务工。青壮年农牧民大部分具有一定文化基础，有较强的创收欲望，是农牧区经济收入的主要创造群体。但由于缺乏技能、资本等，市场变化对这部分农牧民收入增长影响较大。因此，要针对这部分农牧民信贷需求的特点，向他们提供小额贷款，满足务工农牧民前期费用的需求，如参加培训、获取信息等。二是支持农牧民开展多种经营。扩大农牧区生产经营贷款的投放，对从事的种养殖业项目以及新兴服务业给予优先支持，主动向以唐卡、藏绣、石雕、布贴画、黄河奇石、民族服饰、民族歌舞等为主的项目和企业提供优质的金融服务，在贷款规模、贷款期限及还款方式上放宽限制，激发农牧民的创业活力，实现非农领域收入的稳步增长。三是支持个体经营活动。向个体经营者推广财产抵押、租赁铺面使用权抵押、市场物业公司担保等多种方式的贷款抵押担保组合模式，提高个体户的授信额度，简化贷款程序，满足个体经营者扩大经营规模的信贷需求，实现稳步增收。

**2. 加大对中小微企业信贷支持，拓宽农牧民增收渠道**

青海藏区的中小微企业大多集中在传统服务业、农畜产品加工、民族特色产品加工等行业，以民营、私营企业及个体户为主。目前，中小微企业普遍存在规模小、产品科技含量低、缺乏可持续发展实力、融资环境较差等问题，给农牧民收入稳定增长带来不利影响。鉴于此，金融机构应将中小微企业作为信贷扶持的重点领域，大力扶持低消耗、高环保、产品附加值高，且具有一定科技含量的劳动密集型、创新型、特色资源开发企业和优质中小企业的发展，支持特色小微企业的发展，为企业提供方便、快捷的金融产品支持和金融服务，提高农牧区转移富余劳动力和拓宽就业渠道的能力，为农牧民开辟新的增收渠道。

**3. 扩大对特色种养殖业的信贷规模，提升特色产业增收效益**

根据青海藏区现代农牧业发展的需求，坚持“稳粮增收调结构，提质增效转方式”的原则，重点支持搞好种植业的区域化布局、加快畜牧业转型、建设地方特色生产基地，推进农牧业提质增效。围绕构建高原特色农牧业经济体系的目标，抓住地方特色，选准信贷支持的着力点，增加对特色种养殖业的信贷投放，发展壮大油菜、马铃薯、蚕豆、蔬菜、中药材、特色果品、牛羊肉、奶牛、毛绒、饲草料生产十大优势产业，以此带动粮油加工、食品加工和肉类加工冷藏业的发展，延长农牧业产业链，提高农畜产品附加值，提升特色产业的增收效益，为农牧民依托当地优势资源就地就近实现增收创造条件。

#### 4. 做好精准扶贫金融服务，满足扶贫开发的资金需求

强化金融在扶贫惠农工作中的杠杆作用，创新金融扶贫模式，努力打造金融扶贫实验示范区。建立精准扶贫金融服务档案，创新金融产品和扶贫开发贷款管理机制，完善扶贫开发金融服务主办银行制度，保障扶贫重点领域的金融支持力度。完善“四位一体”的金融扶贫模式，对“三有一无”（有发展项目、有一定还款能力、有劳动技能、无欠债欠息）的贫困户建立专门的台账、名录、清单，根据名录清单进行销号管理，逐户落实“530 信用贷款工程”，确保符合条件的贫困户都能享受到扶贫小额信贷支持。完善扶贫贴息贷款和风险控制补偿机制等配套政策，充分发挥人民银行扶贫再贷款、支农再贷款、再贴现政策的作用，支持更多银行业金融机构积极履行社会责任，参与金融扶贫工作。加大对异地扶贫搬迁、光伏扶贫、扶贫产业园、旅游扶贫、自主创业、扶贫龙头企业等领域的信贷投放；探索和创新保险扶贫的有效方式，服务民生保障。通过建立多元化的金融扶贫服务体系，充分满足贫困地区、贫困农牧户的有效金融需求。建立金融支持产业扶贫长效机制，引导金融机构加大对高原畜牧业、特色农产品种植、农畜产品收购加工、民贸产品生产等领域的优势项目、龙头企业的信贷支持，通过产业扶贫带动贫困户脱贫致富。

### （四）创新农牧区金融产品和服务，提升金融服务效率

农牧区涉农金融机构要按照客户细分和市场匹配的原则，以市场和客户为中心，创新农牧区的金融产品和服务，提升农牧区的金融服务效率，通过向农牧民提供方便、及时的金融产品和服务，满足农牧户对金融服务的需求，为促进农牧民增收创造良好的金融环境。

#### 1. 推进农牧区信贷产品和服务创新，提升支农服务水平

鼓励金融机构根据不同类型、不同经营规模的农牧区差异化资金需求，有针对性地开发适应市场需求的金融产品。探索建立“金惠工程导入＋村级信用体系建设＋信用贷款＋人民银行支农再贷款定向支持”的“四位一体”支农融资新模式，做好一般农牧户以及家庭农牧场、专业合作

社、农副产品加工以及新兴经营主体的融资服务工作，支持和促进农牧民增收致富和现代农牧业加快发展。对涉农贷款中占有较大比重的农户小额贷款和涉农小微企业贷款，要积极创新信贷业务流程，逐步探索建立以客户为中心、标准化、专业化、高效率的信贷业务流程，缩短从调查到放款的时间，尽快满足客户的贷款需求。同时，增强科技手段的运用程度，不断加大信贷系统优化升级力度，逐步实现贷款审批后可在任意网点或自助渠道循环使用和偿还，提高信贷业务效率，提升支农服务水平。

**2. 大力推进金融服务便利化，降低金融服务成本**

充分发挥互联网和移动通讯在信息获取、传输、共享效率和成本等方面的优势，按照金融机构网点、惠农金融服务点、非现金支付工具、电子支付工具有机结合的总体架构，建立覆盖城乡的现代化支付体系，形成完善、便利的金融服务网络。鼓励商业银行等发卡机构加大 POS 机具布放量，力争在县域、乡镇的超市、供销社均布有 POS 终端，提高农牧区生活商圈 POS 机具的覆盖率，为农牧民刷卡消费提供良好的硬件环境。金融机构要采取积极有效的措施，加快推进农区村级惠农金融服务点全覆盖，牧业区有条件、有需求的村级惠农金融服务点全覆盖，满足农牧民“远不出乡、近不出村”便可享受小额取款、余额查询、领取补贴的金融服务需求。

**3. 逐步放开民间融资，方便农牧民便捷融资**

民间融资是农牧区重要的金融供给渠道，可以在很大程度上弥补正规金融供给的不足，具有正规金融机构不可替代的经济效应。农牧民正常的生产生活和自主创业往往更愿意寻求便捷的民间融资渠道，更多地依靠亲朋好友的熟人圈子，而不是正规金融机构。特别是在创业过程中，民间融资所创设的风险投资、私募债务融资、股权融资等金融解决方案，在便捷地提供资金、更好地控制风险方面比正规金融机构具有优势。因此，需要逐步放开民间融资，减少对民间金融的管控，尊重民间融资的契约自由，保护自由契约的内容。当然，还需要政府对民间金融给予正确的引导和积极的培育。

**4. 探索建立农业巨灾保险体系，为农牧业保驾护航**

频发的自然灾害，往往给农牧业带来巨大损失，而普通商业保险很难承受，所以需要借鉴国际经验，建立政府主导下的“多方参与、风险共担、多层分散”的农业巨灾风险分散制度，为防灾减灾、灾后补偿、维护农牧业生产的健康可持续发展提供保障。在省级层面建立省级农业巨灾基金，可以按照当年农业增加值的一定标准提取农业巨灾风险基金，放入财政指定的专户，连续提取几年以后，仍然可以指定专门机构进行稳健运作，实现基金的保值增值。借鉴发达国家的成功经验，探索巨灾风险证券化的方式，将农业保险市场的巨灾风险通过设计、包装和评估后，投放到资本市场上进行流通，利用资本市场上众多的投资者分散农业巨灾风险。

### （五）推广金融投资理财产品，增加农牧民财产性收入

青海藏区受经济发展水平低下、农牧民收入不多、文化程度不高等因素的制约，农牧民从事金融投资的意愿不强。其仅有的投资也只是少量存款，大多数农牧民没有金融投资活动，农牧民财产性收入尤其是金融投资收入增长缓慢。在农牧区农村金融快速发展的前提下，推广金融投资理财产品，增加农牧民财产性收入，对提高农牧民整体收入水平就显得十分迫切。

#### 1. 开拓农牧区个人理财市场，为农牧民提供理财平台

各类金融机构应建立专门机构有步骤地开拓农牧区个人理财市场，组织力量深入农牧区调研个人理财市场，了解农牧民的理财需求和特点，针对农牧民的经济状况、收入水平和金融知识以及收支季节性强、抵御风险的能力较弱的特点，开发出适合农牧民实际需求、容易接受、操作简单方便的金融理财产品。例如，可针对农牧民目前关注的养老、重大疾病等问题，开发专门针对农牧民养老、疾病治疗的投资理财产品等；对有较高风险承受能力的农牧民可加大办理基金、保险等理财产品的力度；对于理财业务尚处于起步阶段的农村县域金融机构，重点应放在培育个人理财市场，包括向农牧民介绍合适的理财产品，鼓励农牧民尝试金融投资活动。同时，加强对农牧民理财知识的培训，宣传金融理财产品和投资技巧，增强农牧民的投资理财观念，让农牧民真正意识到理财带来的好处。

#### 2. 加大理财宣传力度，激发农牧民理财需求

针对青海藏区的实际，在确保农牧民资金储蓄收入的前提下，金融机构应充分利用现有的机构、网点、人员、信息、资源等优势，配备专业理财经理，采用灵活多样的宣传手段，开展投资理财产品的宣传。可根据金融理财产品的特性和农牧民的收入状况，向农牧民介绍理财产品的收益和

风险，让农牧民了解理财产品与储蓄存款的区别，提供农牧民对金融理财产品的认知度，切实激发农牧民的理财需求。

3. 强化监管力度，防范金融理财风险

任何金融活动都是有风险的，金融理财活动也不例外。为保护农牧民的切身利益，促进农牧区个人理财市场的健康有序发展，必须采取行之有效的措施，加大对金融理财市场的监管力度，有效防范金融理财风险。为此，一方面要扩宽金融理财产品的监管范围，规范理财产品从开发、发行、销售到管理的全过程，杜绝任何损害消费者利益的行为；另一方面提高金融理财产品的信息透明度，向农牧民说明理财产品的收益实现方式和风险揭示要点，引导农牧民理性选择理财产品，努力把理财风险控制在最小范围内。

（六）进一步深化农村金融改革，增强金融服务功能

青海藏区作为经济欠发达地区，农村金融发展相对滞后，农牧民贷款难和小微企业融资环境尚未从根本上得到改善，农牧区融资特别是基层农牧区融资难问题仍然较为突出。因此，必须深化农村金融改革，发展农村普惠金融，着力增强金融服务“三农”的功能，为农牧民增收提供必要的金融支持。

1. 扩大农村金融规模，强化支农效率

农村金融发展有利于增强农牧业发展实力，增加农牧民收入，缩小城乡差距，提升农牧民生活质量。因此，政府应采取积极有效的措施，加大农牧区金融基础设施建设，扩大农村金融规模，使其更好地服务于农牧区和农牧民。首先，强化农村金融支农力度，适当降低农村金融机构的营业税和所得税税率，对金融机构发放的用于农牧业生产和基础设施建设的贷款免征相关税费。其次，针对部分地区农信社存在巨额存贷差的现象，监管部门应当采取激励性措施促进农村储蓄更多地向农村贷款转化，进一步提高农村储蓄的贷款转化率，提升农村金融发展效率。

2. 适当放宽对农牧户的信贷政策，拓宽信贷目标群体

为适应农牧区经济发展和产业结构调整的要求，应放宽农村信贷政策，尝试推广“综合授信、按需放贷”和“差异化利率优惠”等信贷政策。“综合授信、按需放贷”政策是根据客户信用记录等情况，给客户综合授信一定额度的贷款，客户在贷款授信额度、期限内根据实际用款需要，随用随贷，

随贷随还，可以极大地满足农牧户和小微企业灵活用款的需求，并且还为其节省了贷款利息支出，降低了融资成本。“差异化利率优惠”政策是根据客户在银行办理信贷业务年限的不同，执行差异贷款利率，在现行的存贷优惠利率基础上，再度享受更优惠的利率，实现“利率双惠，银户双赢”。同时，将农业信贷的目标群体扩大到传统种养大户、订单农户、小商户、小饭馆、小农户、小作坊、小种植、小微企业、运输户和其他与“三农”有关的城乡个体经营户，增加小额贷款的发放额，扩大生产经营规模，创造出更多的就业机会，广泛吸纳农牧民就业，增加农牧民收入。

**3. 引导金融机构探索抵押贷款方式，拓宽“三农”融资渠道**

充分考虑农牧民、专业合作社、家庭农场等农业经营主体缺乏有效担保物的实际，积极稳妥地推进农村土地、草场承包经营权和农民住房财产权抵押贷款试点工作，创新“两权”抵押担保模式，拓宽农村融资渠道，促进农牧业加快发展。加快建立“两权”抵押、流转、评估等专业化服务机制，支持各种合法方式流转的农村承包土地经营权和农民住房财产权用于抵押。要建立完善“两权”抵押贷款管理办法和操作规程。尽快设立“两权”风险补偿基金，增强贷款人放贷信心；统筹利用对农牧区的各项扶持政策，推进建立“两权”抵押贷款风险缓释剂臂长机制。借鉴省外成功经验，为专业合作社的温棚确权颁证，形成银行贷款抵押物权，银行据此向农牧民发放贷款。积极探索适合本地区的土地流转模式，通过确权登记、支持“土地承包经营权抵押”等途径，尽快解决农牧民呼声很高的“将流转土地变为有效资产”的问题，有效解决农牧民的抵押难问题。与此同时，探索研究牛、羊、猪、鸡、鸭等活畜活禽作为有效抵押资源的抵押贷款机制，由县级农牧部门作为活畜活禽的登记机关，保险机构研究开发活畜活禽贷款保证保险，引入专业监管机构进行监控，由此拉动信贷投放并降低信贷风险，拓宽农牧民、专业合作社和涉农企业的融资渠道。

**4. 实现金融与科技的深度结合，充分发挥科技支农的作用**

农业科技作为现代农牧业发展的第一生产力，是实现现代农牧业的关键环节和重要支撑。“十三五”时期需要根据青海农牧业发展的实际，不断探索与创新农牧业科技金融产品与服务，发挥农村金融在农牧业产业链发展和整合中的作用。根据农牧业产业链中不同环节的风险和收益特点，开发相应的金融产品和服务，通过加强薄弱环节以加快农牧业现代化、产业化进程。为此，金融机构要根据现代农牧业融资需求特点，加大对农牧业科技创新的支持力度，满足农牧业科技创新企业、农牧业科技创新项目、现代农牧业园区等各方面的合理资金需求。帮助农牧业科技企业通过资本市场直接融资，推动农牧业担保、保险、期货、补偿基金等风险分担和转移机制建设。

## 三、青海藏区普惠金融支持农牧民增收的保障措施

普惠金融的核心理念，是致力于将弱势群体纳入正规的金融体系。青海藏区应充分借鉴国内外普惠金融的发展经验，继续倡导引领普惠金融的价值理念，推动普惠金融纵深发展，为农牧民增收提供全方位的金融服务。但由于普惠金融存在成本高、风险大、收益低的现实，需要从政府层面、市场层面和服务对象层面健全相应的保障机制，使普惠金融在促进农牧民增收进程中发挥应有的作用。

### （一）政府层面：进一步完善促进普惠金融发展的法律及政策体系

#### 1. 明确普惠型农村金融机构的法律地位

2006 年 12 月 20 日，银监会发布了《关于调整放宽农村地区银行业金融机构准入政策，更好支持社会主义新农村建设的若干意见》，提出农村金融市场逐步开放的试点方案。该方案的实施，对抑制农村地区资金外流、解决农牧民融资困难、推动农牧业产业结构调整和农牧民增收等问题都起到了积极的作用。作为实施普惠金融的主体，村镇银行、小额信贷机构和农牧民资金互助合作社等新型农村金融机构在各级政府的大力支持下，获得了快速的发展，在一定程度上解决了农牧民和中小企业发展生产所面临的融资难问题。但是，由于新型农村金融机构存在规模较小（如青海大通国开村镇银行注册资本金仅 2245 万元）、缺乏相应的法律地位（如非政府组织的小额信贷机构和农牧民资金互助合作社等）以及政府的行政干预较多等问题，使得新型农村金融机构在农村金融市场竞争中处于劣势，影响了新型农村金融机构的可持续发展。鉴于此，应当明确普惠金融机构的职责权限和相应地位，加快农村地区普惠金融法律法规体系建设，发挥其保障普惠金融健康、稳步发展的作用。为此，要加快制定适用于农村新型普惠金融机构的法律法规，明确农村新型普惠金融机构的法律地

位，尤其是要加快推进对村镇银行、贷款公司及农村资金互助社等新型金融机构的立法工作进程，尽快出台《小额信贷法》《农村金融法》等，依法保护普惠制农村金融的合法权益，使农村新型普惠金融机构更好地满足农牧区、农牧民多层次的融资需求。

**2. 建立和完善政府扶持普惠金融可持续发展的政策体系**

普惠金融的“草根”性质客观上决定了普惠金融业务具有风险大、成本高、收益低的特点，由此对金融机构营利性要求构成挑战，难以形成商业可持续发展。从当前各国的实践来看，普惠金融体系的主力依然是具有“草根”性质的社区小型金融组织，如村镇银行、信用合作社、小额贷款公司、资金互助社等，商业银行在其中所占的份额并不大，这种状况也影响了普惠金融服务供给的增加。为此，政府应建立和完善促进普惠金融发展的长效机制，通过强化政策扶持来调动金融资源支持普惠金融发展的杠杆效应和正向激励作用，让有积极性、有能力、有思路的金融机构能安心提供普惠金融服务。一是财政部门、人民银行、银监局和税务局等有关部门，应继续出台新型普惠制农村金融机构定向费用补贴政策、县域金融机构涉农贷款增量奖励政策、涉农和中小企业不良贷款呆账核销政策、涉农信贷损失准备金税前扣除政策等系列扶持优惠政策，支农再贷款政策应扩大到新型普惠制农村金融机构，有效调动新型农村金融机构支持“三农三牧”的积极性。二是对银行发放涉及普惠金融的贷款在信贷总量调控、风险权重、不良贷款容忍度和坏账核销等方面实施更加差异化的支持政策，更加充分有效地发挥银行信贷的主体作用。三是对农村金融机构采取税收优惠政策，如免征所得税，对普惠金融机构发放的农业贷款减免营业税，对农业保险机构免征营业税等，以此来支持和鼓励各类金融机构在农牧区的发展。四是加大对农牧业保险的政策支持力度。农业保险具有很强的正外部性，其发展需要政府的参与和支持。因此，需要明确农业保险的政策属性，加大政策支持力度，促进农牧业保险更好发展。在目前农牧民收入水平仍然较低的条件下，通过财政补贴、税收优惠等政策手段介入农牧业保险，是农牧民承担不起的“不可保”自然灾害风险转变成可保风险的关键条件。

**3. 加强普惠制农村金融制度建设**

人民银行分支机构在实施货币政策调控过程中，要进一步强化“窗口指导”的有效性，畅通货币信贷政策传导机制，引导商业性金融机构大力发展涉农小额信贷业务，增强金融服务的普惠性，改善对农牧民群众的金融服务质量。不断完善金融支农惠农助农政策，银行监管部门应适时调整和放宽农村地区银行业金融机构的准入政策，协调金融资源配置。完善与政府有关部门的协调沟通机制，加大财政、税收等政策支持力度，为新型普惠制农村金融机构发展创造良好的外部环境。同时，借助媒体宣传优势，扩大普惠制农村金融机构的社会影响力，提高公信力和社会认可度。

### （二）市场层面：推动完善农牧区普惠金融服务的外部环境

#### 1. 加快农牧区金融支付结算体系建设

农村牧区金融支付结算体系是农牧区普惠金融体系的重要组成部分。与城市相比，农牧区支付结算体系建设总体上仍显缓慢，农牧区金融机构提供的支付结算服务无法满足农牧民和农牧区经济组织的结算需求，不能适应“三农三牧”发展的需要。为提升农牧区普惠金融服务水平，必须加快农牧区金融支付结算体系建设。一是推广使用现代支付工具。金融机构应结合当前农牧区手机和固定电话普及率比较高的情况，采用信息技术手段，大力推广和开办银行卡业务，延伸金融服务的时间和空间，合理降低服务成本，着力提高农牧民获得金融服务的便利性。二是拓宽支付清算网络的辐射区域。引导农牧区金融机构加大金融基础设施建设力度，扶持更多的农牧区金融机构加入现代化支付清算系统，使支付清算网络真正延伸到乡镇。目前，农牧区使用最为频繁的农银信支付清算系统、小额支付系统和全国支票影像交换系统等平台，覆盖的地区还有待进一步拓宽，以更好地满足农牧区企业和个人日益呈现出的多样化、个性化支付需求。三是促进农牧区中小金融机构与大型机构的业务互补。继续支持农牧区金融机构采取多种方式，低成本接入现代化支付系统，对于不具备接入条件的金融机构，可通过商业银行代理接入支付系统。四是加强支付结算知识的宣传。建立农牧区金融知识宣传普及的长效机制，金融机构营业网点可通过展板、电视、广播、报刊、宣传资料等形式，以专题报道、知识问答、培训讲座等群众喜闻乐见的形式进行普及，提高农牧民对结算知识的理解和认可。

#### 2. 优化农牧区金融生态环境

金融机构要积极依靠地方政府的支持，实施信用工程建设，广泛开展信用户、信用村、信用乡（镇）、信用社区、信用企业、信用县的创建活动，以达到农牧区信用体系趋于健全，投融资环境明显改善，银农（牧）、银企关系和谐，金融运行效率大幅提高的良性发展局面，进一步优化金融生态环境。一是深入推进农村信用体系建设。继续推进征信体系建设，加快企业和个人信用信息基础数据库建设，逐步建立和完善农牧户、中小企业信用档案，并明确规定企业和个人资信数据资料采集、等级评定、征信提供的合法程序，将征信系统建设和征信服务覆盖到所有从事普惠金融服务的机构和广大农牧区，确保社会信用咨询服务活动有序进行。二是积极主动抓好金融法制和信用知识宣传。根据农牧区的实际，定期开展法律宣传活动，提高社会各界的遵纪守法意识。各级政府要转变观念，支持法律部门秉公执法，坚决打击各类经济犯罪行为，杜绝各类逃废银行债务的事件，维护金融机构合法权益不受损失。加强对贷款企业和个人制定宣传信用知识的工作方案，加强对农村信用建设的工作考核，营造浓厚的农村信用建设氛围。三是完善风险预警和突发事件应急处理机制，以金融工作办公室、人民银行及相关部门为主体，建立信息共享联动机制，加强农牧区金融风险的监测分析，及时沟通交流维护金融债权的各类信息；加强对小微企业和个人信用状况和资金营运状况的监测，引导银行业金融机构在加大金融支农力度的同时，切实维护银行业金融机构的合法权益；加强同金融机构沟通，进一步完善突发事件应急预案，避免突发风险事件对金融机构造成重大损失。

### 3. 开展金融教育，增强中低农牧民收入群体的金融需求

普惠金融体系的健康运行，关键是要激活和增强中低农牧民收入群体的金融服务需求。贫困地区农牧民由于金融知识缺乏所导致的金融需求不足的问题，严重影响了贫困群体与金融机构的有效对接，也制约了金融扶贫的效率。为此，必须通过加强金融教育，培养贫困农牧民的金融素养，激发金融服务需求。一是结合当前深入推进全省社会信用体系建设工作，持续开展“送金融知识下乡”等活动，使农牧民真正了解现代金融服务对生产生活带来的便利和益处。在加大“送金融知识下乡”工作力度的同时，督促各银行业金融机构把丰富农牧区金融业务品种、拓宽营销渠道、完善服务功能、为广大农牧民提供更全面、更便捷的基础金融服务作为重要发展战略，不断提升服务能力，创新服务形式。二是加强部门联合，探

索建立社会公众金融教育体系。政府部门应积极推动金融知识普及工作，各金融部门作为普及金融知识的主力军，要采取举办公益性金融知识展览、金融知识与技能讲座、典型案例讲解等方式，普及金融知识，提高教育效果，不断拓宽金融知识宣传面，扫除宣传盲区。三是要进一步发挥中国金融教育发展基金会等公益性组织的作用。加强与金融行业协会、高等院校、科研机构以及世界银行扶贫协商小组（CGAP）等国际组织的交流与合作，在贫困农牧区持续深入开展金融教育活动，增强农牧民的金融意识和运用金融手段脱贫致富的能力。

**4. 深化农村普惠金融机构与大型商业银行的合作**

2006 年以来，农村普惠金融机构快速发展，较好地贯彻了政府的金融政策意图，在拓宽农村金融服务覆盖面、提高农村金融服务供给水平和提升农村金融市场竞争力方面，发挥了积极作用。但是，普惠金融机构在发展中也面临诸多制约因素的困扰，如资金短缺、管理水平落后、高层次人才缺乏等。而大型商业银行的优势则在于资本雄厚、资金充裕、管理手段先进、拥有高层次的专业人才。这就为普惠金融机构与大型商业银行之间的合作提供了可能，监管部门与金融机构应积极探索合作模式与途径，进一步提升农牧区普惠金融服务水平。一是在构建多元化、广覆盖的农村金融体系的基础上，加强大型商业银行与普惠性金融机构的合作与协调发展。普惠金融机构利用本土优势，吸收当地闲散资金，贷款无须抵押、无须担保，极大地满足了农牧民生活、生产和创业的需求，在满足农牧民小额、分散的金融需求方面具有独特的优势；而商业银行在经营管理、服务创新、风险控制、信息技术手段等方面则具有明显的优势，商业银行与普惠金融机构通过建立优势互补的合作机制，无疑会促进普惠金融机构完善结构、强化管理、提高效益，同时也有助于降低商业银行为“三农”发展提供金融服务的成本，引导更多资金流向农村牧区。二是鼓励大型商业银行在风险可控范围内，有选择性地对农牧区普惠性金融机构批发贷款，以满足服务“三农”的资金需求。为实现批发贷款业务的开展，地方政府需要出台相关政策，加强农牧区金融生态环境建设，消除大型商业银行对风险问题的顾虑；同时理顺普惠性金融机构的管理体制和运行机制，构建可持续发展的盈利模式，为与大型商业银行合作提供积极的正向预期。三是创新合作模式，扭转合作方式单一的局面。如开展产品代理业务，大型商业银行可将开发出的新产品，委托给普惠型金融机构进行产品营销；商业银行还可以为农牧民资金互助组织提供必要的人才、业务拓展和技术支持，进一步拓宽双方合作的领域。

**5. 构建金融机构线上线下一体化的普惠金融服务网络**

金融机构运营成本过高和金融机构服务网点覆盖率较低等问题是制约农村金融发展的主要“瓶颈”。研究和实践都表明，在地域广阔的农牧区，依托电子化渠道，能为农牧民提供摆脱时间和空间限制、便利和快捷的金融服务，大大降低金融机构运营成本。当前，移动互联网已是大势所趋，互联网与金融业相互融合势不可挡。但互联网金融并不是简单地把金融产品平移到互联网平台，其最大意义在于利用互联网技术手段降低金融服务成本、提升服务效率、扩大金融服务的覆盖面、增强金融服务的可获得性，使边远地区、小微企业、社会低收入人群能够享受到价格合理、方便快捷的金融服务，让人人都享有平等的金融权利。互联网金融所具有的低交易成本、广覆盖领域、高服务效率等先天优势，与普惠金融的价值属性高度契合。一个银行网点的服务半径大约为3.5~5千米，而互联网金融是无边界的概念。作为传统银行业，不能夜郎自大，要用积极的、正面的心态和眼光看待互联网金融，利用互联网与生俱来的公平、开放、普惠属性，将金融机构在普惠金融服务方面的线下优势，以互联网为载体，在线上进行无线延伸。2012年7月，邮储银行在全国率先试点农村手机支付业务，该项业务因其操作简便、安全性高等特点，有广阔的发展前景。青海藏区农牧区在确保安全支付的前提下也可逐步有序地推进手机银行业务。在推进手机银行业务时，一方面，地方政府要加强与邮储银行、农信社的沟通协调，争取手机银行业务在经济金融环境较好的农牧区进行试点。另一方面，普及互联网知识，树立安全支付意识。

### （三）服务对象层面：着力培育普惠金融的需求主体

普惠金融的实质是扶持弱势群体且自身可持续发展的金融体系。在我国目前阶段，对“三农”的金融服务是普惠金融最重要的任务之一，是它的根本所在。农牧区相比城市是弱势的，农牧业相比工业是弱势的，农牧民相比城里的多数人是弱势的。因此，农牧区是普惠金融的重点所在，农牧业是其服务的主要产业，农牧民是其服务的主要群体。为确保普惠金融服务的针对性和实效性，在服务对象层面，应着力培育普惠金融服务体系的需求主体，使贫困和低收入农牧民成为这一服务体系的中心，他们对金融服务的需求决定着普惠金融体系的正常运转。

1. **为农牧民开展有针对性的培训项目**

从世界各国开展普惠金融的实践来看，针对有金融需求的农牧民进行相关项目培训，能够提高其对金融产品的认识、理解和使用技巧，发挥金融对农牧民创业、提高收入、减轻贫困及促进劳动力转移等方面的作用，体现普惠金融的效用。就青海藏区农牧区的实际情况而言，可以利用基层乡镇政府独特的纽带优势，结合具体的普惠金融支持项目，对农牧户及小微企业进行必要的生产技能、产品营销、企业经营管理、专业技术培训等，确保项目建设如期完成，实现预期的盈利目标，最大限度地规避普惠金融面临的市场风险。

2. **加大普惠金融政策宣传力度**

各级人民银行要加强对普惠金融工作及政策的宣传，定期发布政策解读，通报典型案例，要及时跟进普惠金融知识、金融产品进农牧区、进社区活动的宣传报道，增强农牧民群众对普惠金融产品和服务的认知度，为普惠金融的健康发展营造良好的社会环境。基层政府和金融机构应承担富民惠农政策的宣传责任，对涉及农牧民创业、农牧业生产、教育助学、劳动力转移、脱贫致富等方面的政策要及时宣传和解读，使农牧民了解金融支农惠农助农的政策。重点宣传金融普惠政策、金融普惠产品、金融新法规、新知识、新业务，以及金融消费者权益保护等方面的内容，可以通过下乡普及推广、新闻宣传等形式详细介绍理财产品、个人贷款等重点产品，接受农牧民现场咨询，将普惠金融政策、产品和业务送到广大农牧民手中，帮助他们更好地运用金融工具，分享更多的金融服务。

3. **降低农牧民融资成本**

认真落实农牧区贫困户贷款全额贴息、大学生生源地入学贷款、妇女小额创业贴息贷款等优惠政策，降低信贷门槛，加大政策的优惠力度，增加农牧民创业和就业的机会。借助各种媒体，加大金融优惠政策的宣传力度，努力发挥优惠政策的帮扶引导作用。人民银行和金融办要引导金融机构规范各种收费标准，合理确定资金价格，有效降低农牧民获取金融产品和金融服务的成本，推动更多金融资源向农牧区和农牧民倾斜。进一步加大非现金支付工具的普及力度，增加对发卡行和收单机构的补贴力度，努力降低农牧民取款、转账、缴费、汇款等环节的成本。

**4. 重视农牧民教育**

农牧民是“三农”问题的核心。不仅是他们的人数、就业分布，他们自身的素质或受教育的水平，也是至关重要的。① 农牧民素质已经成为新农村、新牧区建设中的一个决定性因素，农牧区人力资源的开发对农牧劳动力的转移、农牧业产业发展、农牧民增收影响深远，也制约着普惠金融目标的实现。因此，各级地方政府必须高度重视农牧区的教育事业，在全面普及农村义务教育的基础上，强化农村高中教育，尤其应扩大职业高中教育的发展规模，同时探索成人教育的发展路径，满足农牧民接受新知识、新技能的需要。通过完善农牧民终身学习体系，提升农牧民的文化素质。

## 四、小结

农村金融作为现代农村经济社会发展的核心，在促进农牧民增收和农村经济社会发展中起着不可替代的重要作用。政府和各金融机构需要积极探索青海藏区农牧区普惠金融的发展路径，不断加大金融对“三农”的支持力度，满足农牧民特别是贫困及低收入群体的金融需求，借助金融的力量，努力改善低收入群体的经济状况及收入水平，提高农牧民的生活质量和消费水平，实现农牧区的和谐发展。

（1）为了更好地体现金融对农牧民增收的支持功效，必须构建农村普惠金融体系。要完善农牧区普惠金融组织体系，强化涉农金融机构服务“三农”的功能，建立贷款风险补偿与担保机制，建立农牧业风险保障机制，建立农牧区资金回流机制。通过上述措施的实施，有效改善农牧区资金供需矛盾，为农牧民增收提供良好的金融服务平台。

（2）促进农牧民增收，要在完善普惠农村金融体系的基础上，切实采取行之有效的措施，加大金融支持“三农三牧”的力度，为农牧民增收奠定坚实的基础。具体包括：健全和完善支农惠农的金融信贷机制，扶持农牧业健康发展；积极推动金融资源的有效配置，着力支持现代农牧业发展；增强金融服务的针对性，全方位服务农牧民增收；创新农牧区金融产

① 蔡昉．经济文选［M］．北京：中国时代经济出版社，2010，．

品和服务，提升金融服务效率；普及金融投资理财产品，增加农牧民财产性收入；普及金融投资理财产品，稳步增加农牧民财产性收入；进一步深化农村金融改革，增强金融服务功能。

（3）普惠金融的健康发展，需要从政府层面、市场层面和服务对象层面健全相应的保障机制，使普惠金融在促进农牧民增收进程中发挥应有的作用。

政府层面：进一步完善促进普惠金融发展的法律及政策体系；市场层面：推动完善农牧区普惠金融服务的外部环境；服务对象层面：着力培育普惠金融的需求主体。

# 第八部分

# 研究结论与展望

农村普惠金融的发展是新时期农村经济的核心，现代农牧业的发展、社会主义新农村、新牧区的建设和农牧民收入的增长，都需要金融的强有力支持。改革开放 30 多年来，青海藏区农村金融获得了长足发展，金融体系逐步形成了一个以农村信用合作机构为基础，商业性金融与政策性金融分工协作的正规金融服务体系和非正规金融并存的格局。金融服务能力逐步提高，金融资源利用率稳步提升。同时，非正规金融在农牧区快速发展，民间借贷活动较为活跃。但是，青海藏区由于自然条件、经济基础及市场化程度等因素的制约，金融发展依然存在比较突出的问题，尚未从根本上解决“融资难、融资贵”的问题，农牧民金融服务可得性较低，农牧民收入增长不稳定。本课题在促进青海藏区社会主义新农村、新牧区建设的背景下，借鉴国内外相关研究成果，从普惠金融促进农牧民增收的视角出发，对青海藏区农村普惠金融发展与农牧民增收的关系进行了系统的分析和研究。其研究成果具有一定的学术价值和现实意义。

## 一、基本结论

### （一）农村金融发展需要加大改革与创新力度

从青海藏区农村金融发展的实践来看，金融发展水平较低，对农牧业发展的支持力度不大，农牧业发展资本稀缺的矛盾并未得到根本解决。金融服务网点布局不足、金融服务缺少多元化、资金大量外流、信用环境不理想、员工素质低下等问题，严重影响和制约了农牧区经济的发展。为此，需要以极大的勇气和智慧，加大农牧区金融改革创新的力度，在农村金融组织、金融产品种类、支持“三农三牧”的激励政策、信用体系的完善、提高员工素质等方面进行探索和创新，努力提升农牧区金融服务水平。

### （二）农村普惠金融发展需要良好的社会环境

青海藏区农牧区普惠金融发展面临的困难和问题要比其他地区更为复杂、艰巨，要真正推动普惠金融的发展，必须从政府层面、市场层面、服务对象层面建立和完善相关的政策、制度和保障机制。如普惠金融机构的法律地位、财政税收政策的导向作用、金融生态环境、农牧区基础金融服务设施、农牧民的教育程度等方面，都关系到普惠金融发展的质量和效率。因此，必须从政府、监管机构、金融机构及农牧民等方面入手，采取积极有效的措施，为农牧区普惠金融发展营造良好的社会环境。

### （三）普惠金融支持农牧民增收要考虑区域经济发展的特色

青海藏区是我国乃至亚洲的重要水源地和全球重要生态屏障。不可替代的生态地位、生态功能及欠发达的省情，使得绿色发展显得尤为突出。随着一系列生态保护工程的实施，“退耕还林”“退牧还草”政策的实施，使众多的农牧民离开了土地和草原，放弃了传统的生产生活方式，借助移民工程开始了新的生活。农牧民纯收入中种养殖业收入会大幅下降。为此，金融支持农牧民增收要适应经济发展的新形势、新变化，支持农牧业产业化、服务型产业和绿色产业的发展，通过这些产业的发展壮大，为农牧民提供新的收入增长点。

### （四）提升普惠金融服务的可得性是实现农牧民增收的重要保障

普惠金融服务的可得性是农牧民能够获得的金融服务种类、数量及服务能力水平，主要表现为农牧民有权利和有能力使用的金融服务的程度，对农牧民收入产生重要的影响。因此，针对青海藏区地广人稀的特点，应努力实现普惠金融服务村级全覆盖，拓展普惠金融服务点功能，为农牧民提供综合性金融服务；创新金融服务和产品，满足农牧民短、小、快的融资需求；充分发挥互联网和信息通信技术优势，将金融服务延伸到偏远地区。通过不断提升农牧民普惠金融服务的可得性，实现农牧民的增收目标。

## 二、研究展望

农牧区普惠金融发展与创新是一个动态的过程，需要随着农牧区普惠金融发展的实践不断深化。本课题在研究视角、研究内容和方法等方面进行了创新，对青海藏区农牧区普惠金融发展支持农牧民增收进行了深入的研究，力求在实现藏区和谐发展的大背景下，深化对农牧区金融发展的认识，以加快推进适合青海藏区经济发展的农牧区普惠金融服务体系的建立与完善。

但是，由于各种主客观原因，课题依然存在不足，如由于青海藏区金融发展滞后，相关的数据极度缺乏，实证分析的创新性不够；问卷的设计还不够科学，尤其是金融机构的供给状况指标设计有待完善；农牧区金融供给的分析较为淡薄。今后应注重以下几方面的研究。

一是加大对新型农牧业生产经营体系的金融需求及供给的研究。新型农牧业经营体系充分体现了发展现代农牧业的客观需求，是农牧业逐步走向现代化的现实途径之一。金融作为经济发展的“加速器”，创新支持新型农牧业经营体系，是未来普惠金融发展应关注的重点领域。

二是加大农牧区普惠金融创新发展的研究。从今后的研究来看，需要对农牧区特别是贫困地区的金融服务效率进行深入分析，建立农牧区普惠金融发展的综合衡量指标体系，并提出打造多层次、广覆盖、多样化、可持续的普惠金融平台的对策建议。

三是加大对增加农牧民财产性收入的研究。目前，多数学者更多关注的是青海藏区农牧民收入中的家庭经营性收入和工资性收入，而对财产性收入的关注明显不够。随着农牧区金融体制的改革，农牧民的财产性收入将会成为新的收入增长点。为此，还需要学术界给予更多的关注。

青海藏区深化农牧区金融改革，培育农牧区普惠金融市场，完善农牧区普惠金融体系，为农牧民提供更加便捷、高效的现代金融服务，进而促进农牧民增收，是一项复杂的工程，是需要经过长期努力才能见效的一项艰巨任务，任重而道远，需要社会各方面共同努力。

# “青海藏区普惠金融发展与农牧民增收问题研究”调查问卷（一）
## 农牧民金融需求状况

调查对象：农户

说明：在备选答案中划“√”即可

## 一、被调查者基本信息

| | |
|---|---|
| 现居住地 | ________州________县________乡（镇）________村 |
| 家庭结构 | 家庭人口：________人<br>家庭劳动力人数：________人<br>家庭老年人口数（60岁及以上）：________人<br>家庭孩童人数（18岁及以下）：________人 |
| 家庭主要收入来源成员的基本情况 | 性别：①男；②女<br>年龄：①20～29岁；②30～39岁；③40～49岁；<br>④50～59岁；⑤60岁及以上<br>受教育程度：①小学教育；②初中教育；③高中及中专教育；<br>④大学教育；⑤其他 |
| 家庭年收入 | ①5千元以下；②5千～1万元（不含）；③1万～1.5万元（不含）；<br>④1.5万～2万元（不含）；⑤2万元及以上 |
| 家庭主要收入来源（选一项） | ①种植业；②养殖业；③畜牧业；<br>④副业（手工业、建筑、运输、经商和服务业）；⑤补贴或救济款；<br>⑥其他（请填写）________________ |
| 家庭主要从事的经营活动（选一项） | ①农业生产；②农业生产为主，牧业生产为辅；<br>③农业生产和牧业生产各占一半；④牧业生产为主，农业生产为辅；<br>⑤牧业生产；⑥以副业为主 |
| 家庭主要支出项目 | ①消费支出；②生产成本（种子、化肥、农药等）；<br>③生产性投资；④捐赠寺庙支出 |
| 家庭主要消费情况 | ①衣食等消费支出；②住房支出（新建或装修）；③子女教育支出；<br>④医疗支出；⑤婚丧嫁娶支出；⑥购置家电或汽车等支出；⑦其他 |
| 家庭是否为信用户 | ①是；②否 |
| 家庭所在村是否为信用村 | ①是；②否 |
| 家庭主要收入来源成员是否接受过技能培训 | ①是；②否 |

## 二、农牧民金融需求信息

| | | |
|---|---|---|
| 资金借贷需求 | 1. 在日常生产生活中，您需借款的情况 | ①生产性借款； ②建房装修借款；<br>③子女入学教育借款； ④治病借款；<br>⑤婚丧嫁娶借款； ⑥突发情况借款；<br>⑦其他借款__________ |
| | 2. 您借款的主要途径 | ①向金融机构借款； ②向亲朋好友借款；<br>③向地下钱庄借款； ④其他______ |
| | 3. 您是否向银行或信用社申请过贷款 | ①是； ②否 |
| | 4. 申请贷款的次数 | ①0 次； ②1 次； ③2 次； ④3 次； ⑤3 次以上 |
| | 5. 贷款用途 | ①从事生产； ②建房或装修； ③子女教育；<br>④治病； ⑤婚丧嫁娶； ⑥其他______ |
| | 6. 所申请贷款获批次数 | ①0 次； ②1 次； ③2 次； ④3 次； ⑤3 次以上 |
| | 7. 最近一次获得贷款的时间 | ①2009 年以前； ②2009 年； ③2010 年；<br>④2011 年； ⑤2012 年 |
| | 8. 最近一次所获贷款的数额 | ______元 |
| | 9. 最近一次所获贷款的利率 | ______% |
| | 10. 最近一次所获贷款的期限 | ①1～3 个月； ②3～6 个月； ③6～12 个月；<br>④1～2 年； ⑤2～5 年； ⑥5 年以上 |
| | 11. 您是否向亲朋好友借钱 | ①是（若有获批，请回答问题 12～15）； ②否 |
| | 12. 借款用途 | ①从事生产； ②建房或装修； ③子女教育；<br>④治病； ⑤婚丧嫁娶； ⑥其他______ |
| | 13. 最近一次借款金额 | ______元 |
| | 14. 最近一次借款利率 | ①无； ②有（______%） |
| | 15. 最近一次借款的期限 | ①1～3 个月； ②3～6 个月； ③6～12 个月；<br>④1～2 年； ⑤2～5 年； ⑥5 年以上 |
| | 16. 您是否向私人钱庄借款 | ①是（若有获批，请回答问题 17～20）； ②否 |
| | 17. 借款用途 | ①从事生产； ②建房或装修； ③子女教育；<br>④治病； ⑤婚丧嫁娶； ⑥其他______ |
| | 18. 最近一次借款金额 | ______元 |
| | 19. 最近一次借款利率 | ①无； ②有（______%） |
| | 20. 最近一次借款的期限 | ①1～3 个月； ②3～6 个月； ③6～12 个月；<br>④1～2 年； ⑤2～5 年； ⑥5 年以上 |

| | | |
|---|---|---|
| 资金投资需求 | 21. 目前您所从事的投资项目 | ①农业生产性投资；②牧业生产性投资；<br>③副业生产性投资；④盖房买房；<br>⑤存款投资；⑥借贷投资（把钱借给别人，收取利息）<br>⑦购买有价证券（如股票、基金、国债等）；⑧其他____ |
| | 22. 投资收益占您收入的比重 | ①10%以下；②10%～20%（不含）；③20%～30%（不含）；<br>④30%～40%（不含）；⑤40%及以上 |
| | 23. 在所有投资中，存款、借贷、有价证券等金融资产所占比重 | ①5%以下；②5%～35%（不含）；③35%～65%（不含）；<br>④65%～95%（不含）；⑤95%及以上 |
| | 24. 您对投资收益是否满意 | ①满意；②基本满意；③不满意 |
| 金融服务需求 | 25. 您需要当地金融机构提供哪些金融服务业务 | ①转账汇款业务；<br>②代收水费、电费、保险金等各种费用；<br>③代理销售各种商业保险；<br>④代理销售基金及各种理财产品；<br>⑤代理销售国债；⑥代理保管贵重物品的服务 |
| 风险管理需求 | 26. 您觉得保险对您的生产、生活有帮助吗? | ①有；②无 |
| | 27. 您购买过或参加过的保险 | ①财产保险；②养老保险；<br>③农（牧）业保险；④人身意外保险；<br>⑤合作医疗保险；⑥投资类保险；⑦其他____ |
| | 28. 您是否参加了农村合作医疗保险 | ①是；②否 |
| | 29. 您没有参加农村合作医疗保险的原因 | ①需缴纳费用、费用较高；<br>②保障程度满足不了日后看病的需要；<br>③不知道有农村合作医疗保险；④其他______ |
| | 30. 您是否参加了当地的农（牧）业保险 | ①是；②否 |
| | 31. 您没有参加农（牧）业保险的原因 | ①对当地是否有农（牧）业保险不清楚；<br>②知道有农（牧）业保险，但与自己的期望相距甚远；<br>③投保难度大，保险机构开展业务不积极；<br>④给付金额较少，意义不大 |
| | 32. 您在参加当地保险时，遇到的困难 | ①保险服务网点较少；②保险种类较少；<br>③保险理赔手续烦琐 |

# “青海藏区普惠金融发展与农牧民增收问题研究”调查问卷（二）
## 企业金融需求状况

调查对象：农牧区企业

说明：在备选答案中划“√“即可

**一、基本信息**

企业名称：________________

企业地址：________________

成立时间：________ 员工总数：________

注册资本金：________

企业总资产：________固定资产：________负债总额：________

企业性质：________

企业经营范围：________________

企业年产值（近三年）：________

**二、企业金融需求信息**

1. 当地提供金融服务的机构有：

（1）农业银行 （2）农业发展银行

（3）农村信用社 （4）邮储银行

（5）小额贷款公司或村镇银行等 （6）其他

2. 企业从正规金融机构借款的规模约为：

（1）1万元以下 （2）1万～3万元以下

（3）3万～5万元以下 （4）5万～10万元以下

（4）10万元及以上

3. 企业借款的渠道：

（1）农业银行 （2）农村信用社

（3）邮储银行 （4）农业发展银行

（5）村镇银行或贷款公司 （6）亲友

（7）其他

4. 选择该机构的原因是：

（1）提供的金融服务比较合适 （2）金融服务成本较低

（3）服务质量较好 （4）设置的网点较方便

（5）对该机构比较了解 （6）当地没有其他金融机构

（7）习惯

5. 企业贷款的种类一般是：

（1）固定资金贷款　　（2）流动资金贷款

（3）技术改造贷款

6. 企业贷款的方式一般是：

（1）信用贷款　　（2）担保贷款

（3）抵押贷款

7. 企业近两年是否向银行或信用社申请过贷款：①是；②否

如果有贷款，贷款的基本情况：

（1）申请贷款的次数：①1 次；　②2 次；　③3 次；　④3 次以上

（2）申请的额度，其中最高额是（　　）元；最低额是（　　）元

（3）贷款的用途：①建造厂房；②购买设备；③购买原材料或半成品；④技术改造；⑤其他

（4）所申请的贷款是否获批：①是；②否

获得的贷款数额是（　　）元

（5）期限是（　　）年

（6）利率是（　　）

（7）最近一次获得贷款的时间是（　　）年

8. 近两年企业是否向亲朋好友借款：①是；②否

如果有借款，借款的基本情况：

（1）借款的用途：①建造厂房；②购买设备；③购买原材料或半成品；④技术改造；⑤其他

（2）借款的金额是（　　）元

（3）利率为（　　）

（4）期限是（　　）年

9. 近两年企业是否向私人钱庄借过款：①是；②否

如果有借款，借款的基本情况：

（1）借款的用途：①建造厂房；②购买设备；③购买原材料或半成品；④技术改造；⑤其他

（2）借款的金额是（　　）元

（3）利率为（　　）

（4）期限是（　　）年

10. 企业对金融机构的服务质量：

（1）满意

（2）基本满意

（3）不满意

11. 企业向银行或信用社申请贷款，所申请的额度：

（1）基本满足　　（2）满足 80%

（3）满足 50%　　（4）不能满足

12. 企业在办理贷款时遇到的最大问题是：

（1）资信状况不符合要求　　（2）手续烦琐

（3）抵押、担保难　　（4）企业规模与实力

（5）可选择的机构太少　　（6）其他

13. 企业希望贷款的期限是：

（1）3 个月　（2）6 个月　（3）1 年

（4）1～5 年　（5）5 年及以上

14. 企业是否愿意入股信用社：

（1）是　（2）否

## “青海藏区普惠金融发展与农牧民增收问题研究”调查问卷（三）金融机构金融供给状况

调查对象：金融机构

说明：在备选答案中划“√“即可

金融机构名称：________________________

所在地：__________州__________地区__________县

员工总数：________________人

1. 在给农户或农民办理贷款时遇到的最大问题是：

（1）风险大　（2）无抵押品　（3）申请周期长

（4）还款能力差　（5）贷款用途不明确　（6）利率过低

2. 最受农户或农民欢迎的贷款种类有：

（1）助学贷款　（2）生产性贷款

（3）消费性贷款　（4）无抵押担保贷款

3. 农户或农民一般需要贷款的额度是：

（1）5 千元以下　（2）5 千～1 万元（不含）

（3）1 万～2 万元（不含）（4）2 万～5 万元（不含）

（5）5 万元及以上

4. 农户或农民一般希望贷款的期限是：

（1）3 个月　（2）6 个月　（3）1 年

（4）1～5 年　（5）5 年及以上

5. 农村企业的借款规模：

（1）1 万元以下　（2）1 万～3 万元（不含）

（3）3 万～5 万元（不含）（4）5 万～10 万元（不含）

（4）10 万元及以上

6. 农村企业贷款的种类一般是：

（1）固定资金贷款　（2）流动资金贷款

（3）技术改造贷款

7. 农村企业贷款的方式一般是：

（1）信用贷款　（2）担保贷款

（3）抵押贷款

8. 给农村企业办理贷款时遇到的最大问题是：

（1）资信状况不符合要求　（2）手续烦琐

（3）抵押、担保难　（4）企业规模与实力

（5）其他

9. 农村企业希望贷款的期限是：

（1）3 个月　（2）6 个月　（3）1 年

（4）1～5 年　（5）5 年及以上

10. 您认为应该加大哪些方面的金融服务力度：

（1）农牧区基础设施

（2）发展生产和改善生活质量的资金需求

（3）扶持农牧业专业合作组织

（4）提供适合农牧民的金融产品，如基金、银行理财产品、保险、代收业务等

（5）满足农牧民教育、培训和医疗方面的需求

11. 您认为当前金融服务“三农”要解决的主要问题是：

（1）金融服务网点不足　（2）金融服务手段滞后

（3）金融产品单一　（4）其他

12. 谈谈您对金融支农方面的认识：

____________________________________________

____________________________________________

____________________________________________

____________________________________________

# 参考文献


［1］张晓山，等．农民增收问题的理论探索与实证分析［M］．北京：经济管理出版社，2007.

［2］谢丽霜．民族地区农村金融与经济协调发展研究［M］．北京：中国经济出版社，2008.

［3］王双正．中国农村金融发展研究［M］．北京：中国市场出版社，2008.

［4］黄建新．反贫困与农村金融制度安排［M］．北京：中国财政经济出版社，2008.

［5］刘玲玲，等．中国农村金融发展研究［M］．北京：清华大学出版社，2008.

［6］焦瑾璞，陈瑾．建设中国普惠金融体系［M］．北京：中国金融出版社，2009.

［7］龚明华，等．我国农村金融需求与金融供给问题研究［M］．北京：经济科学出版社，2009.

［8］钱水土，姚耀军．中国农村金融体系创新研究［M］．北京：中国经济出版社，2010.

［9］王曙光，等．普惠金融——中国农村金融重建中的制度创新与法律框架［M］．北京：北京大学出版社，2013.

［10］黄颂文．普惠金融与贫困减缓［M］．北京：中国经济出版社，2014.

［11］人行西宁中支课题组．金融支持青海省农牧民增收的对策研究［J］．青海金融，2005，（2）．

［12］温涛，冉光和，熊德平．中国金融发展与农民收入增长［J］．经济研究，2005，（9）．

［13］许崇正，高希武．农村金融对增加农民收入支持状况的实证分析［J］．金融研究，2005，（9）．

［14］李树生．低利率货币政策与农村经济增长的理论探析［J］．财贸经济，2006，（7）．

［15］王丹，张懿．农村金融发展与农业经济增长——基于安徽省的实证研究［J］．金融研究，2006，（11）．

［16］王虎，范从来．金融发展与农民收入影响机制的研究——来自中国1980—2004年的经验数据［J］．经济科学，2006，（6）．

［17］刘旦．我国农村金融发展效率与农民收入增长［J］．山西财经大学学报，2007，（1）．

［18］钱水土，俞建荣．中国农村非正规金融与农民收入增长的实证研究［J］．金融研究，2007，（10）．

［19］庞智强，仇菲菲．我国农村金融发展与农民增收灰色关联分析［J］．统计教育，2007，（11）．

［20］安翔．我国农村金融发展与农村经济增长的相关分析——基于帕加诺模型的实证检验［J］．经济问题，2007，（10）．

［21］龙海明，柳沙岭，李花．湖南省农村金融与经济相互促进发展实证分析［J］．财经理论与实践，2007，（11）．

［22］杜晓山．服务弱势群体应发展普惠金融体系［J］．农村金融研究，2008，（2）．

［23］韩俊．建立普惠型的农村金融体系［J］．中国金融，2009，（7）．

［24］方金兵，张兵，曹阳．中国农村金融发展与农民收入增长关系研究［J］．江西农业学报，2009，（21）．

［25］人行丽江中心支行课题组．贫困地区信贷支持农民增收路径和效果分析［J］．时代金融，2010，（12）．

［26］人行海南州中心支行课题组．藏区金融服务与农牧民增收效应研究［J］．青海金融，2010，（2）．

［27］娄永跃．农村金融发展与农民收入增长问题研究［J］．金融理论与实践，2010，（5）．

［28］钱水土，许嘉扬．中国农业信贷与农民收入关系研究——基于

面板协整和误差修正模型的实证分析［J］．金融理论与实践，2011，（11）．

［29］杨雪．印度普惠金融体系发展实践及对我国的启示［J］．农村金融研究，2010，（6）．

［30］刘尚荣，史春喜．和谐社会视角下农村普惠金融发展思考［J］．技术经济与管理研究，2012，（8）．

［31］钱水土，周永涛．农村金融发展影响农民收入增长的机制研究［J］．金融理论与实践，2011，（4）．

［32］徐镱菲．我国农村金融发展的收入分配效应——基于面板数据的实证研究［J］．金融理论与实践，2013，（1）．

［33］雷志敏．金融发展促进农民增收问题研究［J］．理论探讨，2013，（4）．

［34］霍健，王兴盛．普惠型农村金融服务体系的构建与发展［J］．青海金融，2013，（3）．

［35］Zeller，M.，R. L. Meyer. The triangle of microfinance：Financial sustainability outreach and impact［M］. Baltimore and London：Johns Hopkins University Press in collaboration with the international Food Policy Research Institute，2002.

［36］Mckinnon，R. I.. Money and Capital in Economic Development［M］. Washington：Brookings Institution，1973.

［37］Shaw，E. S.. Financial Deepening in Economic Development［M］. New York：Oxford University Press，1973.

［38］Binswanger，H. P.，Khandker，S. R.. The Impact of Formal Finance on the Rural Economy of India［J］. Journal of Development Studies，1995，（32）.

# 重要术语索引

L



M



N



P



R



S



T



X

Y



Z